आप में चाणक्य

CHANAKYA IN YOU

NOW IN HINDI

आप में चाणक्य

एक आधुनिक किंगमेकर की साहसपूर्ण पहल की दास्तान

CHANAKYA IN YOU

NOW IN HINDI

राधाकृष्णन पिल्लई

जयको पब्लिशिंग हाउस

अहमदाबाद बेंगलोर चेन्नई

दिल्ली हैदराबाद कोलकाता मुम्बई

Published by Jaico Publishing House
A-2 Jash Chambers, 7-A Sir Phirozshah Mehta Road
Fort, Mumbai - 400 001
jaicopub@jaicobooks.com
www.jaicobooks.com

CHANAKYA IN YOU
आप में चाणक्य
ISBN 978-81-8495-968-0

अनुवादक: डॉ. ओ. पी. झा

First Jaico Impression: 2017
Third Jaico Impression (New Cover): 2021

Printed by
Repro India Limited, Mumbai

इस पुस्तक के लेखन हेतु प्रेरित करने वाले सभी पाठकों को समर्पित।

1

दादाजी की सलाह

मेरे दादाजी बहुत प्यारे थे ......

मुझे लगता है कि सभी दादाजी प्यारे होते हैं। मगर अपने दादाजी के साथ मेरा रिश्ता कुछ अलग तरह का था। सबसे पहले यह स्पष्ट कर दूँ कि मैं अपने नानाजी को देख नहीं पाया, मेरे जीवन में दादाजी ही थे। साथ ही, मेरा लालन—पालन एक महानगर में हुआ जबकि मेरे दादा—दादी अपने गाँव में रहते थे।

इसलिए हर बार छुट्टी में उनके पास जाने के लिए इंतजार करते रहता था। यह हमलोगों के लिए – मेरे और दादा—दादी के लिए एक खास मौका होता था। वे अपने पोते—पोतियों का इंतजार करते रहते थे कि वे उनके पास आकर समय बिताएं। मैं जब छोटा था तभी जान गया था कि जब तक मैं उनके साथ रहूँगा तब तक मेरी शरारत पर इस दुनिया में कोई भी अंकुश नहीं लगा पाएगा ..... मेरे माता—पिता भी नहीं। मुझे मनमानी करने की पूरी छूट थी।

एक कहावत है : ''दादा—दादी और पोते—पोती क्यों एक—दूसरे को पसंद करते हैं?'' ''क्योंकि उनका दुश्मन एक ही होता है ...''

यही वजह है कि इन दो पीढ़ियों के बीच एक अनूठा रिश्ता होता है। माता—पिता के रूप में आपकी बहुत सारी जिम्मेदारियां होती हैं। इसलिए आप बच्चों के साथ उतना समय नहीं दे पाते हैं जितना कि आपको देना

चाहिए जबकि आप हकीकत में उनके साथ अच्छा–खासा वक़्त गुजारना चाहते होंगे।

जहाँ तक मेरे दादा–दादी का सवाल है उन्हें दुनिया–दारी के लिए काफी वक़्त था और वे चाहते थे कि किसी को वे प्यार करें तथा वह उस प्यार को महसूस करे। उन्हें अपने जीवन की तृप्ति पोते–पोतियों के प्यार से होती थी। और बच्चे उनके जीवन–अनुभव को उनसे कहानियाँ सुनकर, उनके साथ बगीचे, मैदान और बाजार में घूमकर प्राप्त करते थे।

मेरे दादाजी को कहानी सुनाने में महारत हासिल थी। कई कहानियाँ उनके खुद के जीवन से जुड़ी होती थीं, मगर अधिकांश कहानियाँ दूसरे के जीवन पर ही आधारित होती थीं। वे हमें अपना पुस्तकालय दिखाते थे जिनमें पुस्तकें भरी पड़ी रहती थीं। दादी रसोई में व्यस्त रहती थी और सबके लिए तरह–तरह के पकवान बनाया करती थी।

मुझे और मेरे चचेरे भाई–बहनों को उनकी किताबों में कोई खास दिलचस्पी नहीं रहती थी, मगर उनका हम सब पर बहुत अधिक प्रभाव था और उनका पुस्तकालय तो अद्‌भुत था। यहाँ पर उनकी अपनी दुनिया थी। किताबें बहुत ही सलीके से रखी गईं थीं। वे विषय के मुताबिक सजाकर रखी गई थीं। उन पर जिल्द लगी होतीं थीं और उन पर लेबल लगा रहता था। उन्होंने हमें एक रजिस्टर भी दिखाया जिसमें विभिन्न प्रकार की पुस्तकों की सूची थी – विज्ञान से विश्व साहित्य तक तथा कविता से पेंटिंग तक। उनकी अभिरूचि का फलक बहुत बड़ा था। मुझे उनके भारी–भड़कम अलफाजों से भरी किताबों को पढ़ने से कहीं अधिक दिलचस्पी उनसे कहानियाँ सुनने में थीं। साथ ही दादाजी विभिन्न पुस्तकों के अपने अध्ययन के आधार पर घटनाक्रमों को यादकर वैसी कहानी गढ़ने की कला में बहुत ही निपुण थे जिसे हम बच्चे समझ सकते थे।

हमसे काफी बड़े एक चचेरे भाई थे जो बहुत ही पढ़ाकू थे। उन्होंने एक बार दादाजी से पूछा : ''दादाजी, किसका अधिक महत्व है – किताब पढ़ने का या फिर कहानियाँ सुनने का?''

दादाजी ने बहुत ही उत्साह में कहा – "दोनों का। हर किसी को किताब पढ़ने में न तो दिलचस्पी होती है और न ही धैर्य मगर हर कोई कहानी सुनना चाहता है। तुम देखोगे कि एक बार जब तुम्हें कहानी में दिलचस्पी हो जाती है तो तुम वही नहीं रह जाते जो तुम पहले थे।" फिर हमलोग जो उनके आसपास बैठे थे उन सबकी ओर इशारा करते हुए उन्होंने कहा : "तुम लोग खुशकिस्मत हो कि तुम स्कूल जाते हो। तुम्हें किताब पढ़ने की वाकई आदत डालनी चाहिए।"

ऐसा महसूस हुआ कि दादाजी ने मुझे एक संदेश दिया है। हमलोग उन गिने–चुने खुशकिस्मत लोगों में से थे जिन्हें अच्छी शिक्षा मिली। और इसलिए हमें किताबें पढ़नी चाहिए। दुनिया में बहुत–से ऐसे बच्चे हैं जिन्हें स्कूल जाने का अवसर ही नहीं मिलता है। इसलिए वे पढ़–लिख नहीं सकते। ऐसे बच्चों के पास दुनिया को समझने का एक मात्र सहारा होता है परंपरागत शैली में किस्से–कहानी सुनना। और तभी से मैंने किताब पढ़ने की आदत विकसित करने का निर्णय लिया – एक ऐसी आदत जिसका पालन मेरे दादाजी जीवनभर करते रहे।

उस शाम हमलोगों को दादीजी, और चाचा–चाची के साथ बाजार जाना था। हम लोग उस वक़्त का इंतजार कर रहे थे क्योंकि हमें उम्मीद थी कि सड़क किनारे की किसी दुकान से हमें कुछ चटपटी चीज खिलायी जाएगी। लेकिन किसी वजह से मुझे बाहर जाने का मन नहीं हुआ। मैं चाहता था कि अधिक से अधिक समय अपने दादाजी के साथ रहूँ।

जब मेरे सभी चचेरे भाई–बहन बाजार चले गए तब मैं दादाजी को ढूँढ़ने के लिए पुस्तकालय पहुँच गया। वह अपनी कुर्सी पर बैठे हुए किसी किताब को पढ़ने में तल्लीन थे। जब उनकी नजर मेरी ओर गई तो वे मुझे अकेले खड़े देखकर हैरत में पड़ गए।

"तुम बाजार क्यों नहीं गए?"

मैंने इतमीनान से जवाब दिया : "दादाजी, मैं आपकी किताबें देखना चाहता था।"

उनके चेहरे पर मुस्कान छा गई जैसे वे कहना चाहते हों – "बहुत खूब मेरे बच्चे, किताबों की दुनिया में तुम्हारा स्वागत है।"

अगले एक घंटे के दौरान उन्होंने विभिन्न रैकों पर सहेजकर रखी हुई अपनी किताबों से हमारा परिचय कराया। उन्होंने अपनी कुछ प्रिय पुस्तकों को खोलकर मुझे दिखाया उन सभी में उनके लिखे हुए नोट थे।

मुझे जिन ग्रंथों ने सबसे अधिक आकर्षित किया वे थे भारत के प्राचीन ग्रंथ। उनके पास सब कुछ – रामायण, महाभारत और उपनिषद् जैसे ग्रंथों से लेकर पंचतंत्र जैसे शिक्षाप्रद कहानियों की किताबें थीं। तब मुझे उनके पास कहानियों के खजाने का राज मालूम हुआ।

अचानक मेरे दिमाग में एक सवाल आया और मैंने उनसे पूछ लिया : "दादाजी, इनमें से आपकी सबसे प्रिय पुस्तक कौन–सी है?"

उन्होंने फौरन जवाब दिया: "कौटिल्य का अर्थशास्त्र।"

मैंने विस्मय के साथ प्रश्न किया : दादाजी, उसमें क्या है?"

वे मेरे मन की बात जान गए। उन्होंने उस ग्रंथ को निकाला और मुझे टेबल के पास ले गए।

" कौटिल्य को चाणक्य के नाम से भी जाना जाता था।"

थोड़ी ही देर में मैं कहानी की एक नई दुनिया में प्रवेश करने लगा।

2

भारत का इतिहास

बाजार से वापस हो रहे मेरे चचेरे भाई—बहनों के उत्तेजना से भरे शोर—गुल मुझे दूर से ही सुनाई देने लगा। वे सभी दादाजी के पास दौडे—दौड़े पुस्तकालय में आए। वहां पर उनके आने के दो मकसद थे। एक तो वे यह जताना चाहते थे कि वे दादाजी से और भी कहानियाँ सुनना चाहते हैं। दूसरा वे मुझे यह बताकर सताना चाहते थे कि बाजार न जाकर मैं बहुत कुछ से वंचित रह गया। लेकिन वे नहीं जानते थे कि बाजार न जाकर दादाजी के साथ घर पर रहने से मुझे लाभ ही लाभ मिला है। उन्हें क्या मालूम कि मैंने दादाजी के साथ बिताए उन खास लम्हों को अपने जीवनभर की पूँजी बना लूँगा।

एक बार फिर हमलोग दादाजी के पास अगली कहानी सुनने के लिए बैठ गए। मेरे चचेरे भाई—बहनों के लिए यह एक नई कहानी थी मगर मुझे यह समझना था कि कौटिल्य के अर्थशास्त्र में क्या है।

असली बात बताने से पहले कहानी का ताना—बाना बुनने का दादाजी का ढंग बहुत ही दिलचस्प था। वे इस अंदाज़ में दृश्यों का बखान करते थे जैसे वे हमारी आँखों के सामने घटित हो रहे हों और हम उसी समय में जी रहे हों। हमारी कल्पनाशीलता को उर्वरा बनाने की उनमें अद्भुत क्षमता थी।

उन्होंने कहना शुरू किया, ''भारत का इतिहास अनूठा है। यह बहुत ही संपन्न एवं विस्तृत है। भारत के इतिहास में जहां एक ओर किले, महल एवं

मंदिरों जैसे स्मारकों का वर्णन है, वहीं दूसरी ओर इसमें राजे–महाराजे, साधु–संतों सहित विज्ञान से लेकर कला तक के विभिन्न विषयों से संबंधित साहित्य का उल्लेख है। मगर इसका सबसे अहम पक्ष है अध्यात्म।''

मेरे एक चचेरे भाई ने पूछा, ''दादाजी, यह अध्यात्म क्या होता है?''

''तुमने अच्छा प्रश्न किया। अध्यात्म ईश्वर की खोज है, यह जीवन का अर्थ समझने का एक प्रयास है। यह सामान्य से विशिष्ट बनने की यात्रा है, अपने अंदर की विशाल संभावनाओं को तलाशने का माध्यम है। यह असंभव को संभव कर दिखाने की क्षमता है। साथ ही अपने अहंकार को नष्ट करने का नाम आध्यात्मिकता है।''

दादाजी थोड़े–से ओजपूर्ण शब्दों में भारतीय इतिहास के मूल तत्त्वों का वर्णन कर रहे थे।

मेरे एक जिज्ञासु चचेरे भाई ने पूछा, ''भारत में मुझे अध्यात्म कहाँ मिलेगा?''

''हर जगह। यह हर जगह मौजूद है। तुम इसे मंदिर एवं अन्य पूजा स्थलों में देख सकते हो। यह हमारे घरों और सड़कों पर मिल सकता है। तुम जिस मूर्ति की पूजा करते हो उसमें या फिर ध्यान की अवस्था में यह मिल सकता है। यह हमारी संस्कृति का मूल तत्त्व है।''

मैं उलझन में पड़ गया। दादाजी भाव के स्तर पर बात कर रहे थे जो कि हमारी समझ से परे थी। हो सकता है कि उनकी बातों को सही अर्थ में समझने की तब मेरी उम्र नहीं हुई हो अथवा उन बातों का बोध मुझे आगे चलकर होता। मैंने अनुमान किया कि अध्यात्म को समझने के लिए एक खास स्तर की समझदारी का होना अनिवार्य है।

मैंने उनसे पूछा, ''दादाजी क्या बड़े होने पर मैं समझदार हो जाऊंगा?''

उन्होंने मुस्कुराते हुए कहा, ''जब तुम समझदार हो जाते हो, तभी तुम वास्तव में बड़े होते हो। समझदारी उम्र से नहीं, बल्कि जीवन के बारे में समझ से आती है। ऐसे बहुत से लोग होते हैं जो उम्र के हिसाब से बूढ़े हो जाते हैं

लेकिन जीवन के बारे में वे नादान ही रहते हैं। दूसरी ओर अनेक बच्चे अपने जिम्मेदार आचरण के कारण बहुत समझदार होते हैं।

वास्तव में, हमारे अनेक संतों ने कम ही उम्र में अनेक पीढ़ियों को अपने उपदेशों से मार्गदर्शन किया। ज्ञानेश्वर महाराज, आदिशंकराचार्य, स्वामी विवेकानंद जैसे संतों ने युवा अवस्था में ही अपने शरीर का त्याग किया मगर इन्होंने बुजुर्ग नर–नारियों का मार्गदर्शन किया। गुरु–शिष्य परंपरा में अनेक ऐसे उदाहरण हैं जहां पर गुरु की उम्र शिष्य से कम थी।''

''शिक्षक की उम्र छात्र से कम? अरे वाह'', मैं मन ही मन मुस्कुराया और कहा, ''फिर क्या बात है, यदि मैं जल्द समझदार बन गया तो अपने स्कूल के शिक्षकों को भी कुछ पाठ पढ़ाऊंगा।''

उलझन से उबरने के लिए हम सभी भाइयों–बहनों ने एक साथ प्रश्न किया, ''लोग समझदार कैसे बनते हैं?''

''समझदारी विकसित करने के अनेक मार्ग हैं। मगर सबसे सरल मार्ग है इतिहास का अध्ययन करना। इतिहास अतीत में इस धरती पर जन्म लेने वाले लोगों के अनुभवों से भरा हुआ है। इसमें उन घटनाओं, कहानियों और प्रसंगों का उल्लेख है जिनसे तुम्हारे पूर्वजों को गुजरना पड़ा। यह उन उपायों के बारे में बताता है जिनके सहारे सभ्यताओं ने समय की चुनौतियों का सामना करते हुए अपना अस्तित्व बनाए रखी। इसमें हमारे पूर्वजों की गलतियों का भी उल्लेख है। और सर्वाधिक महत्वपूर्ण है कि इसमें तुम्हारी कहानियों का भी उल्लेख है। इसलिए लोग हिस्ट्री को हिज–स्टोरी भी कहते हैं।''

मैं अपने स्कूल में इतिहास का अच्छा छात्र नहीं था लेकिन दादाजी ने इसमें मेरी दिलचस्पी जगा दी। ''दादाजी, मुझे इतिहास में दिलचस्पी नहीं है क्योंकि ऐतिहासिक तिथियों को मैं याद नहीं रख सकता। यह काम मेरे लिए अत्यंत कठिन है।''

उन्होंने मुस्कुराते हुए कहा, ''हाँ, मैं समझता हूँ। कभी–कभार तिथियों से उलझन पैदा होती है लेकिन इतिहास से मेरा मतलब कुछ तिथियों को याद करके परीक्षा में लिखने मात्र से नहीं है। इतिहास से मेरा मतलब उन गलतियों

से बचना है जिसे अन्य लोगों ने की थी।

इस दुनिया में तीन तरह के लोग होते हैं। पहले तरह के लोग गलतियां करके उनसे सीखते हैं, दूसरे तरह के गलतियां करते रहते हैं मगर उनसे कभी नहीं सीखते हैं और तीसरे तरह के लोग सबसे बुद्धिमान होते हैं जो दूसरों की गलती से सीखते हैं।

यदि तुम होशियार हो तो तुम महसूस करोगे कि तुम्हें स्वयं पर प्रयोग करने की जरूरत नहीं पड़ेगी। तुम पहले चरण ही सफलता प्राप्त कर सकते हो। जिस काम को पूरा करने में अनेक पीढ़ियों को श्रम करना करना पड़ा उसको तुम कुछ ही वर्षों में पूरा कर सकते हो। यही ज्ञान की शक्ति है जो पुस्तकों को रूप में एक पीढ़ी से दूसरी पीढ़ी के पास पहुँच जाती है।''

मैं एक अलग ही भावलोक में पहुँच गया था लेकिन 'पुस्तकों ' शब्द को सुनते ही एक ही झटके में सचेत हो गया। परिचर्चा को सही दिशा में मोड़ने के लिए मैंने कहा, ''दादाजी, आप तो कौटिल्य के अर्थशास्त्र के संबंध में चर्चा कर रहे थे।''

शुरू में मैं अपने चचेरे भाई–बहनों से नाराज था। दादाजी ने इस वार्ता की शुरूआत उस समय की थी जब वे लोग बाजार से आ चुके थे लेकिन शोरगुल के बीच वे मुख्य बिंदु से ही भटक गए। मगर अब पुन: ऐसा लगने लगा था कि दादाजी पुन: असली बात पर लौट रहे थे। मैं कौटिल्य के बारे में अधिक से अधिक जानकारी प्राप्त करना चाहता था।

''कौटिल्य का समय ईसा पूर्व चौथी शताब्दि था ....''

मेरे सामने इतिहास का एक नया अध्याय खुलने लगा था ....

3

राज–निर्माता

''उन्हें तीन नामों से जाना जाता था।'' इनमें से प्रत्येक नाम के पीछे एक–एक कहानी है। दादाजी ने इन कहानियों के बारे में विस्तार से अध्ययन किया है।

''विष्णुगुप्त, कौटिल्य और चाणक्य।''

''सबसे पहले उन्हें विष्णुगुप्त नाम से जाना जाता था। यह उनका आधिकारिक रेकार्ड में उल्लिखित नाम था, जैसा कि हमारे जन्म प्रमाण–पत्र में अंकित होता है। उनके दोस्त उन्हें विष्णु नाम से पुकारते थे।

बाद में उन्हें कौटिल्य नाम से जाना गया। यह उनका सबसे अनूठा नाम था। इतिहास के ग्रंथों में एवं विद्वतसमाज में कौटिल्य नाम काफी विख्यात है।''

उस समय मैंने महसूस किया कि अर्थशास्त्र के साथ कौटिल्य नाम का उल्लेख किया जाता है न कि विष्णुगुप्त अथवा चाणक्य। मगर वास्तव में अर्थशास्त्र है क्या? मुझे यकीन था कि इस प्रश्न का समाधान आगे चलकर मिल जाएगा। उस समय मैं कौटिल्य नाम का अर्थ जानने का प्रयास कर रहा था।

''इस संबंध में बहुत–सी कहानियां और संदर्भ उपलब्ध हैं कि उन्हें कौटिल्य नाम कैसे दिया गया। भारत में गोत्र प्रथा है। गोत्र परंपरा – ऋषि परंपरा के आधार पर नाम रखे जाते हैं। विद्वान लोग बताते हैं कि उनका जन्म

कौटिल्य गोत्र में हुआ था। इसलिए उनका नाम कौटिल्य पड़ा।

एक दूसरी मान्यता है कि उनके पूर्वज कुटिला गाँव से आए थे। एक विचार यह भी है कि भारत में लोगों के मूल गाँव के नाम पर लोगों के नाम रखे जाते हैं। उनके मूल गाँव का नाम कुटिला रहने के कारण उनका नाम कौटिल्य रखा गया।''

उसके बाद दादाजी ने तीसरा दृष्टिकोण रखा जो कि अधिक सशक्त था।

''सबसे प्रसिद्ध मत यह है कि उन्होंने अपने शत्रुओं को छल से परास्त करने के लिए कूटनीति का प्रयोग किया, इसलिए उनका नाम कौटिल्य पड़ा।

तीसरा नाम चाणक्य जनसामान्य के बीच अधिक लोकप्रिय हुआ। उनके पिता का नाम चणक थे। चणक नंद वंश के अंतिम शासक धनानंद के दरबार में मंत्री थे। चणक का पुत्र चाणक्य अपने राजनीति विज्ञान के विद्वान एवं विशेषज्ञ पिता को अपना आदर्श मानते थे। इस प्रकार चणक के पुत्र को स्नेह से चाणक्य कहा जाता था।''

इस बात का मुझे बाद में अपने जीवन में अनुभव हुआ कि हर पुत्र के मन में उसके पिता आदर्श होते हैं। पिता–पुत्र का संबंध अनूठा होता है।

एक बालक की नजर में उसके पिता की छवि बहुत बड़ी होती है। मगर बाद में जब पुत्र स्वयं पिता बनता है तब उससे पिता की भूमिका का सही अर्थ मालूम होता है। पिता एवं पुत्र जीवन में एक दूसरे के प्रति श्रद्धा, सम्मान एवं सराहना का भाव रखते हैं।

''चूँकि पुत्र ने पिता को ही अपना आदर्श माना था, इसलिए वह खुद भी राजनीति विज्ञान का शिक्षक बना तथा विभिन्न राजाओं के दरबार में उन्हें हर परिस्थितियों पर रणनीति संबंधी परामर्श दिया।

चाणक्य उस समय के सबसे विशाल विश्वविद्यालय, तक्षशिला विश्वविद्यालय में शिक्षक एवं छात्र थे। उन्होंने महान राजा बनने के लिए विभिन्न उपायों के संबंध में शिक्षण किया। इसलिए उन्हें राज–निर्माता के रूप में जाना जाता था।''

बहुत खूब! वास्तव में 'राज–निर्माता' शब्द मुझे अच्छा लगा।

दादाजी ने हम लोगों के बीच बहस छेड़ दी कि "राजा अधिक शक्तिशाली होता है अथवा राज–निर्माता।"

हम में से अधिकांश का मत एक जैसा था और हमने जवाब दिया, "निस्संदेह राजा"।

"कोई व्यक्ति राजा बन सकता है मगर राजा का एक अवधि के बाद पतन हो सकता है। दूसरी ओर कोई अनेक राजाओं को सिंहासन पर बैठा सकता है। साथ ही राजा हमेशा राज–निर्माता के पर्यवेक्षण, मार्गदर्शन एवं नियंत्रण में रहता है। इस तरह राज–निर्माता बहुत शक्तिशाली होता है। वह बिना किसी पद के शक्तिशाली होता है। वह बिना सत्ता के सब कुछ पर नियंत्रण रखता है।"

बड़ा होकर जब मैं अधिक जिम्मेदार बन गया तो मैंने महसूस किया कि राज–निर्माता का अस्तित्व आज भी है। राज–निर्माता जीवन के प्रत्येक क्षेत्र में होते हैं : राजनीति, व्यवसाय, विश्वविद्यालय, सरकारी संगठन आदि। राज–निर्माता बनना राजा बनने से बेहतर होता है।

"उन्होंने अनेक शिष्यों को प्रशिक्षित किया। जिनमें से एक थे मौर्य वंश के पहले शासक चन्द्रगुप्त मौर्य। ऐसा नहीं है कि उनके दूसरे शिष्य राजा नहीं बने बल्कि चाणक्य के सिद्धांतों का सर्वाधिक प्रभाव चन्द्रगुप्त मौर्य पर पड़ा। विश्व के राजा और राज–निर्माता के उदाहरण के रूप में भारत के चाणक्य–चन्द्रगुप्त की जोड़ी की सर्वाधिक चर्चा की जाती है।"

चाणक्य का जीवन बहुत ही दिलचस्प है। यह कहानियों से भरा हुआ है और प्रत्येक घटना से एक महत्त्वपूर्ण सीख मिलती है। निस्संदेह दादाजी हमें सभी कहानियां एक ही बैठक में नहीं सुनाई। हमने उन कहानियों को अनेक बार में सुना और इस दौरान हमने दादाजी के जीवन पर्यन्त पुस्तक पढ़ते रहने की साधना से प्रेरणा ली।

कैसे धनानंद ने चणक की हत्या कर दी; कैसे चाणक्य को अपनी जान

बचाने और शिक्षा प्राप्त करने के लिए भागना पड़ा; कैसे वे तक्षशिला के सर्वप्रिय छात्र और उसके पश्चात वहां के आचर्य बने। अंतत: लौटकर चाणक्य ने न सिर्फ धनानंद को हराया बल्कि सिंकंदर को परास्त किया।

जब दादाजी ने सिंकंदर की चर्चा की उस समय हमलोग बहुत ही उत्तेजित हो गए क्योंकि हमने अपने स्कूल के पाठ्य पुस्तकों में सिंकंदर के बारे में पढ़ा था।

''जी हां, वही सिंकंदर जो दुनिया को जीतने के लिए चला था उसे भारत में मुँह की खानी पड़ी। एक व्यक्ति – चाणक्य की बुद्धिमत्ता के कारण विश्व के महानतम विजेता को दुम दबाकर भागना पड़ा।''

चाणक्य के जीवन का हरेक पहलू अन्वेषण की विषय है। उन्होंने अपराजेय प्रेरक जीवन जीया। वे सिर्फ एक महान आचार्य ही नहीं थे बल्कि एक विशिष्ट रणनीतिकार, चिंतक, विद्वान और सच्चे देशभक्त भी थे।

वे कितने विशिष्ट व्यक्ति थे!

दादाजी ने कहा कि ''अपनी विभिन्न भूमिकाओं का प्रभावी ढंग से निर्वाह करते हुए वे सदैव धर्म के पक्ष में खड़े रहे।''

धर्म? मैंने प्रश्न किया कि धर्म क्या होता है।

''इस शब्द में निहित मर्म को समझने के लिए तुम्हें हमारे प्राचीन भारतीय ग्रंथों का अध्ययन करना पड़ेगा। इस संबंध में इन ग्रंथों में विस्तार से वर्णन है। लेकिन यदि तुम्हें अपने दैनिक जीवन में धर्म को सम्यक स्थान देना है तो इसके लिए तुम्हें कौटिल्य का अर्थशास्त्र पढ़ना पड़ेगा।''

यहां से मेरे जीवन में शुरू हो गई अर्थशास्त्र की भूमिका – यह थी स्वयं अपने अंदर चाणक्य को ढूंढने की अनंत यात्रा की शुरूआत।

4

अर्थ–शास्त्र

दादाजी के पास कौटिल्य के अर्थशास्त्र की जो प्रति थी वह काफी मोटी थी और वह संस्कृत में लिखी हुई थी। मैंने इसे खोलकर देखा तो इसमें जगह–जगह पर जहां कहीं भी खाली स्थान था वहां पर दादाजी की लिखी हुई टिप्पणियां दिखीं।

साथ ही दादाजी के पास अर्थशास्त्र के दो अनुवाद की प्रतियां भी मौजूद थीं – एक अंग्रेजी में तथा दूसरी उनकी क्षेत्रीय भाषा में। हालांकि वे संस्कृत के विद्वान थे और अंग्रेजी में भी निपुण थे तथापि अनुवादों के तुलानात्मक अध्ययन से अर्थशास्त्र की उनकी समझ अधिक गहरी हुई।

जहां तक अर्थशास्त्र को समझने का प्रश्न था तो मुझे उस मोटे ग्रंथ में से कुछ भी समझ में नहीं आया। किताब के विशाल आकार को ही देखकर मैं भयभीत हो गया। इतनी मोटी किताब कौन पढ़ना चाहेगा? साथ यह मेरे लिए एक अनजान – अपरिचित भाषा संस्कृत में रचित ग्रंथ था।

मेरे मन में दो प्रश्न थे। अर्थशास्त्र इतना जटिल क्यों लगता है? क्या चाणक्य की शिक्षा को जानने के लिए संस्कृत सीखना आवश्यक है?

जब मैंने दादाजी के सामने इन प्रश्नों को रखा तो उन्होंने इनका उत्तर विस्तारपूर्वक दिया।

''अर्थशास्त्र केवल एक ग्रंथ नहीं है, यह एक दर्शन भी है। यह एक प्रकार का शास्त्र है। शास्त्र में ऋषियों के ज्ञान को ग्रंथ रूप में पीढ़ी दर पीढ़ी

संजोकर रखा गया है। यदि तुम ऐसे ग्रंथों को समझना चाहते हो तो तुम्हें एक गुरु की आवश्यकता होगी जो इन ग्रंथों में मौजूद ज्ञान को तुम्हारे सामने स्पष्ट एवं बोधगम्य रूप में प्रस्तुत कर दें।''

संस्कृत संबंधी मेरी जिज्ञासा का समाधान प्रस्तुत करते हुए उन्होंने कहा, ''किसी भी शास्त्र के अध्ययन के लिए संस्कृत का ज्ञान आवश्यक नहीं है किंतु संस्कृत जानने से तुम्हें बहुत बड़ा लाभ मिलेगा क्योंकि हमारे अधिकांश प्राचीन ग्रंथों की रचना संस्कृत में हुई हैं। तुम यह भी महसूस करोगे कि इस भाषा की अपनी सुंदरता है।

यदि तुम इन ग्रंथों के अन्य भाषाओं में अनूदित पाठ को पढ़ोगे तो तुम पाओगे कि इन अनुवादों की अपनी सीमाएं हैं। पाठ की मूल भाषा का ज्ञान होने से उस पाठ में मौजूद भाव को पूर्ण रूप से समझने में मदद मिलेगी।''

मैं जानता था कि भारतीय संस्कृति में किस रूप में संस्कृत का महिमामंडन किया गया था। ''दादाजी, क्या इसी कारण से संस्कृत को देव–वाणी कहा गया है?''

दादाजी के चेहरे पर एक रहस्यमयी मुस्कान थी। उन्होंने कहा, ''देवगण तो मौन भाव को जान जाते हैं।''

ईश्वर को किसी भाषा या तर्क से नहीं जाना जा सकता है। वे इन दोनों से परे हैं मगर भाषा के माध्यम से उन तक पहुंचने के मार्ग का ज्ञान हो सकता है।

संस्कृत जैसी अच्छी एवं वैज्ञानिक भाषा के माध्यम से ईश्वर की उस अवधारणा से अवगत हो सकते हो जिसका अनुभव हमारे ऋषि–मुनियों ने किया था। लेकिन सिर्फ संस्कृत का विद्वान हो जाने से काम नहीं चलता है।''

इसके बाद इस नन्हा बालक ने एक गंभीर प्रश्न पूछा, ''तब ईश्वर को कैसे जाना जा सकता है?''

''अहंकार के त्याग से।'' दादाजी के इस उत्तर ने मुझे मौन कर दिया।

मेरी आँखों में आँखें डालकर उन्होंने कहा, ''निश्चय करो कि जीवन के प्रारंभिक वर्षों में ही तुम संस्कृत भाषा का ज्ञान प्राप्त कर लोगे।''

मेरे माता–पिता ने मुझे अंग्रेजी माध्यम के स्कूल में भर्ती करवाया था इसलिए मुझे संस्कृत के प्रति किसी प्रकार का अकादमिक झुकाव नहीं था। मगर दादाजी की सलाह या इसे उपदेश कहूं तो बेहतर होगा, को मैंने अपने मन में बसाए रखा। सही समय पर इस बीज को वृक्ष के रूप में प्रकट होकर पुष्पित–पल्लवित होना था।

जीवन में सही समय पर सही मार्गदर्शन होने से बहुत कुछ बदल जाता है। चन्द्रगुप्त चाणक्य द्वारा राजा बनाए जाने से पूर्व एक साधारण बालक थे। लेकिन केवल राजा बना देने से राज्य नहीं चलता है। राजा बनने के बाद राज्य के प्रभावी संचालन के लिए कुछ सिद्धांतों एवं उपायों की जानकारी चाहिए। यही अंतर है एक साधारण राज–निर्माता और चाणक्य जैसे राज–निर्माता के बीच।

"लोग राजा या नेता विभिन्न उपायों के सहारे बन जाते हैं : धन, शक्ति, पदानुक्रम या विभिन्न प्रकार के अशोभनीय उपायों के माध्यम से। यदि तुम्हें भी इस तरह से पद मिल जाता है तो तुम्हारे अंदर लोगों को दिशा देने की क्षमता होनी चाहिए।"

इस विषय पर मैंने इससे पहले कभी नहीं सोचा था। मैंने तो यह मान रखा था कि प्रत्येक राज कुमार एक दिन राजा बनता है लेकिन ऐसा हर बार नहीं होता है।

"यदि पदधारी अयोग्य व्यक्ति है तो वह अपने पद पर अधिक दिनों तक टिका नहीं रह सकता है। इसी कारण से चाणक्य ने अर्थशास्त्र की रचना की ताकि राजागण इसकी मदद से यह समझ सकें कि सत्ता की बागडोर संभालने के बाद राज्य का संचालन किस रूप में किया जाए।"

कौटिल्य के अर्थशास्त्र की रचना उपदेशात्मक नियमावली की शैली में की गई है जिससे राजा को जीवन के हर मोड़ पर निर्णय लेने में मदद मिल सके। इसमें मौजूद ६००० सूत्रों की मदद से बहुत–से विषयों की चर्चा की गई है। इसमें नेतृत्व कौशल, अर्थशास्त्र, मंत्रियों की नियुक्ति, अपराध–मुक्त समाज का निर्माण, कानून–व्यवस्था के पालन, निर्णय एवं दंड देने,

प्रशासन, विदेश–नीति, युद्ध–कला, अंतर्राष्ट्रीय संबंध एवं अन्य विषयों सहित १८० विषयों की चर्चा की गई है।''

अरे बाबा! एक राजा को इन सभी बातों की जानकारी रखनी पड़ती है? दादाजी ने जिस लम्बी सूची का अभी–अभी बखान किया था उसे सुनकर मेरे हाथ–पाँव सुन्न हो गए। मैं कभी भी राजा नहीं बनना चाहूंगा। इतनी सारी चीजों को कौन सीखे?

मैं अपने स्कूल में कभी भी अव्वल नहीं रहा और न ही ऐसा बनने की मेरी कोई महत्त्वाकांक्षा रही। और मुझे मालूम हो गया कि इस हेतु ६००० उपदेशात्मक सूत्रों से भरा संस्कृत भाषा में रचित एक ग्रंथ है। इसे तो पढ़ना बहुत की कठिन है।

मैं सोच रहा था कि दादाजी या तो पागल हैं अथवा इस किताब को पढ़ने वाले वे पहले प्रतिभाशाली व्यक्ति हैं जिन्होंने इसे पढ़ने के बाद अपनी प्रिय पुस्तक घोषित कर दी। मैं एक सीधा–सादा जीवन जीना चाहता था। जब हम मौज–मस्ती से भरी जिंदगी जी सकते हैं तो भांड़ में जाए दुनिया?

दादाजी आगे बताते रहे : ''इस विषयों के अतिरिक्त चाणक्य दुर्ग निर्माण शिल्प, रत्न–विद्या, आयुर्वेद, शस्त्र विद्या, औषधि विद्या, मनोविज्ञान एवं दर्शनशास्त्र सहित अन्य बहुत से विषयों में पारंगत थे।

इसलिए उन्हें लोग परम मेधावी मानते हैं और उन्हें हर युग के लिए एक महानतम रणनीतिकार के रूप में स्मरण करते हैं। ''

इन सब बातों की जानकारी मिलना वाकई बहुत ही दिलचस्प था। जैसे–जैसे दादाजी चाणक्य के बारे में बताते गए वैसे –वैसे चाणक्य के प्रति मेरी श्रद्धा बढ़ने लगी।

दादाजी ने पूछा, ''क्या तुम्हें मालूम है कि शतरंज के खेल का अविष्कार चाणक्य न ही किया था?''

''शतरंत के खेल का अविष्कार?'' चाणक्य में मेरी दिलचस्पी तो और भी बढ़ गई।

''चाणक्य ने हर किसी को ठीक तरह से सोचने की शिक्षा दी। शतरंज के खेल का स्वरूप ही ऐसा है जिसमें व्यक्ति को रणनीति पर विचार करना पड़ता है।

अंग्रेजी में शतरंज को चेस कहा जाता है मगर आप अनुमान लगाएंगे कि इसके प्रत्येक अक्षर CHESS का क्या अभिप्राय है?

5

शतरंज यानी C-H-E-S-S

पुराने जमाने में युद्ध होना एक आम बात थी। ऐसा नहीं है कि वर्तमान में युद्ध नहीं होता लेकिन पुराने समय में कुछ ज्यादे ही होता था। मजबूत सेना रखना और शत्रुओं को पराजित करना राजा के मुख्य कार्य में से एक था।

चाणक्य ने अपने शिष्यों को सतत युद्ध के लिए तैयार रहने की शिक्षा दी थी। सेना में एक कहावत प्रचलित है कि ''युद्ध रणक्षेत्र में नहीं लड़ा जाता है बल्कि सेनापति के दिमाग में।''

सेना की तैयारी में रणनीति की अहम भूमिका होती है। चाणक्य ने रणनीति पर विचार करने पर काफी बल दिया। अर्थशास्त्र में इसे आन्वीक्षिकी कहा गया है।

आन्वीक्षिकी? इसके उच्चारण में जीभ पर बल देना पड़ता है। इस शब्द के अर्थ को ठीक से समझने के लिए मैंने दादाजी से प्रश्न किया, ''आन्वीक्षिकी का क्या अर्थ है?''

''यह दर्शनशास्त्र पर आधारित सामरिक चिन्तन का विज्ञान है।''

एक बालक के रूप में भी मैंने जो बात उनसे सुनी उससे मंत्रमुग्ध हो गया था लेकिन मैं उस समय इससे अधिक कुछ नहीं समझ सका। उस समय मैं किसी दार्शनिक चर्चा में नहीं पड़ना चाहता था। मैं तो अधिक से अधिक कहानियां सुनना चाहता था। विषय बदलने को कोशिश करते हुए मैंने पूछा,

"दादाजी शतरंज और चाणक्य के बीच क्या संबंध है?"

"यदि तुम शतरंज के खेल पर ग़ौर करोगे तो देखोगे कि इस खेल का ढाँचा युद्ध जैसा है। इसमें उसी तरह की चाल चलते हैं जैसे युद्ध में शत्रु के विरुद्ध चला जाता है। यह युद्ध का स्वांग रचने वाला खेल है।"

इसके बाद उन्होंने मुझे इस खेल के कुछ मूलभूत नियमों की जानकारी देना प्रारंभ किया : "इसमें दो पक्ष होते हैं जिनके पास समान क्षमता होती है – समान संख्या में सैनिक, हाथी, घोड़े आदि। लेकिन इस खेल में वही पक्ष जीतता है जो सर्वोत्तम रणनीति के साथ चाल चलता है।"

उस दिन मुझे शक्ति के बारे में एक बात का ज्ञान हो गया। इसका कोई मायने नहीं कि आपके पास क्या है अथवा आपके साथ कौन है बल्कि यह महत्त्वपूर्ण है कि आपने उनका उपयोग किस तरह से किया है।

आगे दादाजी ने कहा : "चाणक्य चाहते थे कि किसी भी परिस्थिति में उनके शिष्य की सोच रणनीति आधारित हों। इसी से कोई व्यक्ति विजेता बनता है अथवा पराजित होता है।"

हमारी सोच को धारदार बनाने के लिए उन्होंने सलाह दी कि "हमारी सोच रणनीति आधारित होने से सार्थक होती है।"

इस तरह का प्रश्न पूछना विचित्र होता है। हमलोग एक–दूसरे का मुँह देखने लगे जैसे हम आपस में पूछ रहे हों कि, "क्या रणनीति आधारित चिंतन विकसित करना वास्तव में संभव है?" मगर, यह हमलोगों के लिए एक नई बात थीं।

दादाजी ने जानबूझकर धीमी आवाज में कहा, "रणनीति आधारित चिंतन विकसित करने का सर्वोत्तम तरीका खेल खेलना है।"

ऐसा जवाब सुनकर किस बच्चे को खुशी नहीं होगी? हमारे माता–पिता ने हमें अधिक खेल–कूद करने पर रोक लगा दी थी और पढ़ाई तथा होमवर्क को प्राथमिकता देने के लिए कहा था। मगर दादाजी ने इसके ठीक विपरीत सलाह दी थी।

"लेकिन खेलने के उद्देश्य से मत खेलो। जिस समय तुम खेल खेलते हो उस समय चिंतन करो। किसी भी खेल में विजेता और विजित होते हैं। विजय एवं पराजय दोनों से सीख मिल सकती है। जिसमें सीखने की आदत होती है, वह स्वयं में सुधार करते रहता है और जीत उसके लिए स्वाभाविक बन जाती है।"

फिर से अर्थशास्त्र की चर्चा करते हुए दादाजी ने कहा : "अर्थशास्त्र के १५ भागों में से ८ भागों में युद्ध की तैयारी एवं युद्ध करने के संबंध में चर्चा की गई है। शांति के समय में तुम जितना पसीना बहाओगे युद्ध में उतना ही कम रक्त बहेगा। कार्यान्वियन से अधिक महत्त्व योजना बनाने का है। वास्तव में, जितनी अधिक सुचारू योजना होगी उतना ही अधिक प्रभावी कार्यान्वियन होगा।

उन दिनों शंतरज के जैसे ही सैन्य व्यूह की रचना की जाती थी। इसे चतुरंग कहा जाता था। चतुर का अर्थ चार होता है और अंग यानी भाग। यांनी सेना के चार अंग अर्थात् भाग होते थे।"

प्राचीन समय के युद्ध–कौशल की चर्चा करते हुए उन्होंने कहा: "चार तरह के सैनिक दल होते थे – रथदल, गजदल, अश्वदल और पैदल।

युद्ध क्षेत्र की ओर बढ़ते हुए दल के प्रत्येक सदस्य अपनी शक्ति एवं स्तर के अनुरूप वाहन का प्रयोग करते थे।

इसलिए चाणक्य वास्तविक युद्ध छिड़ने से पूर्व अपने शिष्यों से युद्ध की तैयारी करने की अपेक्षा रखते थे। अब तुम समझ सकते हो कि विश्व का पहला युद्ध खेल चतुरंग का अविष्कार हुआ। दो दोस्त राजभवन की सुख–सुविधा के बीच इस खेल को बैठकर खेल सकते थे। इससे उन्हें युद्ध करने के नए–नए तरीकों के इज़ाद करने में मदद मिलती थी।"

मैंने सोचा कि यह एक अच्छा विचार है। वास्तविक युद्ध छिड़ने से पहले युद्ध का अभ्यास करो। यह बात मुझे समझ में आ गई।

मेरे एक और जिज्ञासु चचेरे भाई ने दादाजी से पूछा, "मगर दादाजी, शतरंज के खेल में ऊँट भी होते हैं।"

"तुमने सही पकड़ा है।" दादाजी हमेशा स्वतंत्र चिंतन की सराहना करते थे। "समय के साथ चतुरंग के खेल में बहुत परिवर्तन हुआ। युद्ध की शैली में भी परिवर्तन हुआ। मरु प्रदेशों में युद्ध में ऊँट जैसे दूसरे प्राणियों का भी उपयोग किया जाता है। हमारी सेना राजस्थान एवं गुजरात जैसे राज्यों में अभी भी ऊँट का प्रयोग करती है क्योंकि इस प्राणी को इन क्षेत्रों की ठीक समझ होती है और वह यहां के लिए अत्यंत उपयोगी होता है।

चूँकि यह खेल भारत में लोकप्रिय हो गया, इसलिए जो विदेशी व्यापारी यहां आए वे इस खेल को दूसरे देशों में ले गए। जब उन लोगों ने इस खेल को अरब देशों में खेला तो वहां पर ऊँट युद्ध का अहम हिस्सा होता था, इसलिए ऊँट को शतरंज के खेल में शामिल कर लिया गया। जब यह खेल यूरोपीय देशों में पहुँचा तो इसमें और अधिक सुधार किया गया। आज भी अर्थशास्त्र में शतरंज का मूलभूत सिद्धांत निहित है।"

उसके बाद जो बात सामने आयी वह सचमुच हमारी आँखें खोलने वाली थीं :

"तुम्हें मालूम है कि वास्तव में Chess एक संक्षिप्ताक्षर है?क्या तुम्हें इसके पूर्ण रूप की जानकारी है?

C- Chariots
H- Horses
E - Elephant
S- Soldiers

इस प्रकार चतुरंग अर्थात् चेस यानी शतरंज बन गया।

इसके बाद हम अपने अतीत को वर्तमान को जोड़ सके। अपने देश के अतीत को स्मरण करके हमारा हृदय गर्व से भर गया।

"लेकिन दादाजी, मैं तो राजा नहीं बनना चाहता हूँ। मुझे इसमें तनिक भी दिलचस्पी नहीं है।" मैंने उन्हें इसलिए बीच में रोका ताकि वे समझ सकें कि ये बातें अच्छी हैं मगर हमारे काम की नहीं।

"तुमसे किसने कह दिया कि चाणक्य के विचार सिर्फ उन्हीं लोगों के

लिए है जो राजा बनना चाहते हैं?'' उन्होंने प्रतिप्रश्न किया। इस बात का कोई अर्थ नहीं कि तुम कौन हो अथवा तुम्हारा कार्य–क्षेत्र क्या है। कौटिल्य का अर्थशास्त्र सबके लिए लाभकारी है।''

मैंने आश्चर्यपूर्ण दृष्टि सें उन्हें देखते हुए पूछा, ''सबके लिए?''

''जी हां, हर कोई जो नेतृत्व करना चाहता है चाहे उसका कार्य क्षेत्र कुछ भी हो।''

यह बात मुझे समझ में आ गई। मैं नेतृत्व करना चाहता था, मगर कैसे ?

6

मेरे अंदर नेतृत्व–कौशल का विकास

दादाजी ने कहा कि, ''नेतृत्व कौशल बहुत ही आकर्षक अवधारणा है। इसके बहुत–से आयाम हैं। यह लोगों को अच्चतर लक्ष्य प्राप्त करने के लिए नेतृत्व करने; कठिन परिस्थितियों में सही निर्णय लेने; असंभव को संभव कर दिखाने; समूह को प्रेरित करने तथा वार्ता को कार्य रूप देने की क्षमता है। यह केवल खेल के नियम को समझने तक नहीं है बल्कि खेल में विजय प्राप्त करना भी है। कुल मिलाकर, यह उस चीज को देखने की क्षमता है जिसे दूसरे देख नहीं पाते हैं।''

नेतृत्व के बारे में यही पहला विचार था जो मेरे मन–मस्तिष्क में घर कर गया। मैंने उत्सुकतावश प्रश्न किया, ''कोई नेतृत्वकर्ता कैसे बनता है?''

मेरे उत्साह से दादाजी में जोश जग गगा। उन्होंने कहा : ''बहुत अच्छा प्रश्न! नेतृत्व क्षमता विकसित करने के लिए अनेक उपाय हैं – नेतृत्व कौशल पर पुस्तकों का अध्ययन करके, दूसरे नेतृत्वकर्ताओं का सान्निध्य प्राप्त करके, दूसरे नेतृत्वकर्ताओं की जीवनी को पढ़कर तथा नेतृत्वकर्ताओं के बारे में विचारकर। संक्षेप में, नेतृत्वकर्ता बनने के लिए नेतृत्वकर्ता के समान सोचना और कार्य करना पड़ता है।''

उस ज्ञानी मानव ने आगे कहा, ''नेतृत्व कौशल केवल पद–प्रतिष्ठा प्राप्त करने तक सीमित नहीं है बल्कि यह नैतिक रूप से सही होना भी है।''

''नैतिक रूप से सही का क्या मतलब है?''

''भारतीय ग्रंथों के अनुसार नेतृत्वकर्ता को सर्वप्रथम धार्मिक होना चाहिए। राजा के धार्मिक होने के कारण ही आदर्श राजा को राजर्षि कहा जाता था यानी ऋषि के समान अथवा दार्शनिक राजा होते थे। ''

मैंने जानना चाहा कि, ''नेतृत्वकर्ता को धार्मिक क्यों होना चाहिए?''

''किसी नेतृत्वकर्ता के जीवन के सबसे बड़े संकट को धर्म संकट कहा जाता है। यह सही एवं गलत के बीच फर्क को समझते हुए निर्णय लेना तथा उस निर्णय पर अमल करना है।''

जैसे मेरे अंदर का नेतृत्वकर्ता जाग गया हो, उसी अंदाज़ में मैंने प्रश्न किया, ''तो क्या अर्थशास्त्र के अध्ययन से नेतृत्वकर्ता बना जा सकता है?''

''अर्थशास्त्र की रचना नेतृत्वकर्ताओं के लिए ही की गई थी और केवल नेतृत्वकर्ता ही इसके विषय–वस्तु को ठीक से समझ सकते हैं। अन्य लोग बात को सही संदर्भ में नहीं समझ पाएंगे।''

विषय को पूरी तरह से दूसरे धरातल पर ले जाते हुए दादाजी ने कहा, ''मगर अर्थशास्त्र के अध्ययन से पहले भगवद्गीता का अध्ययन करना चाहिए।''

भगवद्गीता? इन दो पुस्तकों में क्या संबंध है?

''जैसा कि मैंने कहा है धर्म संकट यानी नैतिक स्तर पर द्वंद्व किसी नेतृत्वकर्ता के लिए सबसे बड़ी चुनौती होती है। भगवद्गीता में रणभूमि के मध्य में खड़े सर्वश्रेष्ठ योद्धा अर्जुन के द्वंद्व का चित्रण है।

अर्जुन युद्ध करने के लिए काफी सक्षम थे लेकिन जब रणभूमि में कर्म करने की बात आयी तो वे पीछे हटने लगे। वे बहुत बड़े संशय से ग्रस्त हो गए कि अपने सगे–संबंधियों के विरुद्ध युद्ध करें अथवा नहीं करें?

इसका क्या समाधान हुआ?

''यहीं से कृष्ण की भूमिका शुरू हुई। उन्होंने अध्यात्मिक और भौतिक कल्याण के लिए उपदेश दिया। भगवद्गीता में कृष्ण और अर्जुन के बीच संवाद है। कृष्ण के मार्गदर्शन से उत्साहित होकर अर्जुन अंततः युद्ध में

विजयी हुए। कृष्ण ने अर्जुन को न केवल धर्म संकट की स्थिति में निर्णय लेने के लिए मार्गदर्शन किया बल्कि महाभारत युद्ध के दौरान विभिन्न परिस्थितियों में अपनायी जाने वाली रणनीतियों एवं तकनीकी कौशल की भी जानकारी दी।

मुझे याद आया कि पिछली यात्रा के दौरान दादाजी ने मुझे युद्ध से जुड़ी हुई बहुत–सी कहानियां सुनायी थीं।

''जब भगवद्गीता को आधार बनाकर अर्थशास्त्र का अध्ययन किया जाता है तो एक राजा आदर्श राजा बन जाता है। वह एक धार्मिक राजा बन जाता है न केवल सिद्धांत के स्तर पर, बल्कि व्यवहारिक स्तर पर भी। उसमें दर्शनशास्त्र और रणनीति के ज्ञान का संयोग बन जाता है। दोनों पुस्तकों में तुम्हारे अंदर निर्णयात्मक शक्ति और नेतृत्व कौशल उभारने की क्षमता है।''

क्या दादाजी उस समय मेरे अंदर के नेतृत्वकर्ता को उभार रहे थे?

''अपने अंदर के नेतृत्वकर्ता को उभारने के लिए अपने अंदर के चाणक्य को उभारना होगा। इस काम में अर्थशास्त्र तुम्हारी मदद करेगा।''

मुझे यह कतई मालूम नहीं था कि भगवद्गीता और अर्थशास्त्र जीवनभर के लिए मेरी प्रेरक शक्तियां बन जाएंगी।

दादाजी ने मुझे यह चेतावनी भी दी थी: ''याद रखो, नेतृत्व–कौशल को सिर्फ राजा तक ही सीमित नहीं रखो। आज के लोकतांत्रिक विश्व में हर व्यक्ति राजा हो सकता है। अर्थशास्त्र से हर कोई लाभ ले सकता है – स्त्री–पुरुष, प्रत्येक क्षेत्र एवं पेशा के लोग, हर देश एवं पीढ़ी के लोग।''

मेरा यह एक नए आयाम के साथ परिचय था। यद्यपि चाणक्य ने चन्द्रगुप्त को और कृष्ण ने अर्जुन को उपदेश दिया लेकिन वे संदेश हमारे, तुम्हारे और दूसरे लोगों के लिए भी उतने ही महत्त्वपूर्ण हैं। ये संदेश सार्वदेशीय हैं। हर कोई इस ज्ञान रूपी मोती को चुनकर उसका उपयोग अपने जीवन में कर सकता है।

बचपन में मैं यह नहीं जानता था कि आगे चलकर मैं कौन–सा पेशा अपनाऊँगा लेकिन मैंने यह निर्णय ले लिया था कि चाहे मैं जिस क्षेत्र में

जाऊँ, मैं एक नेतृत्वकर्ता बनूंगा, लोगों को प्रेरित करूंगा और सकारात्मक योगदान दूंगा।

हमारी अल्प अवधि की छुट्टी की समाप्ति हो गई। प्रत्येक छुट्टी के अंत में जुदा होते समय बहुत ही दुख होता था। लेकिन हर बार हम अगली छुट्टी का इंतज़ार करने लगते थे। शहर लौटकर हम दादाजी द्वारा दिए गए ज्ञान पर विचार करने लगते थे।

उन शांत क्षणों में अकेले बैठकर मैंने कुछ निर्णय लिए जिनका असर मेरे पूरे जीवन पर पड़ा। लेकिन मुझे क्या मालूम था कि यह दादाजी के साथ मेरी अंतिम मुलाकात थी।

इसके कुछ ही दिनों के बाद दादाजी चल बसे। यह अचानक हो गया और मेरे माता–पिता ने सोचा कि गांव जाकर अंत्येष्टि में मेरा शामिल होना जरूरी नहीं है, जैसा कि पहले लोग किया करते थे। मैं वहां पर तेरहवें दिन पहुंचा जब हमारे बहुत–से सगे–संबंधी वहां पहुंचे थे।

काश, मैं दादाजी से एक बार और मिल सकता! मैंने उन्हें घर के हर कोने में ढूंढा लेकिन मैं जानता था कि वे अब इस दुनिया में नहीं हैं .... वे सदा के लिए जा चुके हैं।

उन्हें ढूंढने के चक्कर में मैं उनकी पुस्तकालय गया। मैं उस कुर्सी तक गया जहां बैठकर वे बहुत–सी मनोरंजजक कहानियां हमें सुनाया करते थे।

वहां पर मैं उनके प्रिय ग्रंथ कौटिल्य के अर्थशास्त्र को टेबल पर पाया। यह किताब खुली हुई थी। ऐसा लग रहा था कि वे जीवन के अंतिम क्षण में भी उसका अध्ययन कर रहे थे। कौन यह जानता था कि उनकी प्रिय पुस्तक मेरी भी प्रिय पुस्तक बन जाएगी।

मेरा मन नहीं माना और मैंने यह किताब ले ली। मैंने दादीजी से पूछा, ''क्या मैं यह किताब ले सकता हूं?''

उन्होंने कहा, 'ले लो, तुम्हारे दादाजी ये सारी किताबें तुम्हारे लिए छोड़ गए हैं।''

7

पुस्तक प्रेम

मृत्यु जीवन को एक नया परिप्रेक्ष्य देता है।

मुझे अपने जीवन में मौत से पहला साक्षात्कार दादाजी के मौत के रूप में हुआ। मैंने उनके वियोग में अनेक दिनों तक रोता रहा। हालांकि मेरे माता–पिता ने मुझसे कहा कि मृत्यु अटल है, किसी की पहले मौत होती है तो किसी की बाद में।

प्रश्न इस बात का नहीं है कि कितनी लम्बी आयु मिली है बल्कि प्रश्न यह है कि प्रेरक जीवन रहा है अथवा नहीं। कुछ लोग जीते जी भी मुर्दे की ज़िंदगी जीते हैं जबकि कुछ लोग मरने के बाद भी अपनी कीर्ति के कारण जीवित रहते हैं।

इस संबंध मुझे बहुत ही दिलचस्प ज्ञान कठोपनिशद् से मिला जिसका अध्ययन मैंने बाद में किया था। यह एक अलग तरह का ग्रंथ है।

इस ग्रंथ में किशोर नचिकेता और मृत्यु के देवता यमराज के बीच संवाद है। नचिकेता पृथ्वी पर मनुष्य के अस्तित्व एवं शाश्वतता तथा मृत्यु के बाद की गति के संबंध में मौलिक प्रश्न पूछता है।

मुझे मालूम था कि दादाजी अपने भौतिक काया को छोड़ चुके थे किंतु वे हमारे लिए चिर नूतन स्मृतियों की विशाल निधि छोड़ गए थे। हम कैसे एक स्तरीय जीवन जीएं, इस संबंध में हमारे लिए बहुमूल्य टिप्स दे गए थे। समय बीतता गया और मैं शहरी जीवन के भाग–दौड़ में बड़ा हो गया। फिर भी मैं

दादाजी द्वारा दिए गए सर्वोत्तम उपहार यानी पुस्तक प्रेम को संजोए रहा। मैंने दादाजी के पुस्तकालय की अधिकांश पुस्तकें ले ली जबकि मेरे पिता ने कहा था – "हमारे घर में इनके लिए पर्याप्त जगह नहीं है।" इनमें से कुछ महत्वपूर्ण पुस्तकें थीं – वेद, ब्रह्मसूत्र, महाभारत और संतों की जीवनी। ऐसा नहीं है कि मैंने उन सभी पुस्तकों को पढ़ लिया लेकिन मुझे ऐसा लगता है कि यत्नपूर्वक रखी हुई इन पुस्तकों के पृष्ठों के माध्यम से दादाजी आज भी मेरे से बात कर रहे हैं।

मैं अपने क्लास का टॉपर तो नहीं हुआ करता था, मगर ऐसा भी नहीं था कि मैं सबसे पीछे की कतार में रहने वाला छात्र था। मैं कभी भी स्कूल अथवा कॉलेज में फेल नहीं हुआ लेकिन मेरा मकसद कभी भी क्लास में प्रथम आने का भी नहीं रहा। लेकिन मेरे अंदर एक बात ऐसी थी जिसकी सराहना मेरे क्लास के श्रेष्ठ छात्र, शिक्षकगण और दोस्त – सभी किया करते थे। वह था मेरा पुस्तक प्रेम।

स्कूल अथवा कॉलेज के समय में जब कभी मुझे अवसर मिलता था तो मैं पुस्तकालय चला जाता था। इसका अर्थ यह नहीं है कि मैं अपने दोस्तों के साथ आनंद के क्षण नहीं गुजारता था, अथवा सिनेमा देखने या फिर सड़क किनारे बिकने वाली सामग्री का लुत्फ नहीं लेता था अपने सीमित बजट से, जैसा कि छात्रों का होता है।

लेकिन इन सबके के बीच वक़्त निकालकर पुस्तकालय में घुस जाता था और अधिक से अधिक किताबों को देखते–पलटते रहता था। वास्तव में, मेरे दोस्तों के बीच यह बात प्रचलित एवं समय के साथ सिद्ध भी हो चुकी थी कि यदि मैं उनके साथ नहीं हूं तो "मैं पुस्तकालय में जरूर मिलूंगा।"

कॉलेज के पुस्तकालय अध्यक्ष मुझे चाहते थे। मैं उन कुछ गिने–चुने छात्रों में से था जो सभी प्रकार की पुस्तकें पढ़ते थे, केवल पाठ्य –पुस्तकों तक ही सीमित नहीं रहते थे। विज्ञान कथा से लेकर उपन्यास तक, प्राचीन भारतीय साहित्य से लेकर आधुनिक प्रबंधन की पुस्तक तक – हर प्रकार की पुस्तकें मैं पढ़ा करता था।

पुस्तकालय अध्यक्ष मुझे कुछ टिप्स भी दिया करते थे : ''एक नई किताब आयी है। इसे पढ़कर देखो। तुम्हें अच्छा लगेगा।'' वह आईस क्रीम बेचने वाले की तरह करते थे। बाजार में जब भी कोई नया फ्लेवर आता है तो आईसक्रीम वाला चाहता है कि लोग उसे चखे।

मैं किताबों की खुशबू का दीवाना था। किताबों के होते हुए मैंने कभी भी खुद को अकेला महसूस नहीं किया। मैंने खुद को हमेशा उनके करीब पाया। उनके संसर्ग में स्वयं को सहज पाया। किताब सबसे करीबी दोस्त हो सकती है। यह दोस्त आपको एक नजरिए से वाकिफ़ करवाता है फिर भी आपके निजी दृष्टिकोण पर किसी तरह का बंधन नहीं लगाता है। मैं केवल किताबें पढ़ता ही नहीं था बल्कि उन्हें सुना भी करता था। किताबें उन्हीं के साथ बातें करती हैं जो सुनना चाहता है।

पुस्तकालय में पुस्तकों पर संगोष्ठी का आयोजन हुआ करता था और मैं उसमें शामिल हुआ करता था। उस दौरान बहुत ही स्वस्थ एवं बौद्धिक विचार–विमर्श हुआ करता था। यहां तक कि मेरे काफी विद्वान और पढ़ाकू दोस्त भी मुझे चाहते थे क्योंकि उन लोगों के बीच परिचर्चाएं होती रहती थी और हर बार मैं उनमें अपना योगदान दिया करता था। मैं प्राय: महसूस करने लगा था कि मैं भी एक बुद्धिजीवी हूँ।

एक दिन पुस्तक विमोचन संबंधी सूचना कॉलेज के सूचना–पट्ट पर लगी हुई थी। विमोचन स्थल शहर के दूसरे छोर पर था। पुस्तक विमोचन में उस पुस्तक के लेखक के साथ एक नामी हस्ती आने वाले थे। वास्तव में मैं यह जानना चाहता था कि पुस्तक विमोचन में क्या होता है लेकिन मेरे एक भी दोस्त साथ जाने के लिए उत्साही नहीं थे, इसलिए मैंने अकेले जाने का निर्णय लिया।

यह जीवन भर स्मृति पटल पर संजोकर रखने लायक अनुभूति थी। वह पुस्तक भंडार बहुत बड़ा था और उसके शेल्फ किताबों से भरे हुए थे। आसपास का परिवेश सामान्य ही था मगर इस अवसर पर वहां बहुत से लोगों के आने से वातावरण आकर्षक बन गया था।

जो नामी हस्ती पधारे थे वे फिल्म निर्देशक थे और खुद भी पुस्तक प्रेमी थे। यही कारण था कि वह एक अपेक्षाकृत कम नामी लेखक की पुस्तक के विमोचन के लिए भी तैयार हो गए। मुझे ऐसा लगा कि अधिकांश लोग उस प्रसिद्ध निर्देशक को देखने के लिए आए थे, न कि उस पुस्तक को पढ़ने अथवा लेखक से मिलने के लिए आए थे।

लेकिन उस नामी हस्ती ने एक महत्त्वपूर्ण टिप्पणी की : ''दोस्तों, आज दुनिया में लाखों पुस्तकें हैं। लेकिन ये महज किताबें ही नहीं हैं बल्कि इनमें उन लाखों लोगों के अनुभव दर्ज हैं जिन्होंने जीवन को अलग–अलग नजरिए से देखा।''

एक व्यक्ति ने लेखक से पूछा कि वे पुस्तक लेखन के लिए किससे प्रेरित हुए। इस पर उन्होंने कहा, ''अध्ययन आपका मनुष्य बनाता है जबकि लेखन आपको संपूर्ण मनुष्य बनाता है।'' उन्होंने स्वांत: सुखाय के लिए पुस्तक लिखी थी।

मैंने अपने जीवन पर एक दृष्टि डाली। मैं ताउम्र किताबों का संग्रह करते रहा, जगह और पैसे की कमी के बावजूद। मेरी माँ ने कहा था : ''तुम कोई सर्कुलेटिंग लाइब्रेरी का सदस्य क्यों नहीं बन जाते? ताकि पुस्तकों को पढ़ने के बाद उन्हें वापस कर सको।'' यह जगह की कमी संबंधी समस्या का एक निदान था। मगर पुस्तकों के संग्रह, उनके पृष्ठों पर टिप्पणियां अंकित करने तथा जीवन के विभिन्न संदर्भों में उन्हें उद्धृत करने के लोभ से कौन वंचित रहना चाहेगा? कौन जानता था कि मेरा पुस्तक प्रेम मुझे एक दिन बेस्ट सेलिंग पुस्तक का लेखक बना देगा।

पुस्तकों का संग्रह करना और उन्हें पढ़ना एक बात है किंतु उनसे उपयोगी टिप्पणियों को जमा करना एक अलग बात है।

अब मैं इस बात को स्पष्ट करने जा रहा हूं ...

8

चाणक्य पर टिप्पणी

एक बार मेरी एक शिक्षिका ने मुझसे कहा था, ''किसी विषय को समझने के लिए तीन तरह की पढ़ाई करनी चाहिए; इसे यूं कहूं कि उसे तीन बार पढ़ना चाहिए लेकिन हर बार अलग–अलग दृष्टि से।'' उन्होंने आगे कहा, ''पहली बार किसी किताब को तुम शोध पत्र के लिए पढ़ते हो। यह उससे होकर सीधे तौर पर, सरसरी निगाहों से गुजरने जैसा होना चाहिए। पड़ताल करो कि किताब में तुम्हारी दिलचस्पी जग रही है अथवा नहीं। यदि तालमेल नहीं बैठ रहा है तो इसे छोड़ दो।'' समय प्रबंधन की दृष्टि से यह एक अच्छा टिप था क्योंकि आज दुनियाभर में लाखों किताबें प्रकाशित हो रही हैं।

''यदि किताब में आपकी दिलचस्पी जग रही है तो इसे दूसरी बार पढ़ें। इस बार इसे गंभीरतापूर्वक पढ़ें। कलम अथवा पेंसिल साथ में रखें और टिप्पणी लिखें। यदि कोई प्रश्न हो तो उसका समाधान करें और उस पर विशेषज्ञों की राय प्राप्त करें।'' उनकी बातों को सुनकर हैरानी नहीं हुई। शिक्षा के क्षेत्र में उनके योगदान के लिए उनका काफी सम्मान था।

''तीसरे तरह के अध्ययन को पुनरावलोकन अध्ययन कहा जाता है। अपने सभी प्रश्नों के समाधान के बाद आप पुस्तक को पुन: पढ़ते हैं। इस बार आप उस विषय के विशेषज्ञ जैसे हो जाते हैं।'' इस पर आगे उन्होंने कहा, ''अब आप इस पुस्तक पर कहीं जाकर व्याख्यान भी दे सकते हैं।'' मुझे यह विचार अच्छा लगा। किसी पुस्तक के पाठक से आप उस पुस्तक पर विशेषज्ञ

वक्ता तक बन सकते हैं।

एक विचार, एक संभावना मेरे मन में घर करने लगी। चाणक्य के जीवन में रूचि तो बाल्यकाल से थी। इसका श्रेय दादाजी को जाता है।

बाल्यकाल से लेकर तब तक मैंने चाणक्य पर बहुत–सी पुस्तकें जमा कर ली थीं। मैंने इनमें से कुछ पुस्तकें गली–मोहल्ले के विक्रेताओं से खरीदी थीं, कुछ बड़े पुस्तक–केंद्रों से तथा कुछ विभिन्न नगरों–शहरों के भ्रमण के दौरान। मुझे यह जानकर काफी आश्चर्य हुआ कि कई पीढ़ियों के अनेक लोगों ने चाणक्य पर लिखा है।

चाणक्य के जीवन और शिक्षा पर भी विभिन्न भाषाओं में बहुत–सी पुस्तकें उपलब्ध थीं। कुछ पुस्तकें विद्वतापूर्ण और अकामिक शैली में लिखी गई थीं, जबकि अन्य पुस्तकें समान्य प्रकार की थीं। कुछ में तो नई तरह से सार्थक बातें कहीं गई थीं लेकिन अन्य पुस्तकों में बार–बार एक ही बात को दुहरायी गई थीं मगर उन्हें अलग–अलग तरीके से कहा गया था। मैं चाणक्य की कहानी से हटकर कुछ बताना चाहता था।

चाणक्य पर सबसे लोकप्रिय पुस्तक थी चाणक्य नीति जिसमें सामान्य आदमी को एक अच्छी और सुखद ज़िंदगी जीने के लिए मागर्दशन दिया गया है। इसे समझना सरल है। चाणक्य के विचारों पर आधारित अन्य पुस्तकें हैं – ***नीति शास्त्र*** और ***चाणक्य प्रनीति सूत्र***। मुद्राराक्षस नामक पुस्तक चाणक्य के जीवन और राजा धनानंद को सिंहासन से हटाने के संबंध में चाणक्य की रणनीति पर आधारित नाटक है। और उसके बाद, निस्संदेह मेरे दादाजी की प्रिय पुस्तक – कौटिल्य का अर्थशास्त्र है।

मैंने इन सभी पुस्तकों पर नोट्स बनाया और भविष्य में उपयोग के लिए उन्हें एक फाइल में रख दिया। समय–समय पर अपने मित्रों और शिक्षकों को प्रभावित करने के लिए उनमें से कुछ कहानियों को उद्धृत करता रहा। मगर, इसके बावजूद अर्थशास्त्र इन सभी पुस्तकों से अलग था। यह गहन एवं व्यापक पुस्तक है जिसे पहली बार पढ़ने पर समझना आसान नहीं था। सच में, इसे ठीक तरह से समझने के लिए मुझे बहुत ही ध्यान केंद्रित करना पड़ा।

दादाजी ने अपनी पुस्तक में कुछ टिप्पणियां लिखी थीं, वास्तव में वे मेरे लिए लाभकारी रहीं।

मैंने अनुमान लगाया कि मैंने चाणक्य के जीवन के कुछ पहलुओं को समझ लिया है, मगर उस समय तक मैंने चाणक्य के जीवन की सभी पहलुओं को नहीं समझ सका था। क्या मेरी शिक्षिका की यह बात उचित नहीं थी कि किसी पाठ को तीन बार पढ़ने पर व्यक्ति उसका विशेषज्ञ बन जाता है?

अब तक मैंने संपूर्ण अर्थशास्त्र को दस बार से भी अधिक पढ़ा था। इसमें ६००० सूत्र हैं और मैंने सभी सूत्रों को बहुत ही निष्ठापूर्वक पढ़ा था। इसके बावजूद मुझे लगता था कि अब भी मेरे अध्ययन में कुछ कमी है।

एक दिन पिता जी मुझे सत्संग में ले गए थे। सत्संग में जाना मेरे परिवार की संस्कृति का हिस्सा था। उस दिन प्रवचन करने वाले साधु बहुत ही मनोरम उपदेश दे रहे थे:

''किसी भी ग्रंथ को समझने के लिए चार प्रकार की कृपा की आवश्यकता होती है: आत्म कृपा, ईश्वर कृपा, गुरु कृपा और शास्त्र कृपा।

आप निज प्रयास से स्वयं पर जो कृपा करते हैं वह आत्म कृपा है। किसी भी आलसी व्यक्ति को कभी भी किसी ग्रंथ की समझ नहीं हो सकती। ग्रंथों के अध्ययन के लिए निष्ठा एवं समर्पण की आवश्यकता होती है।'' बहुत खूब, मुझे लगता है कि मैंने अपने प्रयास में किसी प्रकार की कमी नहीं छोड़ी है।

''ईश्वर कृपा आप पर भगवान द्वारा की जाने वाली अनुकंपा है। यदि आप ईश्वर की एक ओर एक कदम बढाएंगे तो ईश्वर आपकी ओर दस कदम बढाएंगे। आप जितना अधिक प्रयास करेंगे उतना ही अधिक ईश्वर की अनुकंपा आप पर बरसेगी।'' मुझे अचरज होने लगा कि मेरे अथक प्रयास के बावजूद मुझ पर ईश्वर कृपा में थोड़ी कमी है।

''गुरु कृपा शिक्षकों की आप पर अनुकंपा है। शास्त्र का अध्ययन कभी भी स्वयं नहीं करना चाहिए बल्कि किसी विशेषज्ञ शिक्षक के मार्गदर्शन में

करना चाहिए। शिक्षक उस शास्त्र के अज्ञात आयामों को आपके सामने खोलकर रख देंगे।'' इससे मेरे मन में एक प्रश्न उठा: क्या किसी ग्रंथ को समझने के लिए वास्तव में किसी शिक्षक की आवश्यकता होती है?

''अंत में, शास्त्र कृपा स्वयं में सदग्रंथों की कृपा है। व्यक्ति किस शास्त्र का अध्ययन करेगा यह उस पर निर्भर है। विभिन्न लोग विभिन्न प्रकार के ग्रंथों का अध्ययन करते हैं फिर भी वे नितांत ज्ञान–शून्य रहते हैं। वे शास्त्र वाचते रहते हैं मगर शास्त्रों के रहस्य को नहीं जानते।'' जी हाँ, कुछ ऐसी बातें थीं जिन्हें मैं कभी नहीं जान पाया।

उस रात मैं चाणक्य और उनकी शिक्षा की अपनी अध्ययन–विधि पर विचार करने लगा। जब मैं छोटा था तभी से दादाजी ने मुझे अपनी कहानियों के माध्यम से किताब पढ़ने, नोट बनाने और सच्चे मन से प्रयास करने के लिए मेरे अंदर रुचि जगाते रहे। इस दिशा में मैं जितना कर सकता था उतना मैंने किया। फिर भी ये चारों प्रकार की कृपा मुझे पर्याप्त रूप में नहीं मिल सकी थीं। मुझे और अधिक ईश्वर कृपा, गुरु कृपा और शास्त्र कृपा की जरुरत थी।

अगले दिन सुबह में मैं उन्हीं साधु के पास गया। हम उन्हें स्वामी जी कहा करते थे। मैंने उनसे पूछा: ''स्वामी जी, व्यक्ति को ये सभी कृपा कैसे प्राप्त हो सकती हैं? मैं चाणक्य और उनके अर्थशास्त्र को पूरी तरह से समझना चाहता हूँ। वे मेरे और मेरी पीढ़ी के लोगों के लिए अभी भी रहस्य बने हुए हैं। क्या चाणक्य को पूरी तरह से समझा जा सकता है?''

''भारतीय परंपरा में कुछ भी असंभव नहीं है लेकिन शास्त्र को समझने के लिए समय–सिद्ध गुरु शिष्य एवं अध्ययन की गुरुकुल विधि का अनुसरण करना चाहिए।''

''ये विधियाँ क्या हैं?

इसके बाद उनका सत्संग पुन: प्रारंभ हो गया .....

9

गुरु – सबसे बड़ा

वह साधु एक ज्ञानी पुरुष थे। उनका बहुत कुछ मेरे दादा जी से मिलता था जो गहन विचारों को सरल शब्दों में व्यक्त करते थे। अथवा ऐसा तो नहीं कि प्रत्येक ज्ञानी व्यक्ति और अच्छी तरह से कहानी कहने वालों में मैं अपने दादा जी को ही ढूँढ़ता था?

थोड़ा समझदार होने पर मुझे यह बात समझ में आयी कि कुछ लोग कभी भी नहीं मरते हैं। हालांकि भौतिक शरीर खाक में मिल जाता है लेकिन व्यक्ति के विचार और आदर्श सदैव जीवित रहते हैं।

समझदार .... इस शब्द पर मैं कुछ देर के लिए अटक गया मगर इस शब्द के माध्यम से मैं दादा जी के कालखंड में पहुँच गया। उन्होंने मुझे इसका अर्थ समझाया था।

''दादा जी, क्या मैं बड़े होने पर समझदार हो जाऊँगा?''

''जब व्यक्ति समझदार होता है तभी वह बड़ा होता है।''

यह सच है कि उम्र के लिहाज से मैं बड़ा हो गया मगर जहाँ तक समझदारी का सवाल है उसके लिए अभी लम्बा सफर तय करना है।

वर्तमान प्रसंग की ओर मेरा ध्यान आकर्षित करते हुए साधु ने कहा, ''भारतीय संस्कृति एवं परंपरा को समझने के लिए दो बातों की जानकारी आवश्यक है।''

"प्रथम, गुरु–शिष्य परंपरा।" ऐसा लग रहा था कि इस बात को स्पष्ट करने के लिए वे एक दूसरी दुनिया में खो गए थे। "गुरु महज एक शिक्षक ही नहीं होते जैसा कि हम आज के स्कूल–कॉलेजों में पाते हैं। गुरु किसी विषय को कक्षा में पढ़ाने वाले शिक्षक ही नहीं होते हैं। वे पेशेवर योग्यता रखकर व्याख्यान देने वाले शिक्षक ही नहीं होते। निस्संदेह, गुरु विषय का भी ज्ञान देते हैं लेकिन वे अपने शिष्यों को सद् मार्गदर्शन से ईश्वर का भी साक्षात्कार करा देते हैं।

गुरु विज्ञान, गणित, लेखा अथवा भाषाओं का ज्ञान भी दे सकते हैं मगर वे विषय के माध्यम से शिष्य को जीवन का बोध कराते हैं।

ऐसा नहीं है अपने छात्र का कक्षा में प्रथम आने पर ही गुरु को प्रसन्नता होती है बल्कि जब शिष्य एक अच्छा मनुष्य बनता है तो गुरु को तृप्ति होती है। इस प्रकार गुरु एक ज्ञानी पुरुष होते हैं जिनकी अपेक्षा रहती है कि उनके शिष्य भौतिक एवं आध्यात्मिक – दोनों प्रकार के ज्ञान में निपुण हो।

और वह शिष्य भी आदर्श नहीं कहलाता जो कक्षा में प्रथम होकर अपने कॅरियर में केवल धनार्जन ही करता है। शिष्य को गुरु के साथ सदा के लिए मन और विचार से एकाकार हो जाना चाहिए।"

मैं सोचने लगा कि क्या हमारी वर्तमान शिक्षा–प्रणाली में ऐसी अवधारणाएं मौजूद हैं।

"गुरु और शिष्य का संबंध दिव्य होता है। एक–दूसरे के प्रति असीम श्रद्धा होती है। गुरु अपना संपूर्ण ज्ञान अपने शिष्य पर उड़ेल देता है और शिष्य भी गुरु के प्रति समर्पित सेवा भाव से उस ज्ञान को आत्मसात कर लेता है।"

एक क्षण के लिए मैं मौन हो गया और स्वयं से प्रश्न किया कि क्या मेरे जीवन में ऐसे गुरु हैं अथवा केवल विभन्न विषयों को पढ़ाने वाले शिक्षकों से ही मेरा परिचय रहा है?

ऐसा लगा कि साधु महाराज ने मेरे मन की बात को भाँप ली है, "सच्चा गुरु तो ईश्वर ही हैं, दूसरा कोई नहीं। भगवान ही गुरु रूप में हमारे सम्मुख

उपस्थित होते हैं। इसके लिए शिष्य को आदर्श प्रस्तुत करना पड़ता है और जिज्ञासु बनना पड़ता है।

भारत में गुरु का स्थान माता–पिता से भी ऊपर होता है। माता–पिता हमारे प्रथम गुरु और शिक्षक होते हैं। यहाँ पर अत्यंत शक्तिशाली राजा और सम्राट भी अपने गुरु के आगे शीश झुकाते थे।

दूसरी है, गुरुकुल आधारित शिक्षा–प्रणाली। गुरुकुल उस आश्रम को कहते थे जहाँ पर गुरु का निवास स्थान होता है और संपूर्ण विश्व से छात्र वहाँ आकर निवास एवं अध्ययन करते थे।''

मैंने इसे स्पष्ट करने का प्रयास किया, ''यह तो आधुनिक कॉलेज के होस्टल जैसा है।''

इस पर उन्होंने कहा, ''बिल्कुल ऐसा भी नहीं। दोनों के बीच भारी अंतर है। आधुनिक समय में होस्टल छात्रों के ठहरने के लिए एक जगह है। इसमें शिक्षक एवं छात्र के बीच कक्षा में भी संपर्क होता है। शेष समय में दोनों की अलग–अलग दुनिया होती है।'' उनकी बातों में वजन था।

''गुरुकुल में गुरु और शिष्य एक परिवार की तरह रहते थे। वे एक–दूसरे का ध्यान रखते थे। वे दैनिक कार्यों में एक–दूसरे का हाथ बँटाते थे और एक–दूसरे को नजदीकी से जानते थे। छात्र कक्षा में पढ़ाए जाने वाले पाठ से ही नहीं ज्ञान प्राप्त करते थे बल्कि गुरु के आचरण से भी बहुत–कुछ सिखते थे।''

इसके बाद उन्होंने एक बहुत बड़ी बात कही। ''शिष्य अपने गुरु की तीन बातों से ज्ञान प्राप्त करते थे – उनके आचार, उनके विचार और उनके व्यवहार से। आचार से तात्पर्य गुरु के आचरण, विचार से उनके चिंतन और व्यवहार से उनका लोगों के साथ व्यवहार से है। ये तीनों आपस में एक–दूसरे से जुड़े हुए हैं।''

गुरु एक आदर्श प्रतिरूप यानी रोल मॉडल हुआ करते थे। गुरुकुल प्रणाली में, चौबीसो घंटे सिखने का अवसर प्राप्त होता था। शिष्य सतत गुरु के सान्निध्य में रहकर उनके क्रिया–कलाप से ज्ञान प्राप्त करते थे। शिष्य गुरु

के साथ औपचारिक एवं अनौपचारिक वार्तालाप के साथ–साथ दैनिक अभ्यास कक्षाओं के माध्यम से ज्ञानार्जन किया करते थे।''

मैं बाद में, स्वामीजी के आश्रम से वापस आ गया। लेकिन मैं जान गया कि गुरु–शिष्य एवं गुरुकुल परंपरा के माध्यम से भारत में ज्ञान को जीवित रखा गया। मैंने महसूस किया कि अर्थशास्त्र के अनेक बार अध्ययन के माध्यम से मैंने स्वयं–कृपा की है। लेकिन शेष तीनों : ईश्वर–कृपा, गुरु–कृपा और शास्त्र–कृपा से मैं वंचित था।

मुझे ऐसे गुरु कहां मिलेंगे जो इन प्राचीन पद्धतियों से मुझे अर्थशास्त्र का अध्ययन करा सकें? क्या मैं एक आदर्श शिष्य था? क्या आज भी ऐसे गुरुकुल अस्तित्व में हैं जो होस्टल से कहीं अधिक परिवार हैं? इन प्रश्नों के समाधान के लिए कहां जाया जाए?

मेरे दादा–दादी अब इस दुनिया में नहीं हैं। लेकिन मुझे अपने माता–पिता का सान्निध्य प्राप्त है। समय के संग मेरे माता–पिता मेरे रोल मॉडल बन गए।

मैं जल्दी से अपने घर गया और घर में घुसते उनसे कहा, ''पापा, मुझे आपसे थोड़ी सहायता की जरुरत है।''

10

दादाजी से पिताजी तक

जिस परिवार में मेरा जन्म हुआ था वह बहुत ही प्रगतिशील चिंतन का था। बचपन से ही मैं जीवन के विभिन्न क्षेत्रों से जुड़े लोगों को अपने घर आते हुए देखता था।

हमारे घर में लम्बी परिचर्चाओं का चलते रहना एक आम दृश्य था। राजनीति से लेकर विज्ञान में अद्यतन गतिविधि तक, कला–संगीत से लेकर व्यवसाय में चल रहे ट्रेंड तक विभिन्न प्रकार के विषयों पर चर्चाएं होती रहती थीं।

मेरे दोनों – माता एवं पिता काफी पढ़े–लिखे थे और उन्हें वैश्विक मामलों की अच्छी समझ थी। मगर सबसे जो बड़ी बात थी, वह थी घर के कण–कण में प्रवाहित होने वाली आध्यात्मिक संस्कृति।

मैं यह नहीं कह रहा हूँ कि मेरा परिवार धार्मिक परिवार था बल्कि सही मायने में यह एक आध्यात्मिक परिवार था।

निस्संदेह, हमलोग सभी भारतीय पर्व–त्योहार मनाते थे। साथ ही घर में दैनिक पूजा–पाठ भी हुआ करता था। इसके साथ ही, घर पर आध्यात्मिक पुरुषों का भी आगमन होता रहता था और वे लोग दार्शनिक चर्चाएं किया करते थे। ये लोग किसी न किसी आध्यात्मिक संगठन से जुड़े रहते थे अथवा किसी अलग धर्म के अनुयायी होते थे या अपनी स्वतंत्र क्षमता से घर पर आया करते थे। परिचर्चा सिर्फ रामायण और महाभारत तक ही सीमित नहीं

रहती थी बल्कि इसमें बाइबल, कुअरान, गुरुग्रंथ साहिब और आगम पर विचार–विमर्श किया जाता था। एक खुला सांस्कृतिक माहौल था जिसमें लोग नए दार्शनिक आयामों को उजागर करने के लिए तत्पर रहते थे।

दादा जी कहा करते थे कि, ''परिचर्चा तर्क–वितर्क जैसी नहीं होती है। तर्क–वितर्क के दौरान लोग खुद को सही साबित करने में लगे रहते हैं जबकि परिचर्चा में सत्य को जानने का प्रयास करते हैं।''

हम सत्य को जानने के लिए परिचर्चा एवं विमर्श किया करते थे। कई बार हम एक–दूसरे के विचार से सहमत नहीं होते थे लेकिन एक–दूसरे का सम्मान अवश्य करते थे। जिस तरह से दादा जी ने मुझे प्रभावित किया था उसी तरह उन्होंने मेरे पिता जी को भी प्रभावित किया था। यह तो मुझे बाद में पता चला कि दादा जी और पिता जी के बीच जो विचार–विमर्श होते थे उसके संबंध में पिता जी नोट तैयार करके रखते थे।

वास्तव में, हमारे घर की दीवार पर दादा जी के वचन को फ्रेम में मढ़वाकर लटकाया गया था। इस संबंध में पापा ने कहा कि, ''मुझे यह नहीं पता कि ये विचार किस ग्रंथ में उल्लिखित हैं, मगर मैंने इन्हें अपने पिता जी से सुना, इसलिए मैं इन्हें पिता जी के वचन के रूप में आदर दे रहा हूँ।''

इसमें अंकित था : ''हो सकता है कि मैं आपसे सहमत नहीं होऊं, मगर अपनी अंतिम साँस तक मैं असहमत होने की आपकी स्वतंत्रता को आपसे नहीं छीनूंगा।''

जब तर्क–वितर्क किसी बड़े विवाद को रूप लेने लगता था तो हम में से कोई फ्रेम में अंकित इस विचार की ओर संकेत करता था और सबके चेहरे पर मुस्कान बिखरने लगती थी।

मेरी माता भी बहुत ही निष्ठायुक्त तेजस्वी नारी थी। अनेक बार वे अपने विचारों से हमें हैरत में डाल देती थीं। माता जी हमें नई दिशा में सोचने के लिए विवश कर देती थीं। यदि मेरे पिता जी महाभारत से भीष्म के कथन का उल्लेख करते थे तो उसके काट में मेरी माता जातक कथा की उक्ति को उद्धृत करती थीं।

हमारे घर का माहौल हँसी–खुशी एवं ज्ञान–चर्चा ये भरा हुआ रहता था। वे कहा करते थे कि हमने पूर्व जन्म में अवश्य ही कोई बहुत बड़ा पुण्य किया था कि हमें ऐसे महान परिवार में जन्म मिला। सचमुच मैं बहुत ही भाग्यशाली था।

''पिता जी, मैं कौटिल्य के अर्थशास्त्र का अध्ययन गुरु–शिष्य परंपरा एवं गुरुकुल पद्धति से करना चाहता हूँ।'' हालांकि यह महज एक घोषणा जैसा लग रहा था। वास्तव में मैं न सिर्फ पिता जी का विचार जानना चाहता था बल्कि इस संबंध में माँ के मत को भी जानना चाहता था।''

पिता जी जब तक इस पर विचार करते उससे पहले ही माँ का जवाब तैयार था। मुझे लगता है कि हर परिवार में लगभग ऐसा ही होता है जहां महिला अपना विचार व्यक्त करने के लिए तत्पर रहती हैं, यहां तक कि जब उनसे कुछ नहीं पूछा जाता है तब भी।

''अंततः वह दिन आ ही गया। मैं तो उसी दिन जान गई थी जब तुम दादा जी के कमरे में अकेले उनसे मिलने गए थे, उस दिन जब हमलोग गाँव में बाजार गए थे।'' कौन कहता है महिला मानव मनोविज्ञान को नहीं जानती है?

पिता जी ने कहा : ''शास्त्र अपनी ओर अपने तरीके से आकर्षित करता है। जब पुकारा जाता है तो कोई मना नहीं कर सकता है। इसे 'ऋषियों की पुकार' कहा गया है। जब ऐसी पुकार होती है तो धरती पर तुम्हें इनके अनुसरण करने से कोई रोक नहीं सकता।''

बहुत खूब! मैंने इन वर्षों के दौरान पिता जी से जो कुछ सुना था उसमें यह वचन सबसे अधिक गहन था। वह बिल्कुल मेरे दादा जी की तरह बोल रहे थे। भला कैसे नहीं हों, आखिर वे दादा जी के ही तो बेटे थे, उनके भी डी. एन. ए. में वही बात थी। आधुनिक विज्ञान ने इसे डी. एन. ए. का मामला सिद्ध कर दिया है। बुद्धिमत्ता दादा जी से पिता जी में आ गई। और अब समय था उस बुद्धिमत्ता का मुझमें आने का।

एक पुरानी कहावत है कि तुम्हारी माँ तुम्हें पिता से मिलवाती है और तुम्हारे पिता तुम्हें गुरु से मिलवाते हैं।

जब कोई बच्चा जन्म लेता है तो अपनी माँ के नजदीक रहता है। उसके बाद उसकी माँ धीरे–धीरे उसका परिचय उसके पिता से करवाती है। जब पढ़ाई–लिखाई का समय आता है तब उसका पिता उसे गुरु के पास ले जाता है।

"शिक्षा प्रारंभ करने की परंपरा को विद्यारंभ परंपरा के नाम से जाना जाता है। कुछ लोग इसे उपनयन भी बोलते हैं यानी जनेऊ धारण करना। इसे वैदिक शिक्षा की औपचारिक शुरुआत के नाम से भी जाना जाता था।" पिता जी ने स्पष्ट किया।

" चाहे राजपुत्र हो अथवा कृषक पुत्र हो या फिर व्यापारी का पुत्र अथवा किसी श्रमिक का सबको समान रूप से शिक्षा का अधिकार था। विद्यारंभ के बाद पिता अपने पुत्र को गुरु के पास छोड़ देते थे। उसके बाद कई वर्षों तक वह बालक गुरुकुल में रहकर विद्या अध्ययन करता था।"

मैंने पूछा : "कितने वर्षों तक?"

"औसतन १२–१४ वर्षों तक लेकिन यह निर्णय उसका गुरु लेता था विषय की क्षमता एवं योग्यता के आधार पर। शिक्षा प्राप्ति के बाद छात्र को अपने परिवार एवं समाज में रचनात्मक जीवन व्यतीत करने के लिए वापस नगर में भेज दिया जाता था।"

"पिता जी, मेरा गुरुकुल कहाँ है?" वे मुस्कुराने लगे जैसे कि उन्होंने वर्षों पहले इस प्रश्न का जवाब तैयार कर लिया था।

11

एक शिक्षक, एक छात्र

यह मेरे जीवन में एक अद्वितीय समय था अथवा इसे जीवन में एक बहुत बड़ा मोड़ कह सकते हैं। मेरे कॉलेज परीक्षा में दो माह का समय ही बचा हुआ था। यह कॉलेज में मेरा अंतिम साल था। इसके बाद मैं ग्रेजुएट हो जाता।

भारत में ग्रेजुएट होना एक बड़ी बात है अथवा कोई इसे एक सामान्य बात भी कह सकता है। इसे ऐसा मान लिया जाता है कि आपकी औपचारिक शिक्षा पूरी हो गई और अब आपको नौकरी की तलाश करनी है तथा पैसे कमाने हैं।

मेरे कॉलेज में कुछ छात्र पार्ट टाइम जॉब भी करते थे और थोड़ा–बहुत कमा भी लेते थे। कुछ अपेक्षाकृत निर्धन छात्रों को अपने माता–पिता की जरूरतों को पूरा करने के लिए कुछ अधिक पैसे की आवश्यकता रहती थी। कुछ छात्र संपन्न होने के बावजूद अन्य कंपनियों में नौकरी करने लगे थे अथवा परिवार के व्यवसाय में हाथ बँटाने लगे थे। ऐसा इसलिए था कि हर कोई सोचता था कि शिक्षा प्राप्त करने के बाद उसे अंत में कमाना ही तो है।

हमारे समाज में एक अजीब समस्या है। हम जिस किसी से मिलते हैं वह एक ही प्रश्न करता है, ''आप क्या करते हैं?'' इसका मतलब साफ होता है कि आपकी जीविका का साधन क्या है? इसमें इस जवाब की अपेक्षा होती है कि आपके आय का साधन क्या है : ''मैं इस कंपनी में काम करता हूँ'', 'मैं

एक डॉक्टर हूँ'', ''मैं व्यवसाय करता हूँ''।

बाद में मुझे अपने जीवन में मालूम हुआ कि यूरोप जैसे विभिन्न संस्कृतियों वाले स्थान में इस प्रश्न के जवाब कुछ इस तरह से होते हैं: ''मैं फुटबॉल खेलता हूँ'', ''मैं पेंटर हूँ'', ''मैं लेखक हूँ''।

उनके लिए इस तरह के प्रश्न पूछने का मतलब होता है कि जीवन में आपकी अभिरुचि क्या है? आपकी हॉबी क्या है? आपको अपने जीवन में किस काम में आनंद आता है? आपका पेशा आपकी अभिरुचि के अनुरूप बन जाता है। भारत में आपका पेशा पहले और जिस काम में आपका मन लगता है वह बाद में – चाहे वह हॉबी हो अथवा सप्ताहांत गतिविधि।

ऐसी स्थिति उत्पन्न होने के पीछे बहुत से कारण हैं। विदेशी शासन से स्वतंत्रता मिलने के बाद हमारे देश में धीरे–धीरे आर्थिक प्रगति हो रही है। साथ ही यहां पर लोगों को न सिर्फ अपना बल्कि अपने परिवार का भी भरण–पोषण करना पड़ता है। साथ ही परिवार का आकार बड़ा होता था जिसमें व्यक्ति सिर्फ अपनी निजी प्रगति के विषय में सोच नहीं सकता था।

भारत में लोगों को अपनी पत्नी–बच्चे के साथ–साथ माता–पिता, दादा–दादी और अन्य सगे–संबंधियों तथा दोस्तों की देखरेख करनी पड़ती थी। उसे जिम्मेदारियों का वहन करना पड़ता था – स्वयं तथा भाई–बहनों की शिक्षित करना, बहन की शादी करना, बूढ़े माँ–बाप की सेवा करना तथा सामाजिक दायित्वों का निर्वाह करना।

''आप क्या करते हैं?'' जब कोई मुझसे यह प्रश्न पूछता है तो इसके साथ ही मेरा एक जवाब तैयार रहता था: ''मैं कॉलेज में पढ़ता हूँ।'' प्रश्न पूछने वाले को चुप कराने के लिए इतना पर्याप्त होता था।'' अधिकांश लोग इससे आगे जाकर छानबीन करने का प्रयास नहीं करते थे।

लेकिन दो माह के बाद मुझे एक अलग तरह के जवाब का आवश्यकता होगी। या तो मुझे किसी अलग कोर्स में नाम लिखवाना पड़ेगा ताकि मैं एक मानक उत्तर दे सकूँ : ''मैं मास्टर डिग्री में हूँ।'' अथवा मुझे किसी आर्थिक गतिविधि से जुड़ना होगा। अन्यथा मैं समाजिक दृष्टि से अनुपयुक्त हो

जाऊंगा। लोग मुझे अनुपयुक्त अथवा अनुत्पादक मानने लगेंगे।

मगर जीवन के उस कठिन मोड़ पर पिता जी ने मुझसे जो बात कही वह बहुत ही उन्मुक्त सोच थी।

''कॉलेज की परीक्षा समाप्त होने पर कुछ दिन आराम करो। फिर किसी गुरुकुल में निवास करो। अपने भविष्य की चिन्ता मत करो। अपना भविष्य खुद बनाओ। स्वयं पर थोड़ा समय दो। स्वयं के अंदर झाँककर देखो। जीवन के संबंध में विचार करो। गुरुकुल में गुरु के मार्गदर्शन में अर्थशास्त्र का अध्ययन करो।

मैं उनके जैसा पिता पाकर स्वयं को बहुत ही सौभाग्यशाली महसूस कर रहा था। पिता जी ने मुझे किसी घिसे–पीटे लाइन में नहीं धकेला।

माँ ने कहा, ''पुत्र, गुरुकुल में आपको अलग प्रकार का वातावरण मिलेगा। वहाँ पर ध्यान और चिंतन का परिवेश होता है। ऐसी जगहों सर्वत्र दिव्यता छायी रहती है। वहाँ पर आप स्वयं को सुरक्षित महसूस करेंगे।''

अधिकांश माताएं अपने बच्चे और उनकी सुरक्षा को लेकर चिंतित रहती हैं। और एक मेरी माँ थीं जो मेरे पिता जी के साथ मुझे भावी जीवन की दिशा प्राप्त करने के लिए गुरुकुल भेज रही थी।

पिता जी ने कहा, ''अनेक प्रकार के गुरुकुल होते हैं। एक ऐसा होता है जिसमें हजार से भी अधिक छात्र होते हैं। यह आध्यात्मिक ज्ञान के जिज्ञासुओं का आश्रम हो सकता है। यह अनुसंधान केंद्र भी हो सकता है अथवा 'एक शिक्षक–एक छात्र' जैसा भी हो सकता है। तुम किस प्रकार के गुरुकुल में जाना पसंद करोगे?''

इस प्रश्न ने मुझे हैरत में डाल दिया। मुझे नहीं मालूम था कि मेरे सामने इतने अधिक विकल्प मौजूद हो सकते हैं। जीवन के संबंध में खोज प्रारंभ करना मेरे लिए अपने आप में सौभाग्य की बात थी और अब विभिन्न प्रकार के गुरुकुल की खोज भी उसी तरह का काम था। लेकिन उपलब्ध विकल्प में से किसी एक का चयन करना मेरे लिए कठिन साबित हो रहा था।

सबसे पहले, मैं पहली बार गुरुकुल प्रणाली से परिचित हुआ था, इसलिए मेरे सामने समस्या उत्पन्न हो गई कि मैं किसका चयन करूं? मुझे कैसे पता चलेगा कि किस–किस तरह के गुरुकुल होते हैं जब तक मैं स्वयं इस प्रक्रिया से होकर स्वयं न गुजरूं? यह तो उसी तरह का काम हुआ कि आप किसी नई जगह जाएं और वहाँ कोई आपसे पूछे कि आपका प्रिय व्यंजन कौन–सा है।

सच बात तो यह है कि इस संबंध में आपका मत कुछ भी नहीं होगा बल्कि आप दूसरे लोगों यानी किसी स्थानीय व्यक्ति से जानकारी ले सकते हैं। इस बारे में एक मत यह है कि महाभोज की व्यवस्था की जाए और उसमें हर सामग्री को चखा जाए।

भोज्य सामग्री की विविधता पर प्रकाश डालते हुए मैंने अपने पिता जी से कहा, ''मैं उस गुरुकुल जाना चाहता हूँ जिसमें हर प्रकार के गुरुकुल का स्वरूप उपलब्ध हो।'' मैं चाहता था कि अकादमिक शोध जिसका आधार हो, जहाँ का परिवेश आध्यात्मिक हो और जहाँ पर दोस्तों का भी सान्निध्य हो। फिर भी सबसे आकर्षक थी:

''एक शिक्षक–एक छात्र वाली व्यवस्था''।

पिता जी ने अपनी डायरी से एक टेलिफोन न. ढूँढा और कहा : ''इनको फोन करो, तुम्हें अर्थशास्त्र का गुरु मिल जाएगा।

12

छः माह के लिए विदाई

वे संस्कृत के विद्वान थे और पैंतीस वर्षों तक एक विश्वविद्यालय में प्रोफेसर के रूप में अध्यापन किया था। चूँकि वे शीघ्र सेवानिवृत होने वाले थे इसलिए उनके अंदर ज्ञान के प्रसार की लालसा बहुत ही तीव्र थी। स्वाभाविक तौर पर जब कोई व्यक्ति सेवानिवृत होने लगते हैं तब लोग यह मान बैठते हैं कि अब उसके कॅरियर का अंत हो गया है। बहुत थोड़े से ही लोग समझ पाते हैं कि यह एक नए अध्याय की शुरुआत है, खेल की दूसरी पारी अब शुरु होने जा रही है।

इसमें अंतर केवल इतना होता है कि आप खेल बेहतर तरीके से खेलेंगे। जीवन के पहले भाग में आपका समय पैसे कमाने, परिवार का भरण—पोषण करने, अपने बच्चों को शिक्षित करने और अन्य जिम्मेदारियों को वहन करते हुए गुजर जाता है। दूसरी पारी में जब आप सेवा निवृत हो चुके रहते हैं तब तक आपके बच्चे का कॅरियर बन चुका होता है और वित्तीय दृष्टि से आप एक मजबूत स्थिति में होते हैं। आपकी अधिकांश सांसारिक जिम्मेदारियां पूरी हो चुकी होती हैं।

यदि आप तन—मन के स्वस्थ होते हैं तो आपके सामने दो विकल्प होते हैं : पहला, आराम की ज़िंदगी गुजारते हुए मौत की प्रतीक्षा करें अथवा जीवन को एक अलग नजरिए से देखते हुए नए आवेग से आगे बढ़ें।

जिन लोगों की सोच सतही दुनिया से आगे की होती है उनके लिए

सेवानिवृति किसी वरदान से कम नहीं होता। इसमें आपको मनचाहा काम करने की आजादी होती है। आपको न केवल स्वतंत्रता होती है बल्कि आप परिपक्वता के साथ अपना अगला कदम रखते हैं।

जब उन्होंने मेरा कॉल उठाया तो मैंने उनसे कहा, ''सर, मैं अर्थशास्त्र का अध्ययन करना चाहता हूँ।''

मैंने अपने उच्चारण में 'अर्थसास्त्र' कहा था, इस पर उन्होंने जवाब दिया : ''यह अर्थशास्त्र है, अर्थसास्त्र नहीं। उनका जोर तालव्य 'श' पर था, दन्त 'स' पर नहीं।

ये महान संस्कृत के विद्वान मुझे अपने शिष्य के रूप में रखते उससे पहले ही इन्होंने मेरी गलती को ओर संकेत दे दिया। आप उस समय की मेरी स्थिति का अंदाज़ा लगा सकते हैं। मैंने अर्थशास्त्र को अनेक बार पढ़ा था और मन ही मन स्वयं को इसका विद्वान भी समझने लगा था। अब जिस व्यक्ति को मैं अपना गुरु बनाने जा रहा था उनके साथ पहली बार की बातचीत के दौरान मुख्य शब्द के उच्चारण में ही मैंने गलती कर दी।

पहली गेंद में ही मैं क्लिन बोल्ड हो गया।

''सर, मेरे पिता जी ने मुझे बताया है कि अर्थशास्त्र पढ़ाने के लिए आप उपयुक्त व्यक्ति होंगे। क्या आप मेरे गुरु बनेंगे? '' मैं इस बात का प्रयास कर रहा था कि मैं कॉल करने के अपने उद्देश्य से उन्हें भलीभांति अवगत करा दूं। मैंने अनुमान किया कि इस तरह के अनुरोध उनसे बहुत–से लोग करते होंगे, इसलिए वे बहुत अधिक उत्साही नहीं थे कि आखिर मैं उनसे क्या चाह रहा हूँ। मैं आश्वस्त हूँ कि विश्वविद्यालय में प्रोफेसर रहते हुए बहुत ही सरलता से छात्र उनकी ओर आकर्षित होते होंगे।

''तुम अर्थशास्त्र का अध्ययन क्यों करना चाहते हो?'' वे मेरे जिज्ञासा का तात्पर्य जानना चाहते थे।

मैंने किसी तरह से जवाब देने का प्रयास किया, ''वैसे ही सर।''

उन्होंने आश्चर्य व्यक्त करते हुए पूछा, ''वैसे ही?'' मैं इस बात से

अवगत था कि कोई प्राचीन भारतीय ग्रंथ का अध्ययन बिना मतलब का नहीं करता है, खासकर कॅरियर के पीछे भागती हुई इस दुनिया में। मैं भी इसी दुनिया का हिस्सा था। इसलिए मेरा जवाब तर्क–सम्मत नहीं था।

"क्या तुम अकादमिक दुनिया में कदम रखना चाहते हो और अर्थशास्त्र पर कोई शोध करना चाहते हो?"

मैंने महसूस किया कि विश्वविद्यालय में जो छात्र उनके संपर्क आए होंगे वे अकादमिक सेवा में अपना कॅरियर बनाने हेतु उनका मार्गदर्शन चाहते होंगे। कई बार अर्थशास्त्र जैसे ग्रंथ पर विशेष प्रकार के शोध करने से व्यक्ति को किसी सरकारी कॉलेज में शिक्षक की नौकरी मिलना तय रहता है।

"संस्कृत में आपकी योग्यता क्या है?"

इस प्रश्न को सुनते ही मेरे हाथ–पैर फूल गए। मैंने अपने जीवन में कभी भी संस्कृत का अध्ययन नहीं किया था। मेरे पास संस्कृत की आधारभूत योग्यता नहीं थी और मैं उस व्यक्ति से बात कर रहा हूँ जो संस्कृत भाषा के मूर्धन्य विद्वान माने जाते हैं।

"किसी प्रकार की आधारभूत योग्यता नहीं?" उनकी ध्वनि से ऐसा लगा कि वे दूसरी बार अचम्भित हुए हैं। मेरी आशा नष्ट हो चुकी थी और सोचा कि टेलिफोन रख दूँ। मानसिक तौर मैं अर्थशास्त्र की बात भूल चुका था, अलविदा अर्थशास्त्र उम्रभर के लिए!

"तब किस बात से प्रेरित होकर आप अर्थशास्त्र का अध्ययन करना चाहते हैं?"

यही वह प्रश्न था जिसका जवाब मैं आत्मविश्वास और सच्चाई के साथ दे सकता था। "मेरे दादा जी संस्कृत के विद्वान थे और जब मैं छोटा था तब उन्होंने अर्थशास्त्र के साथ मेरा परिचय करवाया था लेकिन किसी गुरु के सान्निध्य में इस ग्रंथ के अध्ययन का अवसर मुझे नहीं प्राप्त हुआ।"

दूसरी ओर कुछ क्षण के लिए चुप्पी रही। ऐसा लगता था कि वे कुछ सोच रहे हैं।

''क्या तुमने अर्थशास्त्र का अध्ययन पहले कभी किया है?''

इस बार मैं आत्मविश्वास से भर गया। जैसे किसी मुर्दे में जान आ गई हो। मैंने प्रखर स्वर में कहा, ''जी हां सर, मैंने इसे अनेक बार पढ़ा है। मैंने सभी ६००० सूत्र पढ़े हैं, मगर अंग्रेजी में। मैंने इसे संस्कृत में पढ़ने का प्रयास किया है लेकिन इस भाषा की सभी बारिकियों को समझ नहीं सका हूँ।''

''ठीक है, अच्छी बात है। इस तरह आपकी पृष्ठभूमि है।'' ऐसा लगा कि मैंने परीक्षा पास कर ली है। ''क्या आप छ: माह के लिए यहाँ आ सकते हो?''

''जी हाँ, मैंने इसे स्वीकार किया।

''जी हाँ सर, जैसा आप कहेंगे।'' मैं अपने नए गुरु के प्रति स्वयं को समर्पित करना चाहता था।

उन्हें विश्वविद्यालय में अपने अंतिम चरण के कार्य को पूरा करने में कुछ महीने बचे हुए थे और मुझे स्नातक की पढ़ाई पूरी करने में दो माह का समय और चाहिए था। बहुत ही अच्छा तालमेल था। बाद में अनेक बार दूरभाष से बातचीत के दौरान हमने कुछ निर्णय लिए। मुझे उस गाँव में जाना था जहाँ पर उनका निवास स्थान था। वहाँ पर एक आश्रम था जिसमें शोध पुस्तकालय भी था।

वह आश्रम उनके घर के नजदीक था। वे प्रत्येक दिन दो घंटे तक पढ़ाया करेंगे। दिन के शेष समय में पुस्तकालय में अध्ययन करना पड़ेगा। जिस गाँव में मुझे ठहरना था उसमें भी एक आश्रम था।

मैं शहर से गाँव जाने को लेकर उत्साहित था, इसलिए कुछ माह बाद स्नातक की होने वाली परीक्षा मेरे लिए महज एक औपचारिकता रह गई थी। मैं अपने जीवन में प्रारंभ होने वाले नए अध्याय को लेकर बहुत ही जिज्ञासु था।

और एक दिन वह समय आ गया....

13

अंतर्यात्रा

एक कहावत है: अज्ञात का भय बना रहता है। मैं दर्पण के सामने खड़ा होकर स्वयं को निहारा करता था। मैं अपने भविष्य से बेखबर था, यह मेरे लिए अज्ञात था। फिर भी मैं अंदर से बहुत खुश था। बहुत ही उत्सुकता थी।

दर्पण में जो शख्स था उसने मुझसे कहा, ''तुम किसी वाह्य यात्रा पर नहीं निकल रहे हो बल्कि तुम अंतर्यात्रा पर जा रहे हो। यह अज्ञात से ज्ञात की ओर एक यात्रा है। यह अर्थशास्त्र सिखने के लिए नहीं है बल्कि यह अर्थशास्त्र के अनुरूप जीने की यात्रा है।''

और वही आवाज अधिक जोर देकर व्यक्त होने लगी: ''तुम चाणक्य के ज्ञान की खोज में नहीं निकल रहे हो बल्कि स्वयं में चाणक्य की खोज के लिए निकल रहे हो।''

मैं सपने से तब जगा जब मेरी माँ ने मुझसे कहा: ''चलो तैयार हो जाओ। जाने का समय हो गया। तुमने खाने का पैकेट रख लिया है ना? उसे मत भूलना।''

पहली बार मैं इतने अधिक समय के लिए घर से बाहर निकल रहा था। अनेक बार मैं दोस्तों के साथ पिकनिक और घूमने–फिरने के लिए कुछ दिनों तक बाहर गया था मगर इस बार मैं अकेले जा रहा था और वह भी सीधे छः माह के लिए।

मेरे दोस्त यह नहीं समझ सके कि मैं जीवन में क्या करने जा रहा हूँ। उन्होंने सोचा कि मैं किसी ऐसे–वैसे गाँव में किसी विचित्र संस्कृत ग्रंथ का अध्ययन करने जा रहा हूँ। ऐसा लग रहा था कि अपने जीवन में जो कुछ करने जा रहे हैं उसके प्रति वे आश्वस्त हैं। हीं हीं हीं...।

मैंने उन्हें समझाने का प्रयास किया, "मैं गुरु–शिष्य परंपरा के अनुरुप एक गुरु के मार्गदर्शन में कौटिल्य के अर्थशास्त्र के अध्ययन के लिए आश्रम में निवास करने जा रहा हूँ।

हालांकि उन्होंने मेरे सामने कुछ नहीं कहा लेकिन मुझे पता है कि वे इस संबंध में आपस में बात करते होंगे कि यह पागल हो गया है। मैंने अपने एक दोस्त को यह कहते हुए सुना: "संस्कृत एवं ईश्वर संबंधी ज्ञान को सेवानिवृति के बाद भी प्राप्त किया जा सकता है। हमलोग अभी नौजवान हैं। इस समय हमें अपने कॅरियर पर ध्यान देना चाहिए।" मैंने निर्णय लिया कि इस समय कुछ न कहा जाए। समय हर प्रश्न का जवाब दे देगा।

जब मैं ट्रेन पर चढ़ा तब मेरी माँ की आँखों से आँसू छलकने लगे। हालांकि मैं जानता था कि यह दुख या जुदाई के आँसू नहीं हैं बल्कि खुशी के आँसू हैं। वह खुश थी कि उसका बेटा उस मार्ग पर जा रहा था जिस पर बहुत कम लोग जाने का साहस करते हैं – प्राचीन भारतीय साहित्य के अध्ययन का।

मैं जानता हूँ कि जब किसी माँ से उनकी संतान जुदा होती है तो वह उनकी सलामती और सुरक्षा के लिए चिंतित रहती हैं। लेकिन अत्यंत ही आध्यात्मिक प्रकृति के होने के कारण मेरी माँ हमेशा से यह विश्वास करती थी कि जीवन यात्रा में सर्वोपरि संरक्षक एवं पालनहार ईश्वर ही होते हैं।

पिता जी तटस्थ भाव में थे। वे इस बात से आश्वस्त थे कि मैं अपनी दिशा से परिचित हूँ। उन्होंने मुझे अपनी देखभाल के लिए पर्याप्त धनराशि दे दी थी और गुरु जी से स्वयं बातचीत भी कर ली थी ताकि वे उनके लड़के का उचित मार्गदर्शन करते रहें।

मैंने अपने माता–पिता के चरण–स्पर्श कर उनका आशीर्वाद लिया। मन

ही मन मैंने अपने दादा–दादी का भी आशीर्वाद लिया। मेरे दादा जी के शब्द मेरे विचारों में समाए हुए थे।

मैं उस साधु के वचन को भी याद किया जिन्होंने विभिन्न सत्संगों के माध्यम से मेरे जीवन पर असर डाला था: ''संत मानव जीवन को बेहतर करने के लिए सदैव प्रयासरत रहते हैं। संतों की शिक्षा उसी तरह की होती है जैसा कि बीज जमीन के अंदर पड़ा रहता है और समय आने पर अपना प्रभाव दिखाता है। उनकी जड़ें गहरी होती जाती हैं और वृक्ष का आकार बड़ा होते जाता है।''

बचपन से कितने साधुओं ने मुझे आशीर्वाद दिया है? मेरे दादा–दादी, मेरे माता–पिता, मार्गदर्शन करने वाले साधु और मेरे नए गुरु जिनसे मैं मिलने के लिए जा रहा था। मुझे लगता है कि जीवन सत्संग से भरा हुआ है यानी ऐसे लोगों के सान्निध्य से जिनके सदविचार हैं।

जैसे ही ट्रेन खुली, वैसे ही मैंने इन लोगों के आशीर्वाद को महसूस किया। यह दो दिनों की यात्रा थी। रेलगाड़ी में मैंने अपने दादाजी के अर्थशास्त्र की मूल प्रति को पढ़ना और अभ्यास करना शुरु किया। अंदर ही अंदर मैंने खुद को भी एक अन्य परीक्षा के लिए तैयार करने लगा।

मैं जीवन में पहली बार अपने अर्थशास्त्र गुरु से मिलने के लिए जा रहा था और मुझे भय था कि वे अर्थशास्त्र में से कोई प्रश्न न पूछ दें। इसके लिए मुझे जवाब तैयार रखना है।

पहली बार अनौपचारिक रूप से जो टेलिफोन बातचीत के दौरान हमने गलती की थी उसे इस समय मैं दुहराना नहीं चाहता था। 'अर्थशास्त्र, अर्थसास्त्र नहीं।' मैं इस बार 'श' का स्पष्ट रूप से उच्चारण करूंगा। मुझे ऐसा लगता है कि जिस तरह से मैंने इस गुरु से मिलने के लिए तैयारी की थी वैसी तैयारी तो मैं अपने किसी स्कूल या कॉलेज की परीक्षा की तैयारी के लिए भी नहीं की थी। यदि मैंने पहले इस प्रकार की तैयारी की होती तो मुझे विश्वास है कि मैं हर कक्षा में प्रथम आया होता।

रेलगाड़ी अपने गंतव्य स्थल पर पहुँच गई। इस छोटे से स्टेशन के

प्लेटफार्म पर जब मैं उतरा तब तक अपराह्न का समय हो गया था। मैं उस चिलचिलाती धूप में अपना सामान खींचकर बस स्टॉप तक लाया। अपने गुरु के घर तक जाने के लिए बस से एक घंटे का सफर था।

लम्बी यात्रा की थकान से मेरे अंदर कमजोरी आ गई थी। मैं भूखा भी था, मगर सिर्फ पानी पीकर उस व्यक्ति से मिलने के लिए मैं आगे की यात्रा पर निकल पड़ा जो सदा के लिए मेरा भाग्य बदलने वाले थे। जैसे ही मैं बस से उतरा तो एक दुकानदार ने मुझे अपने गुरु के घर का रास्ता बता दिया। शहर की तुलना में उस गाँव में बड़े–बड़े घर थे। जैसे–जैसे मैं उन घरों के आगे से गुजर रहा था, लोग मेरी ओर उत्सुकतापूर्वक देख रहे थे। मुझे लग रहा था कि मैं किसी अलग ग्रह से आया हुआ प्राणी हूँ और अभी–अभी इस धरती पर उतरा हूँ। उसके बाद मैं द्वार तक पहुँच गया। मैंने दरवाजा खोला। दरवाजा खोलते ही डोरबेल जैसी आवाज उत्पन्न हुई। इससे घर के अंदर कुछ हलचल हुई। दो लोग बाहर निकले और मेरी ओर बढ़े।

निस्संदेह इनमें से पहले व्यक्ति मेरे गुरु थे।

लेकिन वे दूसरे कौन थे...?

14

मेरे अर्थशास्त्र गुरु

"तुम्हारे पिता जी का फोन आया था। वे जानना चाहते थे कि तुम पहुँचे हो कि नहीं।" मेरे गुरु मेरे पिता जी के बारे में जितने उत्सुक थे, वे उतने मेरे बारे में नहीं थे; कम से कम महसूस तो ऐसा ही हो रहा था। वे मुझे अपने घर के अंदर ले गए।

मुझे ऐसा लगा कि मेरे जैसे बहुत से छात्र उनसे संस्कृत में मार्गदर्शन लेने आए थे। मेरे लिए तो वही मेरे गुरु थे मगर उनके मेरे जैसे बहुत–से शिष्य थे। जो व्यक्ति विश्वविद्यालय में ३५ वर्षों तक अध्यापन किया है उनके पास तो काफी शिष्य होंगे ही।

वे दुबले–पतले और चुस्त–दुरुस्त थे। उनके बाल सफेद हो गए थे जो कि मेरे मुताविक गुरु होने के लिए उपयुक्त है। यदि आपके सिर से आपकी उम्र का पता नहीं चलता है तो लोग समझेंगे कि इसके मस्तिष्क में कुछ है ही नहीं।

दूसरे व्यक्ति के रूप में उनके साथ उनकी पत्नी थी। जब मैं अपने घर से विदा हुआ था तब मेरे पिता ने मेरे गुरु के परिवार के संबंध में थोड़ी जानकारी दी थी। उनकी पत्नी ने कहा : "मुझे लगता है कि तुम्हें इस घर को ढूंढ़ने में कोई तकलीफ नहीं हुई होगी।"

यह थोड़ा गाँव के अंदरूनी हिस्से में है, इसलिए बस स्टॉप से थोड़ा चलकर आना पड़ता है लेकिन यहाँ पर कोई भटकता नहीं है। शहर की तरह

नहीं, बल्कि गाँव ही सुरक्षित होता है।

जैसे ही मैंने उनके बड़े से घर में प्रवेश किया वैसे ही गुरु जी ने अपनी ज्ञान चर्चा प्रारंभ की: ''तुम गाँव और शहर के बीच अंतर को जानते हो?'' वे एक बार फिर से मेरी परीक्षा लेना चाहते थे।

जब तक मैं कुछ कहता उससे पहले ही उन्होंने कहा, ''गाँव में हर कोई एक–दूसरे को जानता है जबकि शहर में लोग अपने पड़ोसी को भी नहीं जानते हैं।'' इसका भाव बहुत ही गहरा था।

उन्होंने अपनी बात को स्पष्ट करते हुए कहा, ''गाँव सिर्फ एक निवास स्थान नहीं है बल्कि यह एक वृहतर परिवार है। यहाँ हर कोई एक–दूसरे को जानता है। लोग एक–दूसरे के दुख–सुख के साथी होते हैं। यदि कोई एक आदमी समस्याग्रस्त होता है तो पूरा गाँव उसकी मदद करता है।'' जी हाँ, मुझे याद है कि जब हम छुट्टी में गाँव जाया करते थे तो पूरा गाँव दादा जी के पास जमा हो जाता था।

''शहर में लोगों के पास एक–दूसरे के लिए वक़्त नहीं होता है, यहाँ तक कि अपने पड़ोसी के लिए भी नहीं। मैं अखबारों में पढ़ते रहता हूँ। हाल ही में एक परिवार में लोगों की मौत हो गई। पड़ोसियों को एक सप्ताह के बाद पता चला जब मृत शरीर से दुर्गंध निकलने लगा।'' इन दो प्रकार के सामाजिक जीवन में बहुत अंतर है।

मैंने सकुशल पहुँचने के संबंध में अपने माता–पिता को सूचित कर दिया।

मेरे गुरु की पत्नी ने आदेश दिया, ''नहा–धोकर खाना खाने के लिए आ जाओ।''

मैं सोचने लगा कि उन्हें किस प्रकार संबोधित करूं। मैंने सुना था कि प्राचीन काल में जब लोग गुरुकुल में पढ़ने जाते थे तो जरूरी नहीं कि गुरु संन्यासी ही हों, गुरु विवाहित भी होते थे। गुरु की पत्नी वहाँ निवास कर रहे छात्रों की स्वाभाविक रूप से माता के समान हो जाती थी।

वहाँ के छात्र उन्हें गुरुमा कहा करते थे। यह संबोधन मुझे भी उचित प्रतीत

हुआ। इस तरह से मुझे एक गुरु के साथ–साथ गुरुमा भी मिल गई – पैकेज डील की तरह एक में दो।

मेरी गुरुमा भी कोई साधारण औरत नहीं थी। वे स्वयं भी संस्कृत की विदुषी थी और अपने पति की तरह इसमें पीएच.डी. थीं। मेरे गुरु ने ही उन्हें विवाह के बाद आगे पढ़ाई के लिए प्रेरित की थी। उनके बच्चे भी काफी पढ़े–लिखे थे और शहरों में कॉरपोरेट क्षेत्र में अपना कॅरियर विकसित कर रहे थे।

उच्च शिक्षित, महत्वाकांक्षी और कॅरियर उन्मुखी युवाओं के लिए गाँव में बहुत अधिक अवसर नहीं होते थे। यह विद्वान दंपती आसानी से किसी शहर में जाकर रह सकते थे लेकिन इन्हें दोनों दुनिया की अच्छी बातों से लगाव था।

वे अपने गाँव में ही रहे लेकिन अनेक संगोष्ठियों और सम्मेलनों में भाग लेने के लिए यात्राएं कीं। इन्होंने संस्कृत में जिन पुस्तकों और शोध आलेखों की रचना की उनके पाठक विश्वभर में फैले हुए हैं। इस प्रकार उनको दुनिया के विभिन्न देशों के विश्वविद्यालयों से अपने विचार प्रस्तुत करने के लिए आमंत्रित किया जाता था।

वहाँ पहुंचने से पहले उनके संबंध में मेरी धारणा यह थी कि वे एक निर्धन एवं विनम्र ग्रामीण व्यक्ति होंगे जो अन्य किसी प्रकार का अवसर नहीं प्राप्त होने के कारण संस्कृत पढ़ाते थे। भोजन के समय उनके साथ चर्चा के दौरान मेरी यह धारणा बदल गई। उन्होंने गाँव में रहने का निर्णय बहुत ही सोच–समझकर लिया था।

''जब पहली बार तुमने यहाँ आने के लिए फोन किया था तो मैं तुम्हें अपने व्यस्त यात्रा कार्यक्रम के कारण अपने छात्र के रूप में रखने के लिए तैयार नहीं था।'' उस दूरभाष वार्तालाप के दौरान कुछ क्षण के लिए वे चुप हो गए थे, उन्होंने उसका उल्लेख किया।

मैंने उत्सुकतावश पूछा, ''तब फिर आपने मुझे अपने छात्र के रूप में क्यों रखा?''

''जब मैंने तुमसे पूछा कि तुम्हें अर्थशास्त्र पढ़ने के लिए किसने प्रेरित किया तो तुमने अपने दादा जी का नाम लिया। इससे मैं अविभूत हो गया।'' अब समझा, मामला दिल का है।

''तुम्हें पता है। मेरा एक पोता है जो मेरे बेटे के साथ जो मेरे बेटे–बहू के साथ विदेश में रहता है।'' उन्होंने मुस्कुराते हुए अपनी पत्नी की ओर देखा। ''जब हम वहाँ जाकर अपने पोते के साथ समय व्यतीत करते हैं तो हमेशा वह प्राचीन भारत की कहानियाँ सुनना चाहता है। पिछली यात्रा के दौरान मैंने उन्हें चाणक्य की कहानी सुनायी थी ....''

मैं समझ चुका था कि वे आगे कुछ कहने वाले हैं।

''मैंने उसे कौटिल्य के अर्थशास्त्र के बारे में कहा था। लेकिन उस बालक का छोटा–सा मस्तिष्क अभी चाणक्य की कहानी से अधिक ग्रहण करने की स्थिति में नहीं था।'' गुरु जी ने बीज बो दिया था और समय आने पर वह बीज धरती को फाड़कर वृक्ष के रूप में परिणत हो जाएगा।

क्या एक अलग परिवार में इतिहास की पुनरावृति हो रही थी? मुझे लगता है हर परिवार – हर पीढ़ी में दादा से पोते को सांस्कृतिक मूल्य मिलने की परंपरा रहती है।

''लेकिन तुम्हें अपने छात्र के रूप में स्वीकार करने का इससे भी बड़ा कारण था यहाँ आकर छः माह रहकर अध्ययन करने की तुम्हारी ओर से स्वीकृति। तुम्हारी प्रतिबद्धता को देखकर मैं बहुत खुश हुआ। शहरों में रहने वाले बहुत कम लोग ऐसा कर पाते हैं।'' एक प्रतिबद्ध छात्र के रूप में मान्यता मिलने पर मेरा हृदय गदगद हो गया। मुझे यह बहुत अच्छा लगा।''

''अब हमें अगले छः माह के लिए अध्ययन की रूपरेखा तैयार करने के लिए तत्पर हो जाना चाहिए।''

गुरुमा ने अपने पति से कहा, ''उसे पहले थोड़ा विश्राम करने दें। बेचारा बालक इतनी दूर की यात्रा करके आया है।''

15

नियम

गुरुमा की सलाह के अनुरूप मैं थोड़ी देर विश्राम करने के बाद अपने पहले दिन के अध्ययन के लिए तैयार होना चाहता था। मैं नहीं जानता था कि यात्रा के कारण मुझे इतनी थकान हो गई होगी कि जब उठूंगा तब तक सूर्यास्त हो चुका होगा। जब मैंने खिड़की से बाहर झांका तो अंधेरा हो चुका था। मुझे अपराध—बोध होने लगा।

मैं स्वयं को कोसने लगा : "क्या तुम इसीलिए यहाँ आए हो? सोने के लिए? पहले दिन कक्षा शुरु करने का कितना अच्छा तरीका है। तुम्हारे गुरु तुम्हारी प्रतीक्षा कर रहे हैं और तुम नींद खींचे जा रहे हो जैसे कल सोना ही नहीं है।

जहाँ गुरुजी बैठे हुए थे उधर मैं भागे—भागे गया। उनके आसपास कुछ लोग बैठे हुए थे। जब मैं उनकी ओर तेजी से बढ़ रहा था तभी उन्होंने मेरी ओर देखते हुए ईशारा किया।

"यही वह लड़का है जिसके बारे में मैं बात कर रहा था। यह शहर से यहाँ अर्थशास्त्र का अध्ययन करने आया है।" उन्होंने गौरवपूर्ण अंदाज़ में आगंतुकों को बताया।

उन लोगों के साथ बातचीत के दौरान पता चला कि वे एक संगोष्ठी का आयोजन करने वाले थे जिसमें गुरु जी वक्ता होने वाले थे।

"मैं निश्चितपूर्वक आऊंगा। आप अपनी तैयारी जारी रखें और मेरे नाम

के साथ आमंत्रण पत्र छपवा लें।'' गुरु जी बातों को सुनकर आयोजकगध अत्यंत प्रसन्न हुए और वे संतुष्ट दिख रहे थे। वे जो चाहते थे उन्हें वो मिल गए – गुरु जी के समय एवं स्वीकृति।

आगे उन्होंने कहा, ''कम से कम अगले छः माह तक यहाँ से बाहर कहीं नहीं जाऊंगा। यह बालक इतना परिश्रम करके शहर से आया है। मुझे इसके साथ अच्छा–खासा समय बिताना है। साथ ही, मैं अभी–अभी विश्वविद्यालय से सेवानिवृत हुआ हूँ। मुझे थोड़ा वक़्त स्वयं पर भी देना है। चूँकि आपका स्थानीय कार्यक्रम है, इसलिए मुझे कहीं यात्रा नहीं करनी है। मैं वहाँ आऊंगा।''

मेरी ओर गौरवपूर्ण दृष्टि से देखते हुए उन्होंने लोगों से कहा, ''सामान्य परिपाटी यह है कि लोग पढ़ने के लिए गाँव से शहर की ओर जाते हैं तथा शहर के लोग विदेश जाते हैं। लेकिन कितनी बार आपने देखा है कि लोग शहर से पढ़ने के लिए गाँव आते हैं?'' अब मुझे अपने उस मधुर पक्ष का ज्ञान हुआ जो उन्हें पसंद आया था।

वरिष्ठ आयोजक ने गुरु जी से अनुरोध किया, ''इन्हें भी कार्यक्रम में लेते आइए।''

''विल्कुल, ये वहाँ जाएंगे। मैं इन्हें अपने साथ लेते आऊंगा।'' क्या मुझे गुरु जी के साथ नहीं जाने की छूट थी?

जब हमलोग उन सबको विदा देने के लिए द्वार तक आए तो उनमें से जो सबसे कम उम्र के थे वह मेरे पास आकर धीरे से मुझे कहा, ''आप बहुत भाग्यशाली हैं कि इन्होंने आपको अपना शिष्य स्वीकार किया है।'' मैं जानता था कि मैं भाग्यशाली हूँ मगर उसके बाद इन्होंने जो कहा, वह वाकई बहुत ही झुकाने वाली बात थी:

''मैंने इनके अंदर पीएच.डी. किया है। वे मेरे शोध निर्देशक थे। चार साल तक मैं धैर्यपूर्वक प्रतीक्षा करते रहा तब इन्होंने मुझे अपने शिष्य के रूप में स्वीकार किया। और अगले चार वर्षों तक अपने शोध कार्य के दौरान ये मेरे पर उतना समय नहीं दे सकें हैं जितना समय आपको मिलने वाला है।'' क्या

इस व्यक्ति को मेरे से ईर्ष्या हो रही थी अथवा मेरे उत्कर्ष पर पहुंचने से पूर्व ही वह खुद इनके विषय होने पर शेखी बघार रहे थे?

''मैं प्रत्येक सप्ताह इनका आधा घंटा समय ले पाता था और आपको छ: माह इनका पूरा मार्गदर्शन मिलेगा और वो भी दैनिक आधार पर। आपकी किस्मत का क्या कहना, आप किस्मत के बहुत धनी हैं।'' इतना कहने के बाद वे अन्य लोगों के साथ दूर चले गए।

''अपने उस अर्थशास्त्र की किताब दिखाओ जिसका अध्ययन तुमने अभी तक किया है।'' गुरु जी जानना चाहते थे कि अभी तक हमने क्या पढ़ा है।

मैंने उन्हें वह पुस्तक दिखायी जिसका अध्ययन दादा जी ने किया था और बाद में मुझे दी गई। इस पर दादा जी की टिप्पणी थी और मेरी भी। इस मेरा अलग से भी एक नोटबुक था। इसमें इतने वर्षों के दौरान अर्थशास्त्र के संबंध में जो भी प्रश्न मेरे दिमाग में उपजे थे वे सभी अंकित थे। मुझे इन प्रश्नों के उत्तर की प्रतीक्षा थी।

''यह अर्थशास्त्र का अच्छा संस्करण है। इसमें अंग्रेजी अनुवाद भी अच्छा है। अगले छ: माह तक अध्ययन के लिए आधार ग्रंथ के रूप में इसका उपयोग करो।'' मुझे यह सुनकर अच्छा लगा कि मुझे पुन: शुरु से काम नहीं करना है।

''लेकिन दूसरे विद्वानों द्वारा लिखे गए अर्थशास्त्र के अन्य संस्करणों को भी तुम्हें पढ़ने की जरुरत है क्योंकि इससे अलग–अलग दृष्टिकोणों को समझने में मदद मिलेगी। अपने ज्ञान को कभी भी एक व्यक्ति अथवा एक पुस्तक तक सीमित नहीं रखो। अपना दिमाग खुला रखो।''

'मैं मन में बातों को अंकित करते जा रहा था। उन्होंने मार्गदर्शन जारी रखा: ''हमलोगों को अगले छ: माह के लिए समय सारणी तैयार कर लेनी चाहिए।'' उन्होंने पहले ही एक समय सारणी तैयार कर ली थी: ''तुम मेरे घर के पास इस आश्रम में रहोगे। यह कोई साधारण आश्रम नहीं है। यह केंद्र सरकार द्वारा मान्यता प्राप्त भारतविद्या केंद्र भी है। इसमें एक विश्व–स्तरीय

पुस्तकालय है जिसमें दुर्लभ ग्रंथ हैं।'' जी हां, मुझे आश्रम के इस पक्ष की जानकारी पहले से ही थी।

''मैं इनके परामर्शक मंडल में हूँ और उनकी शोध–समिति का हिस्सा हूँ। पूरे विश्व के संस्कृत विद्वानों का एक समूह है जो प्राचीन संस्कृत ग्रंथों के पुनरुद्धार की दिशा में काम कर रहा है।'' भारतविद्या से मेरा परिचय पहली बार हो रहा था।

'' आश्रम के परिवेश में निवास करने से तुम्हारे अंदर आध्यात्मिक विकास में भी मदद मिलेगी। तुम प्रत्येक दिन आश्रम से मेरे घर आओगे और फिर मैं कक्षा लूँगा। कल मैं तुम्हें अध्ययन पद्धति के संबंध में अधिक जानकारी दूँगा।'' उन्होंने मुस्कुराते हुए कहा। मुझे लगा कि वे समझ चुके हैं कि उनके निर्देशों को समझने के लिए मुझे थोड़ा वक्त चाहिए।

''आज रात तुम यहीं रुकोगे। कल सुबह हमलोग गणेश–पूजा करेंगे और उसके बाद तुम्हारा औपचारिक अध्ययन शुरु होगा।'' जी हां, किसी भी लक्ष्य को प्राप्त करने हेतु कार्य प्रारंभ करने से पूर्व भगवान गणेश की पूजा की जाती है ताकि मार्ग में आने वाली बाधाओं को वे दूर कर दें। भगवान गणेश सफलता सुनिश्चित करते हैं।

मेरे गुरु जी परंपरा और आधुनिकता दोनों में विश्वास करते थे। वे अनुष्ठान में विश्वास करते थे मगर उनके महत्व और उनके पीछे तर्क से भी परिचित थे। बाद उन्होंने मुझे अध्यात्म के तर्क पक्ष का भी ज्ञान दिया।

मेरे कंधे पर हाथ रखते हुए उन्होंने उस दिन के लिए मुझे विश्राम की अनुमति दे दी।

'' कल तुम्हारा दूसरा जन्म होगा ......''

16

विद्या–आरंभ

मैंने यह सुनिश्चित किया कि अगले दिन सूर्योदय से पूर्व जग जाऊं। घर में पहले से ही चहल–पहल थी। गुरु जी और गुरुमा पहले ही जग चुके थे। मुझे रसोई घर से आने वाली आवाज सुनाई दे रही थी। मैंने स्नान किया और तैयार होकर हॉल में धीरे से झांका और उनकी दिनचर्या को देखकर दंग रह गया।

गुरु जी पहले से मेरी प्रतीक्षा कर रहे थे। उन्होंने मुझे देखते ही कहा, ''आओ, पहले हमलोग पूजा करें।'' वे मुझे एक छोटे–से कमरे में ले गए जहां पर एक छोटा–सा मंदिर बना हुआ था। वहां पर विभिन्न देवी–देवताओं के चित्र स्थापित थे। दीपक जल रहा था। भगवान गणेश की प्रतिमा मध्य में स्थापित थी।

''भगवान गणेश ज्ञान के देवता हैं। महाभारत के लेखक एवं वेदों के संकलनकर्ता वेद व्यास के ग्रंथ के आशुलेखन (तेजी से लिखने का काम) का काम इन्होंने ही किया था।'' गुरु जी ने मुझे भगवान गणेश से संबंधित दार्शनिक पक्ष की जानकारी दी। ''यदि हमारे पास श्रीगणेश का यह अभिलेख नहीं होता तो हम एक पीढ़ी से दूसरी पीढ़ी तक ज्ञान को पहुंचाने में सक्षम नहीं होते।''

उन्होंने मुझे एक आसन पर बैठाया और मंत्र पढ़ते हुए मेरे माथे पर तिलक लगाया। उसके बाद उन्होंने स्वयं स्तुति की। उन्होंने अपने साथ मुझे भी

प्रार्थना करने के लिए कहा। उसके बाद उन्होंने अर्थशास्त्र की मेरी प्रति लेकर भगवान के सामने रख दी। इस पर पुष्प अर्पित करते हुए उन्होंने कहा, ''अब भगवान गणेश के साथ–साथ ग्राम देवता, अन्य देवों, अपने पूर्वजों, अपने माता–पिता और अन्य शुभचिंतकों का भी ध्यान करो।''

जैसे ही मैंने उनमें से प्रत्येक को ध्यान करने के लिए अपनी आँखें बंद की, वैसे ही गुरु जी ने कहा, ''अपने अध्ययन को पूर्ण एकाग्रता और निष्ठा से पूरा करने के लिए इन सबका आशीर्वाद लो।''

उसके बाद उन्होंने अपनी दराज से रूद्राक्ष की माला निकाली और उसे भगवान शिव की प्रतिमा के सामने रख दिया। उन्होंने कुछ मंत्रों का उच्चारण किया। उसके बाद रूद्राक्ष माला को मेरे हाथ में डालते हुए उन्होंने कहा, ''यह रूद्राक्ष माला कैलाश मानसरोवर का है। मैंने इसे अपनी पिछली यात्रा के दौरान वहां से लाया था। यह बहुत ही दिव्य स्थल का है।'' मैंने इस माला को ग्रहण किया और बहुत ही श्रद्धा भाव से अपनी आँखें बंद करते हुए उसे स्पर्श कराया।

''इसमें १०८ मनके हैं।'' मैं जानता था कि इस संख्या का आध्यात्मिक महत्व है। बहुत से लोग इस तरह की माला का उपयोग करते हैं। ''इस माला पर तुम्हें प्रत्येक दिन गायत्री मंत्र का जप करना चाहिए।'', ऐसा गुरु जी ने आदेश दिया। इसका मतलब यह हुआ कि मुझे प्रत्येक दिन गायत्री मंत्र का जप करना है। इस मंत्र के जप करने से लोगों की बुद्धि प्रखर होती है।

प्राचीन काल में भी विद्यारंभ के समय गायत्री मंत्र का उच्चारण किया जाता था। इस तरह से विद्यारंभ किए जाने पर मैं स्वयं को सौभाग्यशाली समझ रहा था। उसके बाद उन्होंने उदीयमान सूर्य देव की ओर संकेत करते हुए कहा, ''अब, भगवान सूर्यदेव की प्रार्थना करो। वास्तव में ये बहुत ही शक्तिशाली हैं। ये सभी ज्ञान के स्रोत हैं।

स्मरण रहे, अर्थशास्त्र का तुम्हारा अध्ययन तुम्हारी साधना है। हर कदम पर भगवत्कृपा का अभिलाषी बने रहो। ऐसे भी क्षण आएंगे जब तुम्हें अपना अध्ययन नीरस और थका देने वाला लगने लगेगा लेकिन प्रत्येक कार्य को

निष्ठापूर्वक पूरा करना।'' उन्होंने कहा कि अध्ययन के प्रति व्यक्ति का दृष्टिकोण बहुत मायने रखता है।

मैं उनके सामने शांत बैठा रहा और फिर गायत्री मंत्र का उच्चारण किया। रूद्राक्ष माला पर मंत्रजाप किया और सूर्य देव की स्तुति की। उसके बाद एक छोटी–सी आरती की गई। मैंने अपने गुरु जी और गुरु माता के चरण स्पर्श करके उनका आशीर्वाद लिया।

उसके बाद गुरुमा ने कहा, ''जलपान तैयार है। उसके दिन के जलपान में कुछ विशेषता थी। वह न केवल स्वादिष्ट था बल्कि दिव्य भी था। अभी तक मैंने जो कुछ खाया था उसमें यह सर्वोत्तम प्रसाद था। भोजन करते हुए मैंने गुरु जी से पूछा, ''गुरु जी, भारतविद्या क्या है?''

''यह भारतीय मूल के सभी प्रकार के ज्ञान–विज्ञान का अध्ययन है। वैदिक गणित, आयुर्वेद, नाट्यशास्त्र ... यहां तक कि तुम्हारे अर्थशास्त्र का अध्ययन भी भारतविद्या के अंतर्गत है।'' बाद में मुझे पता चला कि इंडोलोजी यानी भारतविद्या शब्द का ईज़ाद पश्चिमी अकादमिक विद्वानों ने भारत से जुड़े सभी प्रकार के ज्ञान के लिए किया था – भारतीय संस्कृति, परंपरा, साहित्य आदि के लिए।

गुरु जी ने मुझे सूचित किया कि ''भारतविद्या के अधिकांश विद्वान भारत के बाहर के हैं।'' मैं इस बात के प्रति आश्वस्त नहीं हूँ कि मुझे खुशी होनी चाहिए अथवा दुखी। खुश इसलिए होना चाहिए कि भारतीय ज्ञान का प्रसार विदेशों में हो रहा है और इस पर अनुसंधान चल रहा है। और दुख का विषय यह है कि हमलोग अपने प्राचीन ज्ञान को महत्व नहीं दे रहे हैं।

आगे मैं अपने गुरु की बात सुनकर आशावान हो उठा: '' लेकिन स्थिति बदल रही है। अनेक भारतीय भारतविद्या में गहन रुचि लेने लगे हैं।''

अब भारतविद्या के विधिवत छात्र कहे जाने से मुझे अच्छा लगा। ''तुम जैसे छात्रों को भारतीय ज्ञान का अध्ययन करना चाहिए और इसे आधुनिक समय के मुताबिक प्रासंगिक बनाना चाहिए।''

जिस बड़ी समस्या का उल्लेख वे करने जा रहे थे उसको मैं समझ सका।

''प्राचीन भारतीय ज्ञान के साथ समस्या है हमारी वर्तमान पीढ़ी के लिए इसकी प्रासंगिकता। निस्संदेह, भारतीय अपनी विरासत पर गर्व करते हैं लेकिन जब जीवन में इनके प्रयोग करने की बात आती है तो हम असफल हो जाते हैं। यहीं पर दूसरे देशों को लाभ मिल जाता है।''

भारत के साथ दूसरे देशों की तुलना करते हुए उन्होंने कहा, ''हमारे से नए एवं छोटे देशों को देखो। उन्होंने हमसे तेजी से प्रगति की है। यहां पर अतीत में इतना अधिक बौद्धिक कार्य संपन्न होने के बावजूद वर्तमान में हम अपने अस्तित्व के लिए संघर्ष कर रहे हैं।'' मैं उन्हें ध्यान से सुन रहा था। मैं उनके दर्द को महसूस कर सका।

''हमने अपने अतीत को महिमामंडित किया है। लेकिन हमें अपने प्राचीन ग्रंथों के अध्ययन एवं अनुसंधान करने की आवश्यकता है और आधुनिक समस्याओं का समाधान निकालना है। अपने अतीत को समझते हुए हमें अपने स्वर्णिम भविष्य के लिए काम करना है। हमें अपने देश एवं अपने ज्ञान को नई दृष्टि से समझने की जरुरत है।''

मुझे एक कार्यसूची थमा दी गई .....

17

आश्रम में प्रवेश

यह आश्रम गुरु जी के घर से २० मिनट की दूरी पर स्थित था।

"आज हमें आश्रम तक पैदल जाना चाहिए। तुम रास्ते से परिचित हो सकोगे। वहां जाने के लिए बस सुविधा भी उपलब्ध है जिससे तुम तेजी से आवागमन कर सकोगे। केवल बस के आने–जाने का समय पता कर लो।", उन्होंने कहा।

जैसे ही हम पैदल जा रहे थे बहुत से लोग रूक–रूककर हमें देख रहे थे। वे लोग गुरु जी को नमस्कार कर रहे थे। मैंने गुरु जी के वचन को स्मरण किया : "गाँव के सभी लोग एक–दूसरे से परिचित होते हैं।" उनके बीच बातचीत से मुझे पता चला कि गुरु जी के सान्निध्य में आकर मेरे अध्ययन करने की बात हर किसी को मालूम थी। निस्संदेह मुझे लग रहा था कि मैं अपने घर में सुरक्षित हूँ।

आश्रम के अंदर प्रवेश करते ही सुरक्षाकर्मी ने गुरु जी को नमस्ते किया। कुछ अन्य कर्मचारी भी वहां आकर गुरु जी को नमस्कार किया। आश्रम कई एकड़ जमीन में फैला हुआ था। सबसे पहले वे मुझे एक छोटे–से मंदिर के अंदर ले गए। "यह मंदिर यहां पर अनेक युगों से है। हमलोग बचपन में इसके किस्से सुने थे। ऐसा कहा जाता है कि जिन्हें यहां पर आशीर्वाद मिल जाता है वह अपने ज्ञान का प्रसार संपूर्ण विश्व में करता है। अनेक वर्षों तक यह मंदिर उपेक्षित रहा लेकिन एक दिन इसकी देवी एक धनी व्यवसायी के

सपने में आयी। देवी ने उसे मंदिर के पुननिर्माण का आदेश दिया।

इस कहानी में अब दिलचस्पी बढ़ गई। ''जब वह व्यवसायी यहां आए तो उन्होंने न सिर्फ मंदिर का निर्माण किया बल्कि इस स्थल को अंतर्राष्ट्रीय स्तर के ज्ञान केंद्र के रूप में विकसित करने का निर्णय भी लिया। उसके बाद अनेक लोग उनके इस कार्य में सहयोग देने के लिए आगे आए। आज यह भारतविद्या अध्ययन का विश्वप्रसिद्ध केंद्र बन गया है।''

उसके बाद गुरु जी मुझे आश्रम के प्रशासनिक कार्यालय में ले गए। उस धनी एवं सज्जन व्यवसायी का फोटो दिखाते हुए, ''इनका बेटा अभी इस आश्रम के टस्ट्री हैं और यहां पर होने वाले शोध कार्य के लिए राशि की व्यवस्था सतत करते रहते हैं। हालांकि वे बहुत ही व्यस्त व्यवसायी हैं फिर भी यहां पर आयोजित सभी गतिविधियों में सक्रिय रूप से संलग्न रहते हैं। चलो मिलते हैं उनसे।''

किसी कारणवश मुझे धनी लोगों के बारे में अच्छी धारणा नहीं थी। उन लोगों ने धन कमाने के चक्कर में पूरी दुनिया को धोखा दिया है। व्यवसायी लोग ही घूस देकर सरकार को धोखा देना जानते थे।

जैसे ही गुरु जी ने उनसे मेरा परिचय करवाया वैसे ही उन्होंने मेरी आँखों में झांककर देखा और कहा, ''बहुत खूब, आप यहां पर कौटिल्य के अर्थशास्त्र का अध्ययन करने आए हो।'' उन्हें भी दूसरे लोगों की तरह पता चल चुका था कि मैं यहां पर इस पुस्तक के अध्ययन के लिए आया हूँ।

''आपको मालूम है कि यह एक सामान्य धारणा बन चुकी है कि कौटिल्य का अर्थशास्त्र की उपयोगिता प्राचीन काल में राजाओं और राज्य के संचालन के लिए थी। जबकि यह धारणा सत्य नहीं है। इसका उपयोग किसी भी क्षेत्र में किसी भी समस्या के निदान हेतु किसी भी कालखंड में किया जा सकता है।''

उन्होंने यह बात इतनी अधिक प्रामाणिकता और आत्म–विश्वास के साथ कही कि यह मेरे अंदर बिजली की तरह कौंधने लगी।

''अर्थशास्त्र की मदद से मैं एक सफल व्यवसायी बन सका।''

ओहो, मैं यह क्या सुन रहा हूँ? व्यवसाय और अर्थशास्त्र? ये सभी प्रश्न मेरे मन में उमर रहे थे कि तभी एक युवक वहां पर आया। यह नौजवान आश्रम का प्रशासन एवं लेखा देखता था। मेरे गुरु जी ने उनसे कहा, ''इन्हें ले जाकर आश्रम दिखाओ।'' उसके बाद गुरु जी और न्यासी व्यवसायी भारतविद्या से संबंधित किसी शोध कार्य पर गंभीर चर्चा में व्यस्त हो गए।

मुझे आश्रम के विभिन्न हिस्सों में घुमाया गया और वहां कार्यरत लोगों से मिलाया गया। उन्होंने मुझे प्रशासनिक खंड, रसोई घर, भोजनालय, शोधार्थियों के लिए छात्रावास और सब्जी वाले खेत दिखाए।

वहां पर गेरुआ वस्त्र में कुछ संन्यासी भी थे। ''ये विभिन्न आध्यात्मिक संगठनों के संन्यासी हैं। ये भी यहां पर अध्ययन करने तथा अपनी आध्यात्मिक साधना करने आए हैं। इस स्थान को आध्यात्मिक साधना स्थल के रूप में भी जाना जाता है।''

उसके बाद वे मुझे एक विशाल भवन में ले गए। ''यह इस आश्रम का सबसे प्रमुख स्थान है – पुस्तकालय। दुनियाभर से लोग यहां पर सदियों पहले लिखे गए ग्रंथों को ढूंढने आते हैं।''

जिस क्षण मैंने 'पुस्तकालय' शब्द सुनता हूँ उसी क्षण मैं पुस्तकों की दुनिया में चला जाता हूँ। जब मैं। किसी पुस्तकालय में होता हूँ तो मुझे लगता है कि मैं अपनें घर में हूँ। जैसे घर में अपनापन का आभास होता है वैसे ही मुझे पुस्तकालय में होता है।

पुस्तकालय के आकार से मैं प्रभावित हुआ। उन्होंने बहुत ही गर्व के साथ मुझे बताया, ''यहाँ पर भारतविद्या की १००००० से अधिक पुस्तकें हैं।''

''एक लाख से अधिक पुस्तकें?'' यह तो मेरे जैसे पुस्तक प्रेमी लड़के के लिए किसी सपने के साकार होने जैसा था।

उन्होंने स्पष्ट किया, ''जी नहीं, केवल भारतविद्या पर एक लाख से अधिक पुस्तकें हैं। हमारे पास यहाँ पर बहुत अधिक पुस्तकें हैं। लेकिन हमलोग इस मामले बहुत ही खास नजरिया रखते हैं कि हमें किस तरह की पुस्तकें इस पुस्तकालय में रखनी है।'' इसके बाद मुझे समझ आयी कि इस

केंद्र को भारतविद्या शोध केंद्र क्यों माना जाता है। यह अकादमिक अध्ययन का बहुत विशिष्ट क्षेत्र है।''

उन्होंने एक कोने में टेबल की ओर संकेत किया। ''यह टेबल देख रहे हो। यह तुम्हारे लिए आरक्षित है।'' यह अनुभाग शोधार्थियों के लिए है। यहाँ पर अलग–अलग प्रकोष्ठ हैं। गंभीर अध्येताओं को अलग से टेबल दी जाती है जहाँ पर वे अपनी पुस्तकें रख सकें और नोट बना सकें।

''इन प्रकोष्ठों में किसी को आकर शोधार्थियों को तंग करने की अनुमति नहीं दी जाती है। बहुत से लोग इसे ध्यान केंद्र के रूप में भी देखते हैं।'' मुझे गौरव का अनुभव हुआ कि मुझे यहाँ पर शोधार्थी माना जा रहा था। मेरे कॉलेज के दोस्त इस समय होते तो मेरी उपलब्धि को देखते।

मैंने एक प्रश्न पूछा, ''इसका संचालन कौन करते हैं? इसकी इतनी अच्छी तरह से रख–रखाव और इतना दिव्य परिवेश कैसे रह पाता है?''

उन्होंने जवाब दिया, ''इस स्थान के संचालन में बहुत से लोगों का योगदान है लेकिन जिस भद्र व्यवसायी से हमलोग अभी मिले हैं उनकी भूमिका सबसे अहम है। वह बहुत ही भद्र व्यक्ति हैं। एक आदर्श व्यवसायी।''

मैंने पलायनवादी नजरिए से प्रश्न किया, ''भद्र व्यवसायी क्या यह संभव हो सकता है?''

उन्होंने प्रतिप्रश्न किया, ''क्या तुम इनकी कहानी जानना चाहोगे?''

मैंने कहा, ''निस्संदेह।''

''हमलोग भोजन कक्ष में चलते हैं। वहाँ पर चाय पीते हुए इसकी चर्चा करेंगे।''

18

अलग तरह के लेखाकार

रसोई घर में लोग काफी व्यस्त थे। वे दोपहर का खाना परोसने की तैयारी कर रहे थे। यहाँ पर प्रत्येक दिन लगभग एक सौ लोग भोजन करते हैं।

रसोई प्रभारी के साथ मेरा परिचय करवाया गया। ''ये यहाँ पर छ: माह तक रहेंगे। ये अर्थशास्त्र के अध्येता हैं और ये उसी शहर से हैं जिसका उल्लेख हमने आपसे किया था।''

उसके बाद उन्होंने मुझसे कहा, ''ये रसोई बनाने वाले लोग आश्रम के आसपास के गाँव के रहने वाले हैं। उन्हें यहाँ से रोजगार मिलता है और वे इस आश्रम के प्रति समर्पित रहते हैं। वे सभी अब एक परिवार के सदस्य जैसे हो गए हैं।'' इन सभी में आश्रम का कार्य करने से एक गौरव का भाव रहता है।

हम दोनों टेबल पर आमने–सामने चाय लेने लगे। मैंने थोड़ा नकारात्मक स्वर में पूछा, ''अपने इस न्यासी के बारे कुछ बताइए।'' मुझे लगता है कि मेरे उस आश्रम के गाइड ने मेरे भाव को थोड़ा–बहुत परख लिया होगा।

इस पर मैंने उसका दृष्टिकोण जानना चाहा, ''यह जरूरी नहीं कि प्रत्येक धनी आदमी धूर्त ही हो।'' इस पर उन्होंने कहा, ''मैं भी पहले तुम्हारी तरह ही सोचता था। बाद में यहाँ आने वाले बहुत–से लोगों से मिलने पर मैंने महसूस किया कि यदि धनी व्यक्ति श्रेष्ठ परियोजनाओं में योगदान देते हैं तो वे स्वत: श्रेष्ठ हो जाते हैं।''

मैंने पूछा, ''कोई धनी व्यवसायी किसी श्रेष्ठ काम में योगदान क्यों देंगे? वे चाहते हैं कि उस स्थान पर हर जगह उसका नाम लिखा रहे। आप विभिन्न मंदिरों, गिरिजाघरों, मसजिदों और अन्य धार्मिक स्थानों एवं संगठनों को देखिए उनमें दान देने वालों को विशेष महत्त्व दिया जाता है और उनके नाम मोटे अक्षरों में लिखे होते हैं। इसी वजह से वे दान देते हैं।''

मुस्कुराते हुए उन्होंने इस विषय पर अपना मत व्यक्त किया, ''जी हां, कुछ हद तक इस बात में दम है लेकिन धनी लोगों द्वारा दान देने का यही एक मात्र कारण है, ऐसा कहना उचित नहीं है। मैं पिछले बीस साल से इस आश्रम में लेखापाल के रूप में काम कर रहा हूँ। मैं आश्रम की आय के स्रोत से वाकिफ हूँ, कौन दान देते हैं और कितनी राशि देते हैं। आपको यह जानकर आश्चर्य होगा कि दान देने वाले में से अधिकांश लोग इस बात पर जोर देते हैं कि उनके नाम प्रकट नहीं किए जाएं। वे अपना नाम गुप्त रखना चाहते हैं।

मैं यह नहीं कहता कि दान देने वालों का नाम नहीं प्रकट किया जाना चाहिए अथवा जिन परियोजनाओं को लोग सहयोग देते हैं उनमें उनका प्रदर्शित नहीं किए जाएं। यह एक अलग विषय है। महत्त्वपूर्ण यह है कि आपको धन और धनी लोगों के प्रति खुले मन से रहना चाहिए। कौटिल्य के अर्थशास्त्र को भी धन का शास्त्र कहा जाता है। आप यहाँ पर निवास करने के दौरान दुनिया में धन के विभिन्न प्रकार के प्रचालन का अध्ययन करेंगे।''

बहुत खूब! यह लेखापाल भी अर्थशास्त्र का उल्लेख कर रहा है। मैं तो हतप्रभ रह गया। मैं यहाँ पर किस तरह के लोगों से मिल हूँ। पहले तो उस न्यासी ने इस ग्रंथ का उल्लेख किया और अब यह लेखापाल भी यही कर रहा है ...... आगे नहीं मालूम की कौन–कौन इसका उल्लेख करने वाला है। रसोइया और सुरक्षाकर्मी, मेरा संतुलन बिगड़ते जा रहा था।''

मैंने उनसे पूछा, ''क्या आपने कौटिल्य के अर्थशास्त्र का अध्ययन किया है?''

''उस तरह से नहीं पढ़ा है जिस तरह से आप यहाँ पढ़ने आए हैं।'' उन्होंने गौरवपूर्ण भाव से कहा, ''आपके गुरु जो आपको यहाँ लाए हैं वे बहुत महान

व्यक्ति हैं। वे अर्थशास्त्र के विशेषज्ञ हैं। इस ग्रंथ से जुड़ी किसी भी शंका के समाधान के लिए दुनियाभर के विद्वान यहाँ आते हैं।'' जी हां, मैं जानता था कि वे इस ग्रंथ के विशेषज्ञ हैं।

उन्होंने मेरी ओर व्यंग्यात्मक मुस्कान के साथ देखते हुए कहा क्योंकि वे जानते थे कि मैं उस न्यासी को भद्र पुरुष के रूप में नहीं मानता था, ''एक दिन हमारे भद्र न्यासी ने गुरु जी से कहा : सर, दुनियाभर से इतने अधिक लोग कौटिल्य के अर्थशास्त्र के विषय में आपसे ज्ञान लेने के लिए आते हैं लेकिन आप वह ज्ञान हमलोगों को नहीं देते हैं।'' गुरु जी ने उनके अनुरोध को मान लिया। उन्होंने कौटिल्य के अर्थशास्त्र पर हमलोगों के समक्ष एक व्याख्यान माला प्रस्तुत की।''

मैंने जानना चाहा, ''आपका 'हमलोगों' से क्या तात्पर्य है?''

''आश्रम में रहने वाले शोधार्थी, न्यासी, प्रशासनिक कर्मचारी, आदि। शुरु में इसमें केवल हमलोग शामिल थे लेकिन बाद में आसपास के गाँव के लोग भी आने लगे। बाद में तो यह संख्या १०० तक पहुँच गई।''

अब मुझे इसमें अधिक दिलचस्पी आने लगी, ''ये व्याख्यान कितने लम्बे समय तक चले?''

''अर्थशास्त्र के समग्र स्वरूप पर यह व्याख्यानमाला ३० दिनों तक चली। कार्यालय के निर्धारित समय के बाद यह प्रत्येक दिन लगभग डेढ़ घंटे तक होता था। उन दिनों आपके गुरु जी विश्वविद्यालय में काम करते थे। वे इस व्याख्यान के लिए समय कार्यालय अवधि के बाद ही दे सकते थे। इसलिए हम सभी शाम में व्याख्यान सत्र आयोजित करने पर सहमत हो गए थे।''

उस कार्यक्रम के प्रति वे भावुक हो गए और कहने लगे : ''यह हमलोगों के लिए नित्य सत्संग जैसा हो गया। हमलोगों को चाणक्य के व्यक्तित्व, जीवन, अर्थशास्त्र और इसके छः सौ सूत्रों की जानकारी प्राप्त हुई। चाणक्य की अन्य कृतियां अथवा वे रचनाएं जिनका श्रेय चाणक्य को जाता है, वे हैं : लघु चाणक्य, राजनीति शास्त्र, चाणक्य नीति, चाणक्य सूत्र, और अन्य अर्थशास्त्र जो चाणक्य से पहले और बाद में लिखे गए थे।''

''यह क्या? अर्थशास्त्र के अतिरिक्त चाणक्य कह अन्य पुस्तकें भी हैं?'' मुझे इस बात की जानकारी नहीं थी।

''चाणक्य से पहले १४ अर्थशास्त्र लिखे गए थे और इससे भी अधिक संख्या में अर्थशास्त्र बाद में लिखे गए।'' बहुत खूब, क्या कहना, यह लेखापाल तो खुद एक शिक्षक था। उन्होंने जल्द ही महसूस किया कि उन्हें अब अधिक नहीं बोलना चाहिए और एक अच्छे पर्यटन गाइड की तरह आश्रम का भ्रमण कराना चाहिए, न कि अपने ज्ञान का प्रदर्शन करना चाहिए।

''मगर आप बहुत ही भाग्यशाली हैं। लेकिन हम में से किसी को उस फार्मेट में अर्थशास्त्र के अध्ययन का अवसर नहीं मिला जो आपको मिलने जा रहा है – छः माह तक एक गुरु–एक शिष्य प्रणाली में एक विषय पर ध्यान केंद्रित होकर अध्ययन करना।'' उसके बाद उन्होंने विनम्र होने का प्रयास करते हुए कहा, ''अच्छा अब मुझे आपको वह कमरा दिखाना चाहिए जिसमें आप रहेंगे।'' वे मुझे पास के गलियारे की ओर ले गए।

मैं और भी कुछ जानना चाहता था: ''उस व्याख्यानमाला के दौरान लिखी गई टिप्पणियाँ मौजूद हैं क्या?''

''जी हां, उस समय हमारे यहाँ के भारतविद्या के एक छात्र गुरु जी की व्याख्यानमाला में टिप्पणी लिखा करता था। बाद में सभी टिप्पणियों को मिलाकर एक छोटी–सी पुस्तक का रूप दिया गया जो कि इस पुस्तकालय में उपलब्ध है।'' उन्होंनें पीछे की ओर संकेत किया जिस स्थान से मुझे यह ज्ञान प्राप्त हो सकता था।

''मगर यदि आप सच्चे अर्थों में अर्थशास्त्र को जीवन में उतारना चाहते हैं तो अपने न्यासी से मिलकर चर्चा कीजिए कि आज के समय में इसकी क्या उपयोगिता है।'' उन्होंने मुस्कुराते हुए कहा।

''हमारे न्यासी कौटिल्य के अर्थशास्त्र का उपयोग करने वाले जीवंत उदाहरण हैं – वे बाहर से भी धनी हैं और अंदर से भी।''

19

भद्र व्यवसायी

हमलोग वापस उस कमरे में गए जिसमें गुरु जी और वे न्यासी बैठे हुए थे।

"सर, हमने इन्हें यह जगह दिखा दी है, जैसा कि कहा गया था।" लेखापाल ने न्यासी से कहा। यह विचित्र है, मगर अब मैं इन्हें एक न्यासी कहके संबोधित नहीं करना चाहता था। इसके बदले मुझे 'भद्र व्यवसायी' कहना चाहता था। यदि यह पद सच्च था तो कभी मैं स्वयं ऐसा होना चाहता था।

क्या? मैंने ऐसा सोचा। क्या अब मैं भी एक व्यवसायी बनना चाहता हूँ?

यह कैसे हुआ? अभी–अभी ग्रेजुएट होने वाले लड़के की तरह है मैंने अपने भावी जीवन और कॅरियर के बारे में कुछ नहीं सोचा है। हमारी पीढ़ी के अधिकांश लड़कों का यही हाल था। हम में से किसी को भी स्पष्ट रूप से यह मालूम नहीं था कि वह जीवन में क्या चाहता था। हमारे सामने जो भी अवसर आता उसे हम उसे स्वीकार कर लेना चाहते थे।

मैंने स्वयं से कहा कि यदि कोई व्यवसायी भद्र व्यक्ति हो सकता है और अर्थशास्त्र का उपयोगी जीवन में कर सकता है तो क्यों नहीं? लेकिन मैं यह बात उस भद्र व्यवसायी से ही सिखना चाहता था।

'मैं आशा करता हूँ कि यह स्थान तुम्हें अच्छा लगा होगा।'' उन्होंने मुझसे कहा। लेकिन इसके साथ ही उनकी बातों से ऐसा लगा कि एक न्यासी के रूप में किसी आगंतुक को आश्रम दिखाकर वह खुश हैं।

''मुझे उम्मीद है कि जो कमरा आपको यहाँ निवास करने हेतु आबंटित किया गया है वह आपको सुखद लगा होगा।'' वे यह सुनिश्चित करना चाहते थे कि मेरी यहाँ पर अच्छी तरह से देखरेख की जा रही है ताकि मैं घर जैसा महसूस कर सकूँ।

उन्होंने मुझे आश्वस्त करते हुए कहा, ''यदि कोई समस्या हो तो उसके निदान हेतु यहाँ पर बहुत–से लोग हैं।''

उसके बाद वे गुरु जी की ओर मुखातिव हुए और फिर से अपनी बातचीत उसी बिंदु से शुरु की जहाँ पर उसे छोड़े थे। ''जी हां सर, आप ठीक कह रहे हैं। समाज के वृहतर कल्याण हेतु कर अदायगी महत्वपूर्ण है। हालांकि अर्थशास्त्र में भी सरकार में भ्रष्टाचार की बात कही गई है फिर भी यह एक धार्मिक समाज की ओर संकेत करता है।'' वे दोनों एक गंभीर विषय पर विमर्श कर रहे थे।

उन्होंने चर्चा को विराम देते हुए कहा, ''अच्छा, हमलोग इस पर आगे विस्तार से चर्चा करेंगे। मेरे पास और भी कुछ प्रश्न हैं।''

उसके बाद गुरु जी ने मुझसे कहा, ''तो ठीक है। अब तुम आश्रम में विश्राम करो। मैं घर जा रहा हूँ। मुझे अभी थोड़ा लेखन कार्य करना है। अब हमारी मुलाकात कल घर पर होगी। खुश रहो।'' इतना कहने के बाद वे चले गए।

अब वह भद्र व्यवसायी और मैं – दो ही लोग थे। उन्होंने अनौपचारिक तौर पर मुझसे पूछा, ''कौटिल्य के अर्थशास्त्र के अध्ययन के लिए आपको किसने प्रेरित किया?''

''मेरे दादाजी ने।'' मुझे पूरी कहानी फिर से कहनी पड़ी। मुझे यह महसूस होने लगा कि या तो मैं कोई अनूठा आदमी हूँ जिसने विल्कुल नई किस्म का अध्ययन करने जा रहा है अथवा एक ऐसा आदमी हूँ जो नहीं जानता है कि वह ऐसा क्यों करने जा रहा है।

उन्होंने बहुत ही बेतकल्लुफ होकर कहा, ''इस पुस्तक से मुझे एक व्यवसायी बनने में मदद मिली।''

मैं उनसे विल्कुल यही बात पूछना चाह रहा था कि यह कैसे संभव हुआ? मैंने उन्हें आगे कुछ कहने के लिए उकसाया।

''अधिकांश समय जब आप शास्त्र अथवा ग्रंथों का अध्ययन करते हैं तो उनका वास्तविक जीवन में उपयोग के संबंध में आपकी धारणा स्पष्ट नहीं होती है। इन शब्दों में निहित ज्ञान कठिन परिस्थितियों एवं जीवन भी चुनौतियों में अपनी सार्थकता प्रदर्शित करते हैं। अर्थशास्त्र ने मेरे जीवन में वही भूमिका निभायी।''

उनके शब्दों से मुझ जीवन में भावी चुनौतियों का सामना करने के लिए मार्गदर्शन मिलता।

''मैं सौभाग्यशाली था कि मेरा जन्म एक संपन्न परिवार में हुआ – एक व्यवसायी परिवार में। यह परिवार न सिर्फ आर्थिक दृष्टि से संपन्न था बल्कि यह जीवन मूल्य की दृष्टि से भी एक संपन्न परिवार था।''

अपने पिता को याद करते हुए उन्होंने कहा, ''मेरे पिता ने अपना बहुत–सा पैसा आध्यात्मिक कार्यों पर व्यय किया। उनकी अनके परियोजनाओं में से एक है उनका यह आश्रम जिसमें वे चाहते थे कि प्राचीन भारतीय ग्रंथों का पुनरुद्धार हो।''

मुझे इस संबंध में और भी बातें बताइए। मैं दिलचस्पी ले रहा था ताकि वे अपनी कहानी को जारी रखें।

''जब उन्होंने इस स्थान को बनाया तब वे इस पर पैसे खर्च करने के साथ–साथ पूरे देश का भ्रमण करके विभिन्न प्रकार की पांडुलिपियों का भी संग्रह किया। इसका भी उतना ही महत्व था। यहाँ पर बहुत से दुर्लभ ग्रंथ हैं जिनके बारे में दुनिया को बहुत अधिक पता नहीं है। हम आप जैसे विद्वानों को यहाँ पर आमंत्रित करते हैं ताकि वे इन ग्रंथों पर पुनः शोध करके उन्हें हमारी पीढ़ी के लिए उपलब्ध करवाएं।

प्राचीन ग्रंथों में जैसी रुचि आपको है वैसे ही रुचि मुझे भी थी मगर वास्तविक यात्रा तो अध्ययन के बाद प्रारंभ होती है। जहाँ कहीं भी मैंने व्यवसाय किया वहाँ मुझे चुनौतियों का सामना करना पड़ा। उस समय मैंने

अर्थशास्त्र का सहारा लिया और अपनी समस्याओं का समाधान अर्थशास्त्र में पाया।''

मैंने उनकी बातों को और भी स्पष्ट रूप से जानने के लिए पूछा, ''कोई उदाहरण?''

''उदाहरण के रूप में, अर्थशास्त्र में धन की पहचान, धन का सृजन, धन का प्रबंधन और धन के वितरण जैसे बहुत–से विषयों पर चर्चा की गई है। इसलिए मैं धन के सुजन से पहले मैं यह जानना चाहता था कि धन आएगा कहाँ से। साथ ही मैं केवल धन का सृजन अथवा प्रबंधन नहीं करना चाहता था बल्कि मैं चाहता था कि जिस समाज से मुझे धन प्राप्त हुआ है उस समाज को मुझे धन वापस करना चाहिए।'' सचमुच मैं इन बातों से प्रभावित हो गया।

''अर्थशास्त्र आपको इन समस्याओं के निदान में भी मदद करता है: जैसे आप अपने यहाँ प्रबंधकों की नियुक्ति कैसे करेंगे, विभिन्न पार्टनरों के बीच तालमेल कैसे बैठाएंगे और बाजार की प्रतिस्पर्द्धा से कैसे निबटेंगे।''

वे जब यह बात बोल रहे थे उस समय मेरे मस्तिष्क में अपने जीवन का खाका तैयार हो रहा था।

''सर, मेरे जीवन में अभी सचमुच कोई दिशा नहीं है कि मुझे क्या करना चाहिए और किस दिशा में जाना चाहिए। मगर अब एक विचार मेरे मन में आ रहा है......'' मैं थोड़ा संकोच करते हुए कहा, ''मैं भी एक व्यवसायी बनना चाहता हूँ।'' मैं यह जानना चाहता था कि उन्हें मेरे विचार पसंद हैं अथवा नहीं।

''बहुत खूब! एक भद्र व्यवसायी होने से बेहतर कुछ भी नहीं है जो समाज के विकास में सकारात्मक योगदान देते हैं।

मैंने उत्सुकतापूर्वक पूछा, ''मैं ऐसा कैसे हो सकता हूँ।''

''इसकी चिंता न करें। पहले अर्थशास्त्र का अध्ययन करें। आपके समाने आपका जीवन पथ स्वयं प्रशस्त हो जाएगा।'' उन्होंने मुस्कुराते हुए कहा।

पहली बार मुझे अपने जीवन में उस प्रश्न का समाधान मिला कि लोग बहुत दिनों से पूछ रहे थे, ''तुम जीवन में क्या करना चाहते हो?''

अब मुझे उन लोगों को गर्व से जवाब देना चाहिए, ''एक अलग तरह का व्यवसायी।''

आगे का मार्ग दिखाने के लिए मेरे पास अर्थशास्त्र था।

20

अध्ययन पद्धति

मैं अगले दिन सवेरे जग गया लेकिन मुझे आश्रम की दिनचर्या के बारे में कुछ भी पता नहीं था। सूर्योदय से पहले भी पूरी गतिविधि हो रही थी। मंदिर में घंटानाद हो रहा था। कुछ लोग वेद मंत्रों का उच्चारण कर रहे थे। दूसरी ओर पाकशाला में नाश्ता तैयार किया जा रहा था।

मैं तैयार हो गया और मंदिर चला गया। जब मैं वहाँ पहुँचा तो पुजारी आरती कर रहे थे। प्रसाद लेने के बाद मैं आश्रम परिसर में अनुभव करने के लिए एक चक्कर लगाया जहाँ मुझे अगले छः माह तक रहना था।

यह मेरे लिए पूरी तरह से एक तरोताजा और नया अनुभव था। चिड़िया चहकने लगी थी। गाँव के लोग अपने रोजमर्रा के काम पर निकलने लगे थे। वहाँ पर मेरी माँ की तरह कोई भी मुझे जगाने वाले नहीं थे जो मुझसे कहे कि उठो, नाश्ता तैयार है।

कुछ समय के बाद, पाकशाला में घंटी बजने लगी। यह संकेत था कि नाश्ता तैयार है। मैं भोजनालय तक गया और वहाँ अन्य लोगों के साथ शामिल हो गया।

जिस किसी के साथ मेरा परिचय होता उसे मैं अपना दोस्त बना लेता था क्योंकि मैं जानता था कि अगले छः माह में मुझे उनके सहयोग एवं समर्थन की आवश्यकता होगी। कुल मिलाकर यही लोग तो मेरे नए परिवार के सदस्य थे।

मैं अपने कमरे में गया और अर्थशास्त्र की पुस्तक एवं नोटबुक ले आया। उसके बाद मैं पुस्तकालय में गया और जो कोना मुझे आबंटित किया गया था उसमें अपनी पुस्तक रखकर पढ़ने के लिए बैठ गया। पुस्तकालयाध्यक्ष ने गर्मजोशी के साथ मुस्कुराते हुए मुझसे कहा, "पुस्तकालय में जरा घूमकर देख लीजिए। यहाँ पर आपको अर्थशास्त्र की अन्य पुस्तकें मिलेंगी।"

मैंने उनकी सलाह का पालन किया और साफ–सुथरे ढंग से रखी चयनित पुस्तकों का मुआयना किया। उसके बाद अर्थशास्त्र शीर्षक खंड की ओर गया।

इस खंड में दो सौ से अधिक पुस्तकें थीं। ये विभिन्न विद्वानों द्वारा लिखी पुस्तकें थीं। इनमें से कुछ अनुवाद थे, कुछ टिप्पणियों के संग्रह, कुछ व्याख्यानमालाओं को पुस्तकाकार रूप दिए गए थे और कुछ संगोष्ठियों की कार्यवाहियों के संकलन थे। कुछ पुस्तकें पतली केवल ३० पृष्ठों की थीं और कुछ वृहद आकार के भाष्य थे।

अपने विषय पर विभिन्न प्रकार की इतनी अधिक पुस्तकें देखकर मैं प्रसन्न हुआ। मैंने उस अर्थशास्त्र की एक प्रति भी देखी जिसे मेरे दादा जी ने मुझे दी थी।

उसके बाद मैंने एक पुस्तक देखी इंट्रोडक्शन टु अर्थशास्त्र यानी अर्थशास्त्र की भूमिका। यह वही पुस्तक थी जिसका उल्लेख मेरे से आश्रम के लेखापाल ने की थी। गुरु जी ने आश्रम निवासियों के लिए अर्थशास्त्र पर जो व्याख्यानमाला दी थी, यह उसका संकलन था।

विभिन्न प्रकार के इन पुस्तकों से गुजरते हुए मुझे अपने घर जैसा सुकून मिला। मैं अन्य खंडों की ओर भी गया और विभिन्न विषयों पर विभिन्न प्रकार की पाण्डुलिपियों को देखा। इनमें से कुछ ताड़–पत्र पर लिखे हुए थे तो कुछ वस्त्र पर लिखे हुए थे।

"आप कोई भी किताब ले सकते हैं और उसे अपने टेबल पर अध्ययन के लिए रख सकते हैं।" ऐसा पुस्तकालयाध्यक्ष ने कहा जो मेरे आसपास मंडरा रहे थे ताकि वे मेरी हर संभव मदद सुनिश्चित कर सकें।

मैं यह नहीं जानता था कि कहां से शुरू करूं लेकिन इस दिव्य स्थल पर उपलब्ध ज्ञान के भंडार को देखकर मैं अत्यधिक प्रसन्न हो गया। मैंने मन ही मन सोचा कि चाहत होते हुए भी मैं इन सभी पुस्तकों को एक जीवन–काल में पढ़ नहीं सकूंगा।

मैं अपने अध्ययन टेबल पर वापस आया, अपनी आँखें बंद कीं और ईश्वर से आगे का मार्ग दिखाने के लिए प्रार्थना की।

उसके बाद मैंने अर्थशास्त्र की अपनी प्रति निकाली और पढ़ना शुरु किया।

जैसे ही मैंने पहला पृष्ठ पलटा उसका पहला श्लोक एक प्रार्थना जैसा था:

ऊँ नम: शुक्र बृहस्पतिभ्याम्

मैं इस श्लोक के अर्थ समझने का प्रयास करने लगा। शुक्र और बृहस्पति कौन थे। मैंने कुछ संदर्भ ग्रंथों का सहारा लिया और पाया कि शुक्र असुरों के गुरु थे जबकि वृहस्पति देवों के गुरु थे।

आचार्य चाणक्य को एक ही साथ इन दो गुरुओं की प्रार्थना क्यों की होगी? मुझे आश्चर्य होने लगा। मैंने इस बात को नोट कर लिया ताकि इस पर गुरु जी से मार्गदर्शन प्राप्त किया जाएगा।

मैंने कुछ घंटे पुस्तकालय में बिताए और अर्थशास्त्र पर अनेक व्यक्तिगत नोट तैयार किए। दोपहर के भोजन के समय में मैंने थोड़ा विश्राम किया और उसके बाद मैं फिर से पढ़ाई शुरु की।

दिन के अंत में मैं गुरु जी के घर गया और वहाँ पर उनके साथ चर्चा की।

वे मेरी प्रतीक्षा कर रहे थे। ''तो दिनभर में तुमने क्या किया?''

''मैंने पुस्तकालय में उपलब्ध अन्य अर्थशास्त्रों के बारे में जानकारी जुटाने का काम किया।'' मैंने बिना किसी अहंकार के यह बात कह दी।

''तुम्हारा निष्कर्ष क्या था?''

मैंने जवाब दिया, ''इस विषय पर काफी पुस्तकें उपलब्ध हैं। मैं चाहूंगा कि इस पर यथासंभव अधिक से अधिक पुस्तकों का अध्ययन करूं। इसके बाद मैं इनके बीच तुलना करूंगा। मैं चाहूंगा कि इनमें जो बातें मुझे समझ में नहीं आएंगी उनके संबंध में मुझे आपका मार्गदर्शन प्राप्त हो।''

''यह अध्ययन की अच्छी पद्धति है। तुम किताब पढ़ो और जो बातें तुम्हें समझ में नहीं आए उन पर हम चर्चा करेंगे और मिलजुलकर स्पष्ट करेंगे।

हमारी परंपरा में एक आदर्श छात्र वही होता है जो तैयारी करके आता है।'' मुझे ऐसा लगा कि वे स्पष्ट रूप से मेरे से प्रसन्न हैं।

''अधिकांश छात्र शिक्षकों के पास आकर अपनी पुस्तक पलटते हैं और चाहते हैं कि गुरु उन पृष्ठों में मौजूद ज्ञान की घूँटी उसके गले में डाल दें।''

''इस प्रकार अर्थशास्त्र के अध्ययन की पद्धति होगी कि तुम विभिन्न पुस्तकों से श्लोक पढ़ो, उनके बीच तुलनात्मक अध्ययन करो और फिर मेरे पास आओ। मैं तुम्हारी शंकाओं का समाधान कर दूँगा।''

''अर्थशास्त्र के एक अध्याय का एक दिन में अध्ययन करके तुम सुविधाजनक ढंग से छः माह में पुस्तक पूरा कर लोगे।''

इस औसत स्तर का लक्ष्य का निर्धारण व्यवहारिक था।

उन्होंने पूछा, ''आज तुम मेरे सामने कौन–सा प्रश्न लेकर आए हो?''

मैंने जो पुस्तकालय में नोट लिया था उसको पढ़ना शुरु किया, ''सर, चाणक्य एक ही साथ शुक्राचार्य और बृहस्पति दोनों की प्रार्थना क्यों कर रहे हैं। क्या इसमें विरोधाभास नहीं है?''

उन्होंने कहना प्रारंभ किया, 'मैं स्पष्ट करता हूँ.....''

21

विभिन्न मत - आपका मत

किसी भी विषय को विस्तार से जानने के लिए तुमको इसकी पृष्ठभूमि से परिचित होना पड़ेगा। यह अस्तित्व में क्यों आया?

''अर्थशास्त्र के अनेक अर्थ हैं। इसे आम तौर पर राजनीति का विज्ञान कहा जाता है लेकिन राजनीति विज्ञान एक सर्वसमावेशी विज्ञान है। इसमें अर्थशास्त्र, समाजशास्त्र, कानून और कला सभी समाहित हैं।'' गुरु जी ने स्पष्ट किया। ''किसी विषय को जानने का सर्वोत्तम तरीका है कि पहले उस क्षेत्र विभन्न शिक्षकों अथवा विशेषज्ञों द्वारा किए गए कार्यों से परिचित हुआ जाए। इससे तुमको न केवल उस विषय की ऐतिहासिक पृष्ठभूमि का परिचय मिलेगा बल्कि विभिन्न दृष्टिकोणों से परिचित होने का अवसर मिलेगा। दोनों शुक्राचार्य और बृहस्पति राजनीति विज्ञान यानी अर्थशास्त्र के शिक्षक थे।'' इस बात की जानकारी मुझे नहीं थी।

''इसलिए अपनी पुस्तक अर्थशास्त्र यानी कौटिल्य का अर्थशास्त्र लिखने से पूर्व चाणक्य ने अपने सभी पूर्ववर्ती आचार्यों को नमन किया है।''

मैंने प्रश्न किया, ''क्या शुक्राचार्य और बृहस्पति के अर्थशास्त्र हमारे पास उपलब्ध हैं?''

''वे समय के साथ नष्ट हो गए। मगर आपकों मालूम नहीं कि उपल्ब्ध सभी पांडुलिपियों का सही तरह से शोध करने पर भारत के किसी कोने में तुम्हे इनके अर्थशासत्र भी मिल सकते हैं। जिस तरह से कौटिल्य का

अर्थशास्त्र प्राप्त हुआ था।''

''कौटिल्य का अर्थशास्त्र मिला? कब? कहाँ?'' मेरे मन में तो यह धारणा थी कि इस ज्ञान निधि का लेखन व्यवस्थित तरीके से की गई होगी और इसे पीढ़ी दर पीढ़ी बहुत ही यत्न से सहेज कर रखा गया होगा। मुझे नहीं मालूम कि यह खो गया और इसकी पुनर्खोज की गई।

''बहुत साल पहले श्यामशास्त्री नामक संस्कृत विद्वान ने मैसूर विश्वविद्यालय उपलब्ध विभिन्न पुरानी संस्कृत पांडुलिपियों फिर से व्यवस्थिति किया। इस प्रक्रिया में उन्हें अचानक कौटिल्य का अर्थशास्त्र मिला।'' इस कहानी का वर्णन करते हुए गुरु जी आँखों से खुशी छलकते हुए देखा।

''संयोग से उनके हाथ अलादीन का चिराग लग गया।'' हमारे लिए उन्होंने कैसा अद्‌भुत खजाना खोज लिया।

''वे इस खोज से इतने प्रसन्न हुए कि उन्होंने इसका अंग्रेजी में खुद अनुवाद किया जिससे यह ग्रंथ अंग्रेजी भाषी देशों में लोकप्रिय हुआ।'' इस प्रकार इस ग्रंथ का विभिन्न विदेशी भाषाओं में अनुवाद हुआ।

गुरु जी अत्यधिक उत्तेजित होकर बोले, ''मगर क्या तुम जानते हो? उन्होंने शेष सभी पांडुलिपियों को व्यवस्थित कर उन्हें वर्गीकृत किया और आने वाली पीढ़ियों के लिए सुरक्षित किया। वे एक महान पांडुलिपि संग्रहकर्ता थे। तुम उस पुस्तकालय में जाकर दूसरे विषयों के भी विभिन्न पांडुलिपियों को देख सकते हो।'' मैंने मन ही मन निश्चय किया कि कभी उस विश्वविद्यालय में जाउंगा।

चाणक्य द्वारा शुक्राचार्य और बृहस्पति दोनों की स्तुति किए जाने की बात पर लौटते हुए गुरु जी ने स्पष्ट किया कि इसका गहन भाव है।

''अर्थशास्त्र को राजनीति शास्त्र के रूप में भी जाना जाता है। बृहस्पति और शुक्र दोनों गुरु थे। इतिहास के विभिन्न मोड़ पर इन दो गुरुओं ने अपने–अपने शिष्यों को जो परामर्श दिए थे वे परस्पर विरोधी थे। विभिन्न मुद्‌दों पर उनके अलग–अलग विचार थे। एक विषय पर अलग–अलग

विचार।

"चाणक्य अपनी पुस्तक अर्थशास्त्र लिखने से पूर्व इन सभी अर्थशास्त्रों का अध्ययन किया था। इसलिए उन्होंने इन गुरुओं ने जो विचार व्यक्त किए थे उनका खंडन–मंडन किए बिना उन सभी को नमन किया और उनके विचारों को खुले मन से स्थान दिया। वास्तव में, चाणक्य ने विभिन्न परिस्थितियों में स्वयं अलग–अलग विचार व्यक्त किए और ये विचार पहले के शिक्षकों से भिन्न थे।"

मुझे यह विचार अच्छा लगा कि किसी विषय पर आपके अपने दृष्टिकोण होने चाहिए। दूसरे के विचारों का अंधानुकरण नहीं करना चाहिए।

"तो इससे तुम्हें क्या शिक्षा मिलती है?"

" मैं सोचता हूँ कि पूर्ववर्ती शिक्षकों के मतों से शिक्षा प्राप्त करना सर्वोत्तम तरीका है, यदि आप उनसे सहमत नहीं हों तब भी – और फिर आप अपने दृष्टिकोण से आगे बढ़ें।" मैंने मंतव्य रखा।

"बहुत खूब!" गुरु जी मेरे जवाब से खुश थे। उन्होंने कहा, "साथ ही पूर्ववर्ती गुरुओं के महत्त्व को इस आधार पर कभी भी कम करके न आँकें कि उनके विचार अब प्रासंगिक नहीं हैं। सभी गुरुओं को समान रूप से महत्त्व दें। यही इसका वास्तविक संदेश है।" वे चाहते थे कि मैं इस संदेश को विशेष रूप से नोट करूं।

उन्होंने प्रश्न किया, "तुमने जो ज्ञान तुरंत अर्जित किया है उसे अपने निजी जीवन कैसे उपयोग में लाओगे?"

मैं नहीं सोचता था कि मुझे ऐसे प्रश्न का सामना करना पड़ेगा। मैंने महसूस किया कि मेरे गुरु की अधिक दिलचस्पी अर्थशास्त्र के निजी जीवन में व्यवहारिक रूप से उपयोग करने में है।

अपनी अपनी सोच को दिशा देने के उद्देश्य ये पूछा, "किस क्षेत्र में व्यवहारिक उपयोग?"

"किसी भी क्षेत्र में। अर्थशास्त्र के ज्ञान का उपयोग किसी भी परिस्थिति

अथवा पेशा में किया जा सकता है।''

''क्या व्यवसाय में भी?'' मैं एक प्रकार का अनुमान लगाने का जोखिम उठाने जा रहा था।

'' विल्कुल! जैसा कि मैंने कहा था, इसका प्रयोग किसी भी क्षेत्र में किया जा सकता है।'' उन्होंने दुहराया।

मैंने स्वयं को एक व्यवसायी के रूप में देखना प्रारंभ किया और एक जैसी परिस्थिति पर मन ही मन विचार किया जिसमें इस स्तुति का उपयोग किया जा सकेगा।

अपने विचारों को समेटते हुए मैंने इस कहानी की रचना की कोशिश करने लगा: ''मान लिजिए कि मैं अपने ऑफिस में बैठा हुआ हूँ और मेरे दो कर्मचारियों के बीच में लड़ाई हो गई है। मैंने उन दोनों को अपने कमरे में बुलाता हूँ और दोनों की बातें सुनता हूँ। मैंने दोनों के पक्ष पर ग़ौर करूंगा।''

गुरु जी ध्यान से सुन रहे थे। ''उसके बाद?''

''उसके बाद परिस्थिति के मूल्यांकन हेतु मैं अपनी निर्णय क्षमता का उपयोग करूंगा। यहाँ तक कि मैं उन दोनों के पक्ष अलग–अलग सुनने के बाद भी मैं उनके पक्ष से प्रभावित नहीं होऊंगा। मेरे अपने दृष्टिकोण होंगे, अपना तर्क होगा।'' मैंने इस प्रकार प्रस्तुत किया।

उन्होंने प्रसन्नतापूर्वक कहा, ''बहुत खूब, बहुत अच्छा!''

इसके बाद एक अलग परिस्थिति प्रस्तुत करते हुए उन्होंने मेरी परीक्षा ली: ''यदि तुम उसके बॉस हो और तुम्हें निर्णय करना पड़े कि तुम में से सही कौन है तो तुम क्या करोगे?''

''मैं भावुकता में नहीं बहूंगा और ऐसा निर्णय लूंगा जो मेरे संगठन के वृहतर हित में हो। मैं एक अच्छा निर्णयकर्ता होने का प्रयास करूंगा और सही निर्णय दूंगा।'' मैंने स्वयं गहराई से एवं स्पष्ट रूप से विचार करते हुए पाया।

''अब तुम एक नेतृत्वकर्ता के रूप में सोचने लगे हो। याद रखो कि नेतृत्वकर्ता का एक गुण होता है कि परिस्थितियों का अच्छी तरह से

मूल्यांकन करे और सही निर्णय लें।'' गुरु जी ने परामर्श दिया।

''कल हमलोग सही दिशा में चिंतन करने पर विचार करेंगे।''

''चिंतन के विषय में चिंतन?'' मैं संशयग्रस्त हो गया।

''जी हाँ'', चाणक्य की तरह – इसे आन्वीक्षिकी कहा जाता है। जी हाँ, मैंने यह शब्द पहले सुना है।

''अर्थशास्त्र के पहले स्कंध को विनयाधिकारिकम् कहा जाता है। इसमें जिस विषय पर विमर्श किया गया है उसे विद्यासम्मुदेश: कहा गया है। इसमें चाणक्य ने आन्वीक्षिकी की स्थापना प्रारंभ की है। हमलोग कल इस पर विस्तार से चर्चा करेंगे।''

उस रात सोने से पूर्व मेरे अंदर परिवर्तन प्रारंभ हो चुका था।

मैंने वास्तव में परिवर्तन के लिए विचार करना प्रारंभ कर दिया था।

22

चिंतन – मानव समाज को एक उपहार

जब मैं सुबह सोकर उठा तो बहुत ही तरोताजा था। वह दिन कुछ अलग दिख रहा था। क्या ऐसा बाहर के खूबसूरत नजारे के कारण था? क्या नए परिवेश में अनुकूल होने की चिन्ता अब दूर हो चुकी थी और अब आश्रम में अनुकूल हो चुका था?

जैसा कि गुरु जी ने परामर्श दिया था उस अनुरूप मैंने दिनभर मे अर्थशास्त्र का पहला अध्याय आन्वीक्षिकी स्थापना का अध्ययन किया। इसमें इस अध्याय और आन्वीक्षिकी शब्द के बारे में थोड़ा वर्णन था। यह रहस्यमय होने के साथ–साथ बांधकर रखने वाला अध्याय भी था। फिर भी मैं इसको पूरी तरह से समझ नहीं पाया।

इस संबंध में अन्य विद्वानों द्वारा दूसरी पुस्तकों में वर्णित भाष्यों को मैंने देखा। इसके बहुत से अनुवाद थे। आन्वीक्षिकी का अर्थ दर्शनशास्त्र, ब्रह्मविद्या, आध्यात्मिक ज्ञान, तर्कयुक्त चिंतन आदि दिए हुए थे।

मगर उस दिन मैं सोच में रहा कि इस पर गुरु जी क्या कहेंगे। अर्थशास्त्र का ज्ञान इस सूत्र से प्रारंभ होता है:

आन्वीक्षिकी, त्रयी, वार्ता, दंडनीति चेति विद्या (1.2.1)

''एक राजा को चार प्रकार के ज्ञान की आवश्यकता होती है –

आन्वीक्षिकी यानी दर्शनशास्त्र, त्रयी यानी वेद, वार्ता यानी अर्थशास्त्र, दंडनीति या राजनीतिशास्त्र।'' गुरु जी ने इसका अनुवाद किया। ''एक बार इन चारों का ज्ञान प्राप्त कर लेने पर नेतृत्वकर्ता बहुत ही सक्षम और सृजनशील हो जाता है। इनमें से प्रत्येक का विस्तारपूर्वक वर्णन अर्थशास्त्र में किया गया है। मगर इनमें सबसे महत्वपूर्ण आन्वीक्षिकी है।'' गुरु जी ने इस बात पर जोर दिया।

''गुरु जी, यह इतना महत्वपूर्ण क्यो है?'' मैंने इसको अपनी प्रश्न–सूची में शामिल कर लिया था।

''चाणक्य ने स्वयं इस अध्यान में इस अवधारणा का विश्लेषण किया है:

आन्वीक्षिकी को सभी विज्ञानों के लिए ज्योति माना गया है, सभी कर्मों का साधन और सभी कानून एवं कर्तव्यों का आधार कहा गया है।(1.2.12)

''यह एक मार्गदर्शिका शक्ति है।'' गुरु जी ने जोर देकर कहा। ''चिंतन सभी कर्मों की नींव है। इसके आधार पर मानव समाज का विकास एक पीढ़ी से दूसरी पीढ़ी में होता है।''

आन्वीक्षिकी शब्द का सर्वोत्तम अनुवाद 'चिंतन का विज्ञान' है। चिंतन मानव समाज प्रकृति प्रदत्त उपहार है। मानव को एक अत्यंत उपयोगी संपदा मिली है 'बुद्धि'। इसी के कारण हमें ईश्वर की सभी रचनाओं के बीच सर्वश्रेष्ठ माना जाता है।'' जी हाँ, चिंतन ही हमारे अस्तित्व का आधार है।

''लेकिन सबसे अचरज की बात है कि मानव सोचना ही नहीं चाहता है।'' गुरु जी ऐसा कहते हुए दुखी हो गए।

मैंने जानना चाहा, ''हम क्यों नहीं चिंतन पसंद करते हैं?''

''चिंतन में काफी अधिक ऊर्जा का व्यय होता है। वैज्ञानिक शोध से भी यह सिद्ध हो चुका है कि तर्कपूर्ण ढंग से चिंतन करना आसान नहीं है। इस

कार्य में बहुत अधिक ऊर्जा लगती है। इससे लोग थक जाते हैं। आदमी सुगमता चाहता है।

इतनी ऊर्जा का अपव्यय क्यों? सबसे अच्छा है कि चिंतन ही न किया जाए? लेकिन आश्चर्य की बात है कि मानव समाज ने चिंतन के बल पर ही प्रगति की है – चिंतक नेतृत्वकर्ता के बल पर। वे कठिन प्रश्न खड़े करते हैं और उनके कठिन समाधान भी चाहते हैं। वे यथा स्थिति को तोड़ते हैं।''

मैंने पूछा, ''अतएव क्या हमें यह सुनिश्चित करने की जरूरत है कि चिंतन प्रगति और विकास के लिए किया जाए? और क्या कुल मिलाकर यही आन्वीक्षिकी है?''

''न केवल चिंतन, बल्कि सही दिशा में चिंतन, दार्शनिक चिंतन विशेष रूप से।'' उन्होंने स्पष्ट किया।

''आन्वीक्षिकी एक वैकल्पिक चिंतन है। यह एक पार्श्विक चिंतन है यानी बंद डब्बे निकलकर चिंतन करना। लेकिन अगर कहीं रुकावट है तो यह इस पर प्रश्न भी खड़ा करता है।'' इसके बहुत से पक्ष हैं।

''केवल चिंतन महत्वपूर्ण नहीं है। इसे धर्म पर आधारित होना चाहिए।'' अब मैं थोड़ा–थोड़ा समझने लगा था कि आन्वीक्षिकी को दर्शनशास्त्र क्यों कहा जाता है।

''यहाँ तक कि दर्शनशास्त्र एवं आध्यात्म के आधार के बिना भी आप सोच सकते हैं तथा नई चीजों की रचना कर सकते हैं। लेकिन ऐसा करके आप अन्य लोगों और पर्यावरण को अधिक नुकसान पहुँचा सकते हैं।'' गुरु जी ने गंभीरतापूर्वक कहा।

''क्या यही कारण है कि चाणक्य ने अपने पहले अध्याय में ही आन्वीक्षिकी का वर्णन किया है?'' मैंने प्रश्न किया।

''यह दार्शनिक सोच ही वह आधार है जिस पर चाणक्य नेतृत्वकर्ता का निर्माण करते हैं। कुल मिलाकर, वे एक राजर्षि यानी दार्शनिक राजा अथवा संत समान राजा तैयार करना चाहते थे।''

''गुरु जी, आन्वीक्षिकी एक अनूठा शब्द है। क्या इस शब्द का आविष्कार चाणक्य ने किया था? कुछ समय से मेरे अंदर यह जिज्ञासा उत्पन्न हो रही है।

''नहीं, नहीं। यह कोई नया शब्द नहीं है। तुम्हें आन्वीक्षिकी शब्द भारत के बहुत से प्राचीन ग्रंथों में मिलेगा – महाभारत, श्रीमद्भागवत और अन्य संस्कृत ग्रंथों में। संस्कृत विद्वानों के बीच यह काफी लोकप्रिय शब्द है। आन्वीक्षिकी का अस्तित्व चाणक्य से भी पहले से है।'' अरे राम, इतना प्रसिद्ध शब्द लेकिन मैं जितने लोगों को जानता हूँ उनमें से कोई शब्द से परिचित नहीं है।

इस परिचर्चा में अचानक मोड़ आ गया। गुरु जी ने कहा, ''क्या तुम्हें मालूम है कि महाभारत में द्रौपदी का एक नाम आन्वीक्षिकी है?''

सच में? ''मैं नहीं जानता था।'' मैंने स्वीकार कर लिया। इसके बाद मुझे आगे अध्ययन करने के लिए कुछ संदर्भ ग्रंथों के नाम सुझाए गए।

''सामरिक चिंतन के इतिहास पर भारत में विपुल मात्रा में साहित्य उपलब्ध है। हमारे पूर्वज कोई साधारण लोग नहीं थे। वे अत्यंत मेधावान मानव थे। वे ऋषि पुत्र – महान चिंतकों एवं आध्यात्मिक पुरुषों की संतान थे।''

उनका विश्लेषण आगे भी जारी रहा:

''आन्वीक्षिकी को ब्रह्मविद्या आत्मबोध का परम ज्ञान भी कहा जाता है।'' वे कुछ देर रुकने के बाद फिर कहने लगे, ''इस प्रकार तुम्हें पता चलेगा कि हमलोग आध्यात्मिक और भौतिक – दोनों ही दृष्टियों से संपन्न थे। आन्वीक्षिकी तुम्हें एक ही साथ आध्यात्मिक एंव भौतिक दोनों सफलताओं का ज्ञान देती है।''

मैंने आगे प्रश्न नहीं किया। मुझे अचरज भी हो रहा था और मैं हतप्रभ भी था। एक ही शब्द के माध्यम से गुरु जी ने अर्थशास्त्र में निहित ज्ञान के सागर को उड़ेलकर रख दिया। मैं आश्चर्य कर रहा था कि शेष किताब में चाणक्य

ने और भी कितनी बातें कही होगी।

गुरु जी ने मेरे अंदर का भाव पढ़ लिया। "आज के लिए इतना पर्याप्त है। हमने चाणक्य की सोच को समझने के लिए तुम्हारी यात्रा प्रारंभ कर दी है। लेकिन अभी बहुत लम्बी यात्रा तय करनी है।" उन्होंने सहानुभूतिपूर्वक कहा।

मैंने सोचना बंद कर दिया अथवा क्या चिंतन प्रारंभ ही किया था?

23

चिंतन के साथ कर्म भी

मैं आन्वीक्षिकी के चिंतन में इतना डूब गया था कि सच कहूँ तो थोड़ा बेसुध हो गया था। मैंने अपनी ही दुनिया में खुद को इतना खोया हुआ कभी भी महसूस नहीं किया था। वक्त का पहिया चलता रहा। मैं अपने चिंतन में एकांत का आनंद लेने लगा।

कहावत है कि व्यक्ति को अकेलापन महसूस नहीं करना चाहिए किंतु एकांत का आनंद लेना चाहिए। मैं एकांत था किंतु स्वयं से जुड़ा हुआ महसूस कर रहा था। मैं चिंतन के बारे में चिंतन कर रहा था।

अगले दिन अर्थशास्त्र के अध्ययन के दौरान एक आकर्षक श्लोक से मेरा सामना हुआ :

> **किसी धनुर्धारी के धनुष से निकले हुए बाण किसी व्यक्ति की मृत्यु हो अथवा नहीं हो या फिर वह किसी को भी क्षति नहीं पहुंचा सके किंतु एक बुद्धिमान व्यक्ति की बुद्धि से गर्भ में पल रहे शिशु की भी मृत्यु हो सकती है। (10.6.51)**

तीक्ष्ण बुद्धि! मैंने महसूस किया कि चाणक्य यही चाहते थे। नेतृत्वकर्ता अपनी बुद्धि का उपयोग यथासंभव सर्वोत्तम तरीके से करे। मैं इतना अधिक प्रेरित हुआ कि मैं एक साथ कई घंटे तक अर्थशास्त्र पढ़ते रहा। मैं शुरु से अंत

तक अनेक अध्यायों को पलटा। मैं। पहली बार इस तथ्य से परिचित हुआ कि इस पुस्तक में चिंतन के विभिन्न पहलुओं का उल्लेख किया गया है।

जब मैं गुरु जी के पास शाम की कक्षा में गया तो मैंने उनसे पूछा, "क्या यह अर्थशास्त्र और खासकर आन्वीक्षिकी नहीं हैं जो आपको सिखाते हैं कि अपनी बुद्धि का पूर्ण उपयोग किस प्रकार किया जाए?"

"और यह भी कि अपनी बुद्धि का उपयोग कहाँ नहीं किया जाए।" गुरु जी ने स्पष्ट रूप से कहा।

"कहाँ बुद्धि का उपयोग नहीं करना चाहिए?" मुझे अचरज हुआ और मैं थोड़ा परेशान भी हुआ। मैंने सोचा था कि मैं बुद्धि को तीव्र करने के उपाय के लिए सही निष्कर्ष तक पहुँचा था।

"बुद्धिमान लोगों के साथ एक समस्या यह होती है कि सोचना बंद नहीं करते। वे इतना अधिक सोचते हैं कि वे कर्म ही नहीं करते।", उन्होंने कहा।

"केवल विश्लेषण ही करते रहने से व्यक्ति को लकवा मार देता है।" उन्होंने मुस्कुराते हुए कहा। "तुम ठीक कह रहे हो। अर्थशास्त्र तर्कपूर्ण चिंतन के लिए प्रेरित करने वाला ग्रंथ है लेकिन इसके साथ यह भी सच है कि अत्यंत बुद्धिमान व्यक्ति इस तथ्य से भी परिचित होते हैं कि बुद्धि और मानवीय समझ से परे भी कोई चीज होती है। तुम अर्थशास्त्र के छठे खंड को देखो जिसमें एक राजा अथवा नेतृत्वकर्ता के गुणों का उल्लेख किया गया है।" उन्होंने एक प्रति की ओर संकेत दिया।

मैंने तुरंत ही इस प्रति को अपने हाथ में लिया और संबंधित पृष्ठ को पलटा :

"राजा की उत्कृष्टता के आधार हैं ..... बुद्धि एवं साहस।

उन्होंने इस श्लोक का भाव विस्तार से स्पष्ट किया और मुझे एक आदर्श नेतृत्वकर्ता की कल्पना करने के लिए प्रेरित किया।

"एक उत्कृष्ट नेतृत्वकर्ता वह होता है जो बुद्धिमान एवं गतिशील (साहस की दृष्टि से)। बिना गतिशीलता और जोश के नेतृत्वकर्ता दूसरों को ऊर्जावान नहीं बना सकता है। और बिना ऊर्जा के कोई व्यक्ति काम नहीं कर सकता है। नेतृत्वकर्ता वह होता है जो दूसरों को प्रेरित करे।" उन्होंने यह बात इतना बलपूर्वक कहा जिसे मैं कभी भूल ही नहीं सकता।

"हाँ, चिंतन करना अच्छी बात है लेकिन जब कर्म करने समय हो तब विश्वास के साथ कदम उठाना चाहिए।" मैंने पूछा, "गुरु जी, हम कैसे जान पाएंगे कि हमें कितना चिंतन करना चाहिए और कब सोचना बंद कर देना चाहिए?"

"बहुत अच्छा प्रश्न। आवश्यकता है चिंतन और कर्म करने की तथा कर्म और चिंतन करने की। चिंतन एवं कर्म एक साथ होने चाहिए, दोनों के बीच तालमेल हो।"

एक महान व्यक्ति ने कहा है, "अपने कार्य की योजना बनाएं और अपनी योजना पर अमल करें।"

"हर दृष्टि से विचार कर लेने के बाद ही व्यक्ति को कर्म की ओर अग्रसर होना चाहिए। बिना कर्म के सभी योजनाएं व्यर्थ हैं।" उन्होंने ऐसी सलाह दी।

"सोचना छोड़कर विश्वासपूर्वक कर्म करने के लिए व्यक्ति मजबूत आध्यात्मिक आधार चाहिए। आध्यात्मिक व्यक्ति जानता है कि कब चिंतन करना चाहिए और कब कर्म। दोनों के बीच संतुलन की आवश्यकता होती है।"

मैंने आश्चर्य प्रकट करते हुए पूछा, "यदि मुझे आध्यात्मिक आधार नहीं है और मैंने अध्यात्म के मार्ग पर अभी कदम ही रखा है तो ऐसी स्थिति में क्या होगा?"

"सरल है। ऐसी स्थिति में एक आध्यात्मिक गुरु की सलाह लें। ऐसे व्यक्ति तुम्हें बताएंगे कि कब कर्म करना चाहिए। तुम्हें आज भी ऐसे मार्गदर्शन करने वाले मिल जाएंगे।"

मुझे अपने पिता जी के साथ एक व्यवसायी की चर्चा की याद आने लगी जो मेरे घर आए थे। मैंने उनके बीच वार्तालाप सुनी थी:

''इस व्यवसाय में आप कैसे आए?'' पिता जी ने पूछा।

''यह बहुत सरल है। मेरे गुरु ने मुझे व्यवसाय शुरु करने के लिए कहा और मैंने शुरु कर दिया। मैंने उसके बाद अधिक सोच–विचार नहीं किया। और देखिए कि मैं कितना धनी हो गया। यह गुरु–कृपा ही है।'' उस सफल व्यवसायी ने मुस्कुराते हुए कहा।

चूँकि मेरा मन बार–बार अर्थशास्त्र की ओर लौट जाता था, इसलिए मैंने सोचा कि यदि भविष्य में मेरे सामने ऐसी जटिल परिस्थिति उत्पन्न हुई तो क्या मैं उस समय निर्णय ले सकूँगा।

''राजा के पास सदैव राजगुरु होते थे जो उनका प्रथम परामर्शक होते थे।'' गुरु जी ने मुझे प्राचीन भारत में प्रचलित इस व्यवस्था के बारे में जानकारी दी।

''राजगुरु आध्यात्मिक ज्ञान संपन्न मेधावी व्यक्ति होते थे। वे जानते थे कि क्या करना है और कैसे करना है। सभी महान राजा अपने परामर्शकों और आध्यात्मिक गुरुओं की मदद से महान बन सके।''

मैं जो भी अध्याय पढ़ता था उसके संबंध में मेरे गुरु जी मुझे बार–बार सोचने पर विवश करते थे।

समय इस तरह बीत गया जैसे उसको पंख लगे हों। मैंने अचानक महसूस किया कि चार माह बीत गए।

अब मेरे पास दो माह ही शेष थे? मुझे समय का स्मरण हुआ। उसके बाद मैंने ग़ौर किया कि मैंने अर्थशास्त्र के कितने अध्यायों को पूरा किया है। मैं तो आधी पुस्तक भी नहीं पूरा कर सका था।

मैं उस क्रिकेट के बल्लेवाज की तरह अधिक परिश्रम करने लगा और अधिक घंटे तक पढ़ने लगा जो अचानक अधिकाधिक रन बनाने के लिए प्रयास करने लगता है। मैं अब १८ घंटे तक पढ़ाई करने लगा था और संस्कृत

पर भी अपनी पकड़ बना ली थी। आश्रम में रहने वाले दूसरे लोग मुझे पुस्तकालय में देर तक पढ़ते और सुबह जल्द उठते हुए देखते थे। मैं ६००० सूत्रों को छः माह याद करने के अपने लक्ष्य को पूरा करने की जोरदार प्रयास करने लगा।

मेरे प्रयासों को देखकर गुरु जी ने एक दिन मुझसे कहा, ''पुस्तकालय में अध्ययन करने के सिवा अर्थशास्त्र के अध्ययन के अन्य तरीके भी हैं।'८

मैंने जानना चाहा, ''वे कौन—से तरीके हैं?''

''अर्थशास्त्र के विभिन्न विशेषज्ञों से मुलाकात करके।'', उन्होंने कहा।

''अगले दो दिनों में हमलोग अर्थशास्त्र पर आयोजित सम्मेलन संगोष्ठी में भाग लेने जा रहे हैं। वहाँ पर तुम्हें बहुत—से लोगों से बहुत कुछ सिखने के लिए मिलेगा।''

24

सम्मेलन

मैं सुबह में स्वभाविक रूप से जब उठता था उससे पहले जग गया और गुरु जी से मिलने के लिए चला गया। गुरु जी को सम्मेलन स्थल तक ले जाने के लिए एक कार की व्यवस्था की गई थी।

मुझे स्मरण हुआ कि आयोजकों से पहले दिन ही गुरु जी के घर पर भेंट हुई थी। वे गुरु जी को सम्मेलन में आमंत्रित करने के लिए न्योता देने के लिए आए थे।

इस दो दिवसीय राष्ट्रीय संगोष्ठी में देश के विभिन्न भागों से लोग पधारे हुए थे। इस सम्मेलन में प्रतिभागी अर्थशास्त्र के विभिन्न पक्षों पर अपने–अपने आलेख प्रस्तुत करने वाले थे। इसमें प्रोफेसर, शिक्षक, छात्र और रिपोर्टर आदि भाग लेने वाले थे।

हमलोग समय से पहले सम्मेलन स्थल पर पहुँच गए। सम्मेलन का उद्घाटन करने के लिए राज्य के मुख्यमंत्री आए। जैसे ही मुख्यमंत्री का आगमन हुआ उन्हें चाय एवं अनौपचारिक बातचीत जैसे स्वागत सत्कार हेतु वी.आई.पी. कक्ष में ले जाया गया। इस सम्मेलन में मेरे गुरु जी का बीज वक्तव्य होना था। वे अर्थशास्त्र के विश्व विख्यात विशेषज्ञ थे। वहीं पर मुझे पता चला कि गुरु जी के कार्य एवं अकादमिक उपलब्धि के कारण मुख्यमंत्री उन्हें व्यक्तिगत रूप से जानते थे। उस वी.आई.पी. कक्ष में मुख्यमंत्री और अन्य आयोजकों के साथ गुरु जी भी आमंत्रित किए गए थे। 'मेरे पास

आओ। मेरे से विल्कुल चिपक कर रहो वरना तुम इस भीड़ में खो जाओगे।'' उन्होंने एक आधिकारिक लहजे में कहा। मैं भी समझ गया था कि यदि मैं गुरु जी के साथ नहीं रहा तो मुझे कोई भी वी.आई.पी. कक्ष के पास भी नहीं फटकने देगा।''

''पहली बार मैं किसी राजनेता को इतने नजदीक से देख रहा था। मुझे लगा कि मैं किसी स्वप्न–लोक में हूँ। आसपास जो लोग थे वे ताकतवर हस्ती लग रहे थे और वे जो बातचीत कर रहे थे उसके कुछ अंश मेरी समझ में नहीं आए। लेकिन चलते–चलते मुख्यमंत्री ने मेरे गुरु जी के लिए जो कहा था उसका मेरे ऊपर स्थायी असर पड़ा : ''सर, आपने सुशासन पर चाणक्य के विचार के संबंध में जो आलेख लिखा वह पढ़ रहा था। मेरा अनुरोध है कि क्या आप मेरे मंत्रिमंडल के साथियों के लिए इसी विषय पर एक सत्र देंगे?'' गुरु जी तुरंत सहमत हो गए और मुख्यमंत्री के सहायक को इस पर आगे काम करने का आदेश दिया गया।

मैं एक ऐसे गुरु से अर्थशास्त्र का ज्ञान प्राप्त कर स्वयं को गौरवान्वित महसूस कर रहा था लेकिन उन्हें मुख्यमंत्री जैसे प्रभावशाली लोग आंमत्रित कर रहे थे यह अपने आप में सम्मान का विषय था।

''क्या मैंने तुमसे कहा नहीं था कि तुम एक किस्मत वाला लड़का हो?'' जिस व्यक्ति ने गुरु जी के मार्गदर्शन में पीएच.डी. की थी और उनके निवास पर मिले थे, ने मुझसे कहा। मैंने सिर हिलाया और मुस्कुराया। मैं अब पूरी तरह से समझ गया कि उनका क्या अभिप्राय था।

जब समारोहपूर्वक सम्मेलन का उद्‌घाटन हो गया तब बहुत–से गणमान्य व्यक्ति मंच पर विराजमान हो गए। गुरु जी मुख्यमंत्री के बगल में बैठे हुए थे। एक के बाद दूसरे भाषणों में अर्थशास्त्र की प्रशंसा की जा रही थी। उद्‌घाटन समारोह के बाद मुख्यमंत्री चले गए और चाय के लिए अवकाश दिया गया।

गुरु जी ने ग़ौर किया कि हम सचमुच संपूर्ण सम्मेलन से बहुत प्रभावित था लेकिन उन्होंने यह भी महसूस किया कि मैं भीड़ में किंचित खो जैसा गया था। उन्होंने मेरी पीठ थपथपाते हुए मेरा उत्साहवर्द्धन किया और कहा,

''अर्थशास्त्र का वास्तविक अध्ययन अब प्रारंभ होने जा रहा है।

गुरु जी ने मुझे अलग में ले जाकर कहा, ''अब मुख्यमंत्री के साथ मीडिया के लोग भी चले गए है। अब अर्थशास्त्र के विभिन्न पहलुओं पर विशेषज्ञ लोग अपने–अपने वक्तव्य देंगे। तुम उन सबसे सिखने के लिए तैयार हो जाओ। अपना संपर्क विकसित करो और उनसे दोस्ती करो। यह तुम्हें जीवनभर के लिए सहायक होगा।''

इसके बाद तकनीकी आलेखों की प्रस्तुति प्रारंभ हुई। इसमें पैनल के विशेषज्ञ अर्थशास्त्र के विभिन्न पक्षों पर अपने विचार व्यक्त करते जा रहे थे – दर्शनशास्त्र से लेकर प्रबंधन, नेतृत्व, विदेश नीति और अंतराष्ट्रीय मामलों तक पर। उस सम्मेलन में हमारे बीच एक सैन्य विशेषज्ञ भी थे।

अभी तक मैं यह समझता था कि मैं ही अर्थशास्त्र पर अध्ययन करना चाहता हूँ लेकिन इस सम्मेलन ने मेरी धारणा बदल दी। लेकिन यही काम करने वाले अनेक लोग थे, केवल उनके तरीके अलग–अलग थे।

मुझे दादा जी की याद आयी जिन्होंने मुझसे एक बार कहा था, ''अर्थशास्त्र किसी एक व्यक्ति, राष्ट्र अथवा पीढ़ी की नहीं है। यह उन सबके लिए खुला है जो महान चाणक्य को समझना चाहता था।''

गुरु जी सच कह रहे थे। इन सभी विशेषज्ञों को सुनने के बाद मैं अर्थशास्त्र को विभिन्न दृष्टियों से समझना प्रारंभ किया। यह सिखने का एक महान अवसर था।

विभिन्न विद्वानों से मेरा परिचय हुआ जिन्होंने गुरु जी एवं आयोजकों के साथ अपने विचार व्यक्त किए थे। उन्होंने ऐसा माहौल किया जिससे मैं सुकून से रह सकूँ।

अगले दो दिनों तक मैं सभी सत्रों में शामिल हुआ। टिप्पणियाँ लिखीं, अर्थशास्त्र पर उपलब्ध हर प्रकार की सामग्रियों को जमा किया, विद्वानों के साथ संपर्क स्थापित किया और पुस्तक प्रदर्शनी में अर्थशास्त्र पर प्रदर्शित पुस्तकों को भी खरीदा।

मुझे यह भी कहा गया कि इस सम्मेलन में प्रस्तुत सभी आलेखों और कार्रवाई के आधार पर एक पुस्तक तैयार की जाएगी। मैंने उस संभावित पुस्तक की एक प्रति भी बुक करा ली ताकि उसे मैं अपने व्यक्तिगत पुस्तकालय का हिस्सा बना सकूँ।

सम्मेलन जब समापन के करीब था तब एक युवा प्रोफेसर मेरे पास आकर बोले, ''क्या तुम वही छात्र नहीं हो जो गुरु जी से अर्थशास्त्र पढ़ रहा है?''

मैंने जवाब दिया, ''हाँ''। लेकिन मैं याद करने की कोशिष कर रहा था कि क्या पिछले दो दिनों में उनके साथ मेरी बातचीत हुई थी। मैं आश्वस्त नहीं था।

''निकट भविष्य में अर्थशास्त्र पर हमलोग भी ऐसा ही सम्मेलन आयोजित करने जा रहे हैं। क्या आप उसमें उपस्थित होंगे और अपना आलेख प्रस्तु करेंगे?'' उन्होंने अनुरोध किया।

''मैं?'' मैं भाव–विभोर हो गया और यह नहीं जानता था कि किस तरह प्रतिक्रिया व्यक्त करूं। ''नहीं, नहीं, सर! मैंने इस क्षेत्र में अभी–अभी कदम रखा है। मैं विद्वान नहीं हूँ। आपलोग जितना काम कर रहे हैं उसकी तुलना में मैं कुछ भी नहीं जानता हूँ। मैं तो गुरु जी का अभी–अभी छात्र बना हूँ।''

वे मुस्कुराए, ''गुरु जी के हाल में बने छात्र? इसी से अगले सम्मेलन में वक्ता होने की योग्यता आपने अर्जित कर ली।''

मैं कुछ कहता उससे पहले उन्होंने कहा, ''मैं आपके पास सम्मेलन का विवरण भेज दूँगा।''

25

अंतिम दिन

गुरुमा ने पूछा, "क्या तुम वापस घर जाने के लिए बहुत उत्सुक हो?"

मैंने महसूस किया कि वहाँ पर मेरे अध्ययन का यह आखिरी माह था। अच्छे दिन तेजी से बीत जाते हैं। जी हाँ, मैं अपने माता–पिता और दोस्त से मिलना चाहता था। लेकिन मुझे अब गुरुकुल से जाना होगा, इस विचार से मैं दुखी हो गया।

मैंने यह भी महसूस किया कि अर्थशास्त्र के श्लोकों को प्रतिदिन रटने का जो मेरा लक्ष्य था उससे मैं पीछे चल रहा हूँ। मुझे अभी भी २००० श्लोक याद करने थे। समय पर अपने अध्ययन को पूरा करने की दिशा में मैं किसी भी प्रकार की कोताही नहीं बरतना चाहता था। यह मेरे लिए एक मैराथन दौड़ जैसा था। मैं समय के विरुद्ध लड़ रहा था। मैं दिन में केवल पढ़ाई ही करता था और रात में भी अधिकाधिक वक्त इसी काम में लगाता था। स्वभाविक से अधिक समय शोध कार्य के लिए देता था।

अनेक अवसरों पर बिजली गुल हो जाती थी और मुझे पुस्तकालय में भी नींद आ जाती थी। अब मैं समझ गया कि किसी तरह मेधावी और अच्छे अंक प्राप्त करने वाले छात्र अध्ययन करते हैं। मैं उन्हीं की तरह परिश्रम करना चाहता था। इसका तनाव मेरे चेहरे पर झलकता था।

"तुम्हें क्या हो गया है?" जब मैं गुरु जी के यहाँ शाम में गया तब उन्होंने मेरे प्रति चिंतित दिखे। "तुम इतने सुस्त और बुझे–बुझे से क्यों लग रहे

हो?''

''गुरु जी, मैं दिन–रात एक करके शेष भाग को पूरा करना चाहता हूँ। मैंने अपना प्रयास दुगुना कर दिया है क्योंकि यह मेरा अंतिम माह है।'' मैं यह अपेक्षा कर रहा था कि गुरु जी मेरे प्रयास की सराहना करेंगे।

मगर उन्होंने इसके विपरीत मुझसे कहा, ''इस तरह से पढ़ना बंद कर दो। जाकर अपनी किताबें बंद कर दो। एक सप्ताह का विश्राम लो।''

''विश्राम?'' मैं उन्हें ठीक से सुना अथवा नहीं, मुझे इसकी जानकारी नहीं थी।

''अत्यधिक काम मत करो। इससे प्रभावी ढंग से पढ़ने की तुम्हारी क्षमता प्रभावित होगी।'' फिर आगे उन्होंने कहा, ''इस गाँव के आसपास बहुत–से सुंदर स्थान हैं। पिछले पाँच माह के दौरान तुम इस आश्रम के सिवा कहीं नहीं गए। आसपास के प्राकृतिक स्थलों में विचरण करो और स्वयं उसके सान्निध्य में रहो।''

इन शब्दों से बहुत सुकून मिला। मेरी त्वचा जो पहले रबड़ बैंड की तरह खिंची हुई थी अब ढीली पड़ गई।

गुरु जी और गुरुमा ने पर्यटन योजना का खाका तैयार किया जिसमें आसपास के कुछ प्राचीन मंदिरों, पर्वतों और समुद्र तट पर जाने की योजना थी। उन्होंने अपने कुछ मित्रों को खबर कर दी और उन स्थानों में मेरे ठहरने की व्यवस्था कर दी।

गुरु जी का सख्त आदेश था, ''अपने अर्थशास्त्र की किताब को यहीं छोड़कर जाना।'' गुरुमा ने अपनी चिरपरिचित मुस्कान के साथ मेरी ओर देखा, ''कई बार किसी चीज को बेहतर ढंग से समझने के लिए आप जो हो रहा है उसे होने देते हैं।''

जब मैं घूम–फिर कर वापस आया तो लगा कि मैं बैटरी की तरह फिर से चार्ज हो गया हूँ। अब मैं किसी भी चुनौती के लिए तैयार था। गुरु जी द्वारा प्रदत्त कुछ तकनीक का सहारा लेकर मैंने एक सप्ताह पहले ही पुस्तक को समाप्त कर दिया।

"अब अपनी परीक्षा के लिए तैयार हो जाओ।" गुरु जी ने घोषणा की। मैं हतप्रभ रह गया। मैं यहाँ पर फिर से कोई परीक्षा देने के लिए नहीं आया था। तीन घंटे के प्रश्न–पत्र के आधार पर व्यक्ति के ज्ञान की परीक्षा लेने वाली शिक्षा व्यवस्था से मुझे घृणा थी। दुर्भाग्यवश, मैं इसके विरुद्ध बहस नहीं कर सका। बिना प्रश्न किए मुझे आदेश का पालन करना था।

"ठीक है, मुझे प्रश्न पत्र का उत्तर कब देना है?" मैंने उनसे पूछा ताकि उस हिसाब से मैं तैयारी कर सकूँ।

"कौन–सा प्रश्न पत्र?" उन्होंने खेलपूर्ण अंदाज़ में व्यंग्य किया। "तुमने पिछले छः माह में अर्थशास्त्र के संबंध में जो भी अध्ययन किया है, उस पर आधारित एक शोध–पत्र तैयार करो। उसी से पता चल जाएगा कि तुमने इस विषय को किस रूप में समझा है।" मैंने गहरी साँसें लीं और सुकून महसूस किया।

और इस प्रकार अर्थशास्त्र पर अपनी समझ पर मैंने अपना पहला शोध–पत्र लिखा। मैंने पुस्तकालय में उपलब्ध कुछ शोध पत्रिकाओं से सामग्री ली ताकि यह एक गंभीर प्रोफेशनल कार्य दिखे। कुल मिलाकर, अब मेरे से एक विद्वान वाली अपेक्षा थी।

जिस दिन मैं गुरु जी के पास अपना शोध–पत्र जमा किया उसके अगले दिन उन्होंने मुझे बुलाया।

"बहुत अच्छा काम! अर्थशास्त्र पर तुम्हारी विचार–प्रक्रिया मुझे अच्छी लगी कि इसका आधुनिक व्यवसाय में कैसे उपयोग किया जा सकेगा। यह बहुत ही अनूठा दृष्टिकोण है।" मैंने अपनी परीक्षा उत्तीर्ण कर ली।

"बहुत खूब!" उन्होंने मुस्कुराते हुए कहा। "अब तुम्हारा कोर्स पूरा हुआ। घर के लिए रवाना होने से पहले अपना प्रमाण–पत्र अवश्य ले लो।"

मैंने पूछा, "प्रमाण–पत्र?" क्या यह प्राप्त करना स्वभाविक था?"

"तुम भारतविद्या के पहले छात्र हो जिसने हमारे आश्रम रहकर व्यवस्थित रूप से शोध किया है। याद रखो, केंद्र सरकार द्वारा हमें एक शोध संस्थान के

रूप में मान्यता प्राप्त है।'' उन्होंने स्पष्ट किया।

''कुछ दिन पहले, न्यासी और मैं तुम्हारे और पढ़ाई के प्रति तुम्हारी प्रतिबद्धता के बारे बात कर रहे थे। तुमने जो कोर्स पूरा किया है उस संबंध में हमने तुम्हें प्रमाण–पत्र देने का निर्णय लिया है।'' यह मेरे लिए बिना मांगे मिलने वाली सौगात जैसी थी।

''वास्तव में, आश्रम निवासी एक वरिष्ठ विद्वान साधु भी तुम्हारी प्रतिबद्धता से प्रभावित हैं। उन्होंने भी ऐसी ही सलाह दी है।'' ओहो, मुझे नहीं पता था कि आश्रम के लोग मेरे काम पर इतनी नजदीकी से गौर कर रहे हैं।

तब उन्होंने मधुर आवाज में कहा, ''तुम एक मेधावी छात्र थे। ऐसे छात्र मिलना हर शिक्षक का सपना होता है।'' जब गुरु जी ने यह बात कही तो मैं भावुक हो गया।

''यह प्रमाण–पत्र तुम्हें संपूर्ण जीवन में मदद करेगा।'' फिर उन्होंने कहा, ''अभी तो तुम्हें यह कागज का एक टुकड़ा लग रहा है लेकिन इससे जो तुम्हें अकादमिक दुनिया में प्रतिष्ठा मिलेगी वह तुम्हें बहुत दूर तक ले जाएगी। यह अर्थशास्त्र पर तुमने जो अध्ययन किया है उसका प्रमाण–पत्र है। ऐसा लग रहा था कि गुरु जी जिस भविष्य को देख पा रहे थे उसे मेरे अंदर का युवा लड़का नहीं देख पा रहा था।

''क्षमा करें गुरु जी, मुझे कितनी फीस देनी होगी यानी गुरु दक्षिणा में कितना देना होगा?'' यह अंतिम बात थी जिसे मुझे व्यक्त करना था।

''कुछ भी फीस नहीं। अर्थशास्त्र को अपने जीवन में उपयोग में लाने की प्रतिबद्धता बनाए रखो। याद रखो, शास्त्र सिखने के लिए नहीं होता है बल्कि शास्त्र जीया जाता है।'' ये शब्द सुनते ही मेरे गालों पर आँसू टपकने लगे।

आश्रम के अपने अंतिम दिन मैं न्यासी से मिलने गया और उन्हें धन्यवाद दिया।

''सर, आपको धन्यवाद। मैं आपसे कुछ कहना चाहता हूँ।'' उन्होंने

जिज्ञासापूर्वक मेरी ओर देखा। ''मैं आपकी तरह एक भद्र व्यवसायी बनना चाहता हूँ।'' मैंने स्वीकार किया। उन्होंने कुछ भी नहीं कहा। केवल मेरी ओर मुस्कुराकर देखा।

जैसे ही मैं अपने गुरु जी और गुरुमा से आशीर्वाद लेकर बस स्टॉप की ओर बढ़ा, वैसे ही मेरे अंतस में एक आवाज उठी, ''जाओ, अपने ज्ञान से दुनिया को जीत लो, अब तुम इसके लिए तैयार हो।''

मेरे जीवन के एक अध्याय का अंत हुआ और दूसरे की शुरुआत।

26

घर–आगमन

महानगरीय जीवन में वापस जाने के लिए ट्रेन पर बैठते समय मैंने जो पिछले दिनों जीवन जीया उस पर ग़ौर करने लगा। मैं अतीत पर विचार करने लगा – मेरे दादा जी, बचपन में किताबों में मेरी रुचि, अर्थशास्त्र के अध्ययन करने की उत्कंठा, फिर उसे गुरुकुल और गुरु–शिष्य परंपरा में अध्ययन करना।

मैं पुन: वर्तमान स्थिति में लौट गया – मेरा मन अत्यंत प्रफुल्लित था। मैंने पिछले छ: माह का संपूर्ण रूप से आनंद लिया – भविष्य की चिंता किए बिना।

मेरा अंतस पूर्णतया तृप्त था। मैंने जो सबसे अहम बात महसूस की वह थी, मैंने यह कार्य बिना किसी अपेक्षा रखे किया था।

अंतत: मैं अपने भविष्य के विषय में सोचने लगा। एक बार घर पहुंचते ही मेरा यह आनंदपूर्ण मानस शहर के भागदौड़ वाली ज़िंदगी में फँसकर रह जाएगा।

लोग तो पूछेंगे ही, "अब आगे क्या करने की योजना है?" उस वक़्त शायद ही मेरे पास इस बात का जवाब था। लेकिन मैं चाहता था कि भविष्य के लिए मैं अपना मार्ग स्वयं तय करूं, न कि दूसरे लोग मेरे लिए मार्ग तय करें।

जब मैं घर पहुंचा तो मैंने महसूस किया कि एक दशक गुजर गया है।

बहुत कुछ बदल गए थे लेकिन बहुत कुछ पहले जैसे ही थे।

पर्दे बदल गए थे लेकिन फर्निचर वही थे। हमारे संग्रह में अनेक पुस्तकें जुड़ गई थीं लेकिन किताबों की दराजें उतनी ही चिरपरिचित थीं।

अपने बेटे को वापस घर में देखकर मेरी माँ फटाफट बोली, "सबसे पहले हमलोग भोजन करें।" इस बात से मुझे गुरुमा की याद आयी। उन्होंने मुझसे यही बात कही थी जब मैं पहली बार उनसे मिला था।

फिर पापा ने पूछा, "कैसी रही यात्रा?" क्या यह गुरु जी मुझसे पूछ रहे थे? मेरे अचरज का ठिकाना नहीं रहा। इससे मुझे उस जगह से संपर्क बनाने में एक क्षण लगा जिस जगह को मैं छः माह पहले छोड़कर गया था।

जब मैं यहाँ नहीं था तब मेरे दोस्तों की जिज्ञासा से मुझे अवगत कराते हुए पिता जी ने मुस्कुराकर मुझसे कहा, "तुम्हारे दोस्त परेशान थे कि तुम कहाँ लापता हो गए थे।"

मेरी माँ अपने हिस्से की कहानियों के साथ सुर में सुर मिलाते हुए बोली, "तुम अनेक परिवारिक समारोहों और उत्सवों में भी शामिल नहीं हो सके। इन तस्वीरों को देखो।

उसके बाद मैं अपना अनुभव सुनाने लगा। मैंने उन्हें वहाँ व्यतीत की हुई अपनी जीवन शैली, आश्रम के दिव्य परिवेश, पुस्तकालय का वह कोना जो मेरा ध्यान प्रकोष्ठ बन गया, वहाँ निवास के दौरान गुरु जी और गुरुमा का मेरे प्रति व्यवहार, उस सम्मेलन में शामिल होना जिसमें मुख्यमंत्री आए थे और एक आगामी संगोष्ठि में वक्ता के रूप उपस्थित होने के लिए अनपेक्षित आमंत्रण के संबंध में उन्हें सुनाया।

अचानक पिता जी के हाव–भाव में बदलावा आ गया उन्हें एक महत्वपूर्ण बात याद आ गई। उन्होंने कहा, "ग्रेजुएशन का परीक्षा परिणाम भी कुछ माह पहले आ चुका है। तुमने उत्कृष्ट अंक प्राप्त किए हैं। वास्तव में, एक विषय में तो तुम पूरे कालेज में प्रथम आए हो।"

मेरे पिता जी के अनुसार मेरे जीवन का यह सबसे अच्छा अकादमिक

प्रदर्शन था। फिर भी मैं इसके प्रति उत्तेजित नहीं था। मैंने बस अपना कंधा हिलाया और कहा, "तो क्या हुआ?"

मगर मैंने धीरे से अपना बैग खिसकाया और अर्थशास्त्र पर मैंने जो भारतविद्या शोध पाठ्यक्रम पूरा किया था उस पर गुरु जी द्वारा दिये गये प्रमाणपत्रको बाहर निकाला। मैं कालेज से मिलने वाले प्रमाण–पत्र की तुलना में हाथ में रखे हुए इस प्रमाण–पत्र के प्रति अधिक गौरवान्ति था।

मेरे माता–पिता ने इसे अचरज भरी निगाहों से देखा। मेरी ही तरह उनको भी यह कल्पना नही थी कि मैं किसी प्रकार के अकादमिक प्रमाण–पत्र के साथ लौटूँगा।

मेरी माँ खुशी से झूमते हुए बोली, 'मेरे बच्चे, यह तो अंको का अद्‌भुत प्रतिशत है।"

मैं कुछ समझा नहीं। प्रतिशत? क्या प्रतिशत?

"देखो, तुमने ९२ प्रतिशत अंक और ए+ ग्रेड प्राप्त किया है। यह प्रमाण–पत्र में है।

मैंने प्रमाण–पत्र को ग़ौर से देखा। जब गुरुजी ने मुझे यह दिया था तो मैंने इसमें अपना नाम देखा था और उस विश्वविद्यालय का लोगो जिससे मेरा शोध संस्थान संबद्ध था। अब मैंने महसूस किया कि गुरुजी ने इस परीक्षा क्यों कही थी।

"क्या कहना, मैंने तो अपने जीवन में कभी भी इतना अच्छा अंक प्राप्त नहीं किया था।"

यह संयोग तो बेहतर हुआ। मैंने हाल ही में संपन्न कॉलेज परीक्षा तथा भारतविद्या शोध पाठ्यक्रम दोनों में उत्कृष्ट अंक प्राप्त किए। क्या इन्हीं को गुरुकृपा, ईश्वर कृपा और शास्त्र कृपा कहा गया है?

माँ ने कहा, "आज शाम तुम्हारे दोस्त आने वाले हैं। उन्होंने कहा है।"

मैं दोस्तों से मिलने–जुलने में बहुत रुचि नहीं ले रहा था मगर साथ ही मैं जानना चाह रहा था कि जितने समय तक मैं बाहर था उस दौरान किया हुआ।

जब शाम में हमारी मुलाकात हुई तो अंतहीन बातचीत होती रही। एक दोस्त ने कहा कि उसे तो कभी भी पास करने की उम्मीद ही नहीं थी जब दूसरे को जीवन में पहली नौकरी लग गई थी।

एक लड़की की मंगनी हो चुकी थी और अगले कुछ माह में उसकी शादी होने वाली थी। ऐसा लग रहा था कि उसके माता–पिता को उसके ग्रेजुएशन करने भर की प्रतीक्षा थी।

कुछ दोस्त नौकरी की तलाश में थे जबकि कुछ ने आगे के कोर्स में प्रवेश ले लिया था।

''तुम आगे क्या करोगे?'' मैं जानता था कि इस प्रश्न से मेरा सामना होगा।

लेकिन मेरे पास भी जवाब तैयार था : ''मैं एक व्यवसायी, उद्यमी बनने जा रहा हूँ।''

उन सबको मेरी बात से अचरज होने लगा। हमलोगों के बीच वर्षों से दोस्ती थी लेकिन मैंने कभी भी उनके साथ इस तरह की इच्छा व्यक्त नहीं की थी। उन्होंने सोचा कि मेरे मन में वैसे ही ऐसा ख्याल आ गया है।

''मैं इस मामले में गंभीर हूँ। मैं एक व्यवसायी बनना चाहता हूँ। मैं धन का सृजन करना चाहता हूँ।'' मैं चाहता था कि वे स्पष्ट रूप से मेरी बात सुनें।

इनमें से एक ने पूछा, ''तुम किस व्यवसाय में जाना चाहते हो?''

''एक भद्र व्यवसाय।'' उस न्यासी को याद करते हुए मैंने कहा।

''वो तो ठीक है मगर कौन–सा व्यवसाय?''

वास्तव में मैं इस बारे में विचार नहीं किया था।

इसलिए मैंने सोचना शुरु किया ....

27

ज्योतिष–शास्त्र ने राह दिखायी

एक बार फिर मैंने पिता जी से मदद मांगी।

"पापा, मैं एक भद्र व्यवसायी बनना चाहता हूँ। मैं किसी के अधीन काम नहीं करना चाहता हूँ। मैं अपना बॉस खुद ही बनना चाहता हूँ।" मैं बोलता रहा और पिता जी धैर्यपूर्व सुनते रहे।

"यह बात बहुत अच्छी है मगर बेटे तुम कौन–सा व्यवसाय करना चाहते हो।" पिता जी अधिक योजनाबद्ध ढंग से विचार करना चाहते थे लेकिन मैंने बिना सोचे–समझे जवाब दिया:

"जिस व्यवसाय से मैं धनी बन सकूँ, बहुत धनी?"

पिता जी ने इस तरह से हाव–भाव दिखाया जो कि मेरे पहले जवाब से अधिक ठोस था। उन्होंने सीधे तौर पर पूछा, "अच्छा, कितना धनी?"

मैं अपनी राग अलापते रहा, "सच में धनी, वास्तविक रूप में धनी। मेरे कहने का मतलब है कि मैं दुनिया का सबसे धनी आदमी बनना चाहता हूँ।"

पूरी तरह से चुप्पी। मेरे इन शब्दों के बाद सन्नाटा छा गया।

मैंने महसूस किया कि मैंने बचकानी बातें कर दीं। मैं अपने मन के अधीन होकर जो सो बकने लगा और बेवकूफी कर बैठा।

पिता जी ने मेरा हौसला बढ़ाते हुए कहा, "बहुत खूब! दुनिया का सबसे धनी आदमी बनने में कुछ भी गलत नहीं है।" मुझे थोड़ा गुस्सा आ गया

क्योंकि मुझे महसूस हुआ कि पिता जी मेरा मजाक उड़ा रहे हैं।

"सॉरी पापा!" मेरी आँखें डबडबायी हुई थीं । "जब कोई मुझसे पूछता है कि तुम जीवन में क्या बनना चाहते हो तो मैं बहुत हताश हो जाता हूँ।"

मेरी माँ ने मुझे अपनी बाँहों में भरकर मुझे आहिस्ते से पुचकारने लगी। पिता जी ने मेरे मनोबल को बढ़ाने का प्रयास किया, "पुत्र, मैं इस मामले में गंभीर हूँ। बड़े सपने देखने और दुनिया का सबसे धनी व्यक्ति बनने में कोई भी बुराई नहीं है। भावी पीढ़ियों के लिए तुम एक आदर्श बन सकते हो। तुम्हारे सपने को साकार करने में मैं तुम्हारी मदद कर सकता हूँ। इन शब्दों से मेरा तनाव कम हुआ।

"मुझे यह बताओ कि यह विचार तुम्हारे मन में कैसे आया?" मुझे यह लगा कि वे सचमुच में जानना चाह रहे थे।

मैंने उनके प्रति कृतज्ञ महसूस किया। मध्यवर्गीय परिवार के अधिकांश माता–पिता संतान को ऐसे लक्ष्य की ओर बढ़ने की दिशा से हतोत्साहित करते हैं लेकिन मेरे माता–पिता चाहते थे कि मैं अपने सपने को साकार करूं। उनके प्रश्नों से मैंने महसूस किया कि अभी मेरे अंदर सही दिशा नहीं थी।

मुझे इस समस्या का निदान करना था। मुझे आश्रम के न्यासी के साथ हुई बातचीत की याद आयी। उनको मैंने 'भद्र व्यवसायी' कहा था।

मैं उनसे कहा कि न्यासी ने कहा था, धन का सृजन एक वरदान है और अपने उपार्जित धन से वे बहुत से अच्छे कार्य में मदद कर सकते थे।

"लेकिन पापा, मैं यह नहीं जानता कि मुझे कौन–सा व्यवसाय करना चाहिए।" मैंने दुखी होकर स्वीकार किया।

उन्होंने कहा, "चिन्ता न करो, ज्योतिष से तुम्हें रास्ता मिल जाएगा।"

"यह बहुत ही बेतुका जवाब था। मुझे नहीं मालूम कि पापा क्या सोच रहे हैं। उन्होंने मेरी उलझन को भाँप लिया और आगे कहा :

"ज्योतिष हमारे ऋषियों द्वारा निर्मित्त दिव्य विज्ञान है जिसमें उस तरह के पेचिदे मामलों को सुलझाया जाता है जैसा कि तुम्हारा है।"

इस समय से पहले तक मुझे नहीं पता था कि मेरे पिता जी ज्योतिष में रूचि रखते हैं।

''बहुत–से लोगों को ज्योतिष की विल्कुल ही समझ नहीं है अथवा उन्हें इस विषय तथा ज्योतिषों के बारे में गलत धारणा है। ज्योतिषशास्त्र एक विज्ञान है और इसके अध्येता ज्योतिष एक वैज्ञानिक। चूँकि हमारी मुलाकात गलत वैज्ञानिक से होती है, इसलिए हम विज्ञान और इसके नियमों को नहीं समझ सकते हैं। इसका मतलब यह नहीं है कि विज्ञान ही अपूर्ण है।'' हाँ, इस बात में जान थी।

उन्होंने इस बात पर जोर दिया कि ''हमारे सामने विज्ञान के विश्लेषण के लिए वैज्ञानिक चाहिए। इसलिए मुख्य बात यह है कि सही ज्योतिष की आवश्यकता है जो ज्योतिषशास्त्र को स्पष्ट कर सकें।

पिछले कुछ वर्षों में ज्योतिषशास्त्र की जो बदनामी हुई है उससे वे चिंतित थे।

''यह दुर्भाग्यपूर्ण है कि बहुत–से तथाकथित ज्योतिषों ने इस क्षेत्र का इतना अधिक व्यवसायीकरण किया है कि लोगों का इस विज्ञान से विश्वास ही हट गया है।''

मुझे अर्थशास्त्र में उल्लिखित चाणक्य के उस वचन की याद आयी :

शिक्षा, निरूक्त, व्याकरण, छंदशास्त्र, ज्योतिष और कर्मकांड – ये छः वेदांग हैं। (1.3.3)

जी हाँ, चाणक्य ने ज्योतिषशास्त्र और खगोलशास्त्र दोनों का अध्ययन किया था तथा उस ज्ञान का उपयोग कठिन परिस्थिति में राजाओं को मार्गदर्शन करने के लिए किया था।

''ज्योतिष के साथ दूसरी समस्या यह है कि लोग इसके माध्यम से अपना भविष्य जानना चाहते हैं जबकि व्यक्ति को अपना भविष्य स्वयं निर्मित करना पड़ता है।''

मेरे पिता जी मुझे उन सभी कारकों से परिचित करवाना चाहते थे जिनके कारण जनता का इस विज्ञान के प्रति मोह भंग हुआ।

मेरे चेहरे पर प्रश्न के भाव को भांपते हुए उन्होंने अपनी बात जारी रखी–

''ठीक है, इस बात को इस तरह से समझो। प्रत्येक व्यक्ति में कुछ जन्मजात प्रतिभा होती है जिसे हम उस व्यक्ति के लिए ईश्वर प्रदत्त उपहार मानते हैं। लेकिन उस प्रतिभा पर ध्यान न देकर हम बिना सोचे समझ दूसरे कि नकल करने लगते हैं उस काम का जिसके लिए हम नहीं बने होते हैं।'' यह बात मेरी समझ में आ गई।

आगे उन्होंने कहा, ''गधा गीत नहीं गा सकता। वह इसके लिए नहीं बना है। हालांकि गधा जो काम कर सकता है उसे दूसरे प्राणी नहीं कर सकते हैं। गधा भारी बोझ ढो सकता है। गधा से गीत का अभ्यास करवाना और उसे गीत गाने पर विवश करना गलत है।''

अब मैं गधे के इस उदाहरण से तुलना कर सका कि आज के नौजवानों को किस प्रकार चिकित्सा अथवा अभियांत्रिकी जैसो कुछ कार्यों में जबरन धकेला जाता है जबकि उनका स्वाभाविक रूप से इस दिशा में रुझान नहीं होता है।

यदि हर किसी के उस गुण की पहचान की जाए जिसमें वह अच्छा है तो हम उसके आधार पर एक बेहतर भविष्य का निर्माण कर सकते हैं।

''यहीं पर ज्योतिष की भूमिका सामने आती है। यह सिर्फ यही नहीं बताता है कि आपके अंदर कौन–सा गुण है बल्कि आपको अपने लक्ष्य तक पहुँचने के लिए दिशा–निर्देश भी तैयार कर देता है।'' इससे ज्योतिष के बारे में मेरे मन में जो गलत धारणा थी वह दूर हुई।

इसके बाद पिता जी ने मुस्कुराते हुए कहा, ''लेकिन ध्यान रखो कि तुम्हें उस मार्ग पर स्वयं चलना पड़ेगा, केवल दिशा–निर्देश समझ लेने से काम नहीं चलेगा।

''हम एक अच्छे वैज्ञानिक को कैसे ढूँढ़ेंगे? हम इस काम के लिए कैसे

प्रयास करेंगे?'' मैंने अपना संदेह व्यक्त किया कि आज की दुनिया में क्या वास्तव में अच्छे ज्योतिषी उपलब्ध हैं।

''जी हाँ, मेरे एक दोस्त हैं। वे विश्वविद्यालय में प्रोफेसर हैं। उन्होंने इस विषय में पीएच.डी. की है। मुझे उनसे बात करके उनसे समय लेने दो।'' पापा रुक गए और टेलिफोन डायरेक्टरी देखने लगे।

अर्थशास्त्र में निहित चाणक्य के ज्ञान ने मेरी रक्षा की। इसने मेरे जीवन के जटिल मोड़ पर मेरा मार्गदर्शन किया – कॅरियर चुनने में।

यह तो एक शुरुआत थी।

अपने नाम की सार्थकता के अनुरूप ज्योतिष मुझे जीवन के हर मोड़ पर मार्गदर्शन करते रहा है – ज्योति एवं ईश्वर अर्थात ईश्वर की ज्योति।

अतएव इसे ज्योतिष कहा जाता है।

28

संस्कृत के प्रोफेसर

ज्योतिषी ने हमें अपने कार्यालय में बुलाया। वे हमारे शहर के विश्वविद्यालय में संस्कृत के बहुत ही वरिष्ठ प्रोफेसर थे।

किसी संस्कृत के प्रोफेसर के साथ मेरी यह दूसरी मुलाकात थी, पहली मुलाकात मुझे गुरु जी के साथ हुई थी। हर कहीं किताब ही किताब, संस्कृत विभाग में मेरी कल्पना से परे सक्रियता थी।

जैसे ही हम प्रोफेसर साहब के कमरे में बैठे वैसे ही वे कहने लगे: ''विगत वर्षों में संस्कृत में अध्ययन करने वालों की संख्या बढ़ती जा रही है। हमारे सभी कोर्स में सीट भरे हुए हैं। नए छात्रों के यहाँ पर अध्ययन करने की प्रतीक्षा सूची काफी लम्बी हो गई है।''

मेरे पिता जी से उनकी मुलाकात अनेक वर्ष पूर्व संस्कृत भाषा प्रचार कार्यक्रम में हुई थी। तब से उनकी मित्रता प्रगाढ़ होती गई। वे एक–दूसरे को चाहते थे।

''मैंने आपके पुत्र के लिए एक ज्योतिष चार्ट यानी कुंडली तैयार की है।'' उन्होंने बिना किसी विलम्ब के काम की बात शुरु कर दी।

उनके सामने मेरी जन्म कुंडली थी और उन्होंने इस पर कुछ टिप्पणी भी लिखकर तैयार की थी। मैं उनकी बातें सुनने के लिए उत्सुक था।

''यह एक अद्वितीय कुंडली है। मैंने अपने जीवन में बहुत–सी कुंडलियों

का अध्ययन किया है। लेकिन यह एक विशेष कुंडली है। आपके लड़के में बहुत ही मजबूत इच्छा शक्ति है। यह वे सभी काम कर सकते हैं जिससे जीवन में सफलता सुनिश्चित कर सके।'' मैं इस बात से खुश था कि कोई मेरे पिता के सामने मेरी प्रशंसा कर रहा है।

उन्होंने अपनी गणना के संदर्भ में कहा, ''लेकिन इनकी कुंडली सबसे अच्छी बात है बृहस्पति की स्थिति।''

मैं अचानक उलझन में फँस गया। ''सर, इस बृहस्पति से क्या मतलब है?''

''संस्कृत में बृहस्पति को गुरु कहा गया है, वैदिक ज्योतिषशास्त्र के अनुसार। यह भाग्य और वैभव के स्वामी हैं। गुरु का प्रभाव धर्म, दर्शन, आध्यात्मिकता, धन एवं संतान पर पड़ता है। गुरु के अनुकूल होने से नाम, ख्याति, सफलता, प्रतिष्ठा और धन प्राप्त होने के साथ–साथ लोगों के साथ अच्छे संबंध बनते हैं।''

''वैदिक ज्योतिष?'' मैंने इस संबंध में विस्तार से जानना चाहा।

''विश्व में अनेक प्रकार की ज्योतिष पद्धतियां हैं। भारत में हम वैदिक ज्योतिष का अनुसरण करते हैं क्योंकि भारतीय दर्शन का आधार वेद है।'' उन्होंने विश्व में प्रचलित अन्य पद्धतियों के उदाहरण दिए।

तब ऐसे लगा कि वे मेरी खिंचाई करते हुए कह रहे हों, ''तुम्हारे चाणक्य ने भी अर्थशास्त्र में कहा है कि राजा को वेद का अध्ययन करना चाहिए।'' पिता जी ने स्पष्ट तौर पर उन्हें मेरे अध्ययन के बारे में बता दिया था।

मैंने याद करने की कोशिश की कि कहाँ पर चाणक्य ने यह बात कही है और मुझे आसानी से यह बात याद आ गई :

दर्शनशास्त्र, तीन वेद, अर्थशास्त्र और राजनीति विज्ञान – ये विज्ञान हैं (जिनका अध्ययन नेतृत्वकर्ता को करना चाहिए।) (1.2.1)

इसी अध्याय में चाणक्य ने आन्वीक्षिकी के महत्व पर प्रकाश डाला है।

''तुम्हारे मामले में चूँकि तुम्हारे गुरु प्रबल हैं, इसलिए तुम जो भी मार्ग चुनोगे उसी में तुम्हे सफलता मिलेगी।'' प्राफेसर ने मुस्कुराते हुए यह बात कही।

मेरे लिए गुरु एक ग्रह से अधिक मेरे लिए व्यक्ति थे। मैं अपने जीवन में शिक्षक के आशीर्वाद का प्रत्यक्ष अनुभव कर रहा था, न कि अंतरिक्ष में घूमने वाले किसी उपग्रह का। जब तक मैं जीवन में सफल नहीं हो जाता था तब तक मेरे लिए इसका कुछ भी महत्व नहीं था।

''तुम मुझसे प्रश्न पूछ सकते हो। मैं तुम्हारा मार्गदर्शन करूंगा।'' उन्होंने मेरे लिए खुला अवसर दिया।

''क्या मैं एक सफल व्यवसायी बन सकता हूँ?'' मेरा पहला प्रश्न था।

''जैसा मैंने कहा है, तुम्हारी इच्छा—शक्ति मजबूत है। तुम जो भी काम करोगे उसमें सफल हो जाओगे। इसलिए व्यवसाय अथवा अकादमिक या किसी अन्य क्षेत्र में सफल होना कोई समस्या नहीं है।'' यह जानकर मुझे अच्छा लगा।

''मुझे किस तरह का व्यवसाय करना चाहिए?''

''तुम्हारी कुंडली में कुछ विशेष संकेत दिए गए हैं जिसके आधार पर तुम लेखन, भाषण, धातु के करोबार अथवा हरे रंग से जुड़े व्यवसाय में अच्छा कर सकते हो। वास्तव में, तुम बहुत से व्यवसाय कर सकते हो यदि तुम चाहो तो, उन सबमें तुम सफल हो सकते हो।

आगे कुछ कहने से पहले वे कुछ क्षण के लिए रुके, ''लेकिन तुम्हारे अंदर मानसिक स्पष्टता कुछ समय के बाद ही होगी। गणना के अनुसार कुछ साल बाद तुम अपना व्यवसाय शुरु कर सकते हो।''

इससे मैं थोड़ी देर के लिए हतोत्साहित हुआ। लेकिन तुरंत संभल गया और मेरे मन में जो सबसे भारी प्रश्न था वह पूछ बैठा, ''तो मुझे अब क्या करना चाहिए?''

मैंने अपना ग्रेजुएशन पूरा कर लिया था और इसके बाद तुरंत कोई व्यवसाय करना चाहता था।

''मेरी सलाह है कि कुछ समय के लिए तुम्हें कोई नौकरी कर लेनी चाहिए।''

मुझे इस सलाह के प्रति घृणा थी।

''बस यही काम तो मैं नहीं करना चाहता। मेरे दोस्त नौकरी में लगते जा रहे हैं। लेकिन मैं लोगों को नौकरी देना चाहता हूँ।'' मैंने उनसे यह बात इसलिए कही कि वे मेरे लिए किसी विकल्प की तलाश करेंगे।

''अभी तुम्हारी जो उम्र है उसमें तुम्हें जीवन का अनुभव नहीं है। किसी कंपनी में काम करने से तो लाभ मिलेगा। उस अनुभव के सहारे तुम अपना व्यवसाय प्रारंभ कर सकते हो। कोई नौकरी वेतन के लिए नहीं, बल्कि अनुभव के लिए करो।'' उन्होंने मुझे सलाह दी।

उनकी प्रस्तुति इतनी अच्छी थी कि मुझे उनकी सलाह अच्छी लगी। मैं किसी भी प्रकार से उस सलाह पर विचार करने के लिए तैयार हुआ।

मेरे पिता की ओर देखते हुए उन्होंने कहा, ''यह जीवन के हर चरण में अपना अध्ययन जारी रखेगा। यह उच्च शिक्षा प्राप्त करेगा। यह विद्वानों और बुद्धिजीवियों के बीच रहना पसंद करेगा।''

यह सच था। मैंने पहले सोचा था कि ग्रेजुएशन कर लेना मेरे लिए पर्याप्त था। लेकिन छः माह तक अर्थशास्त्र का अध्ययन करने के बाद जीवनभर अध्ययन करते रहने की इच्छा मेरे मन–मस्तिष्क में घर कर गई।

''सर, अभी–अभी मैंने सूचना पट्ट पर देखी है कि संस्कृत एम.ए. में नामांकन शुरु हो गया है। क्या मैं इसमें प्रवेश ले सकता हूँ?

''मैं तुम्हें संस्कृत में फाउंडेशन कोर्स करने की सलाह दूँगा, उसके बाद तुम एम.ए. कर सकते हो।''

इस भाषा को सिखने का विचार मुझे अच्छा लगा। लेकिन मुझे बाद में पता चला कि संस्कृत से एम.ए. करने के लिए पहले न्यूनतम स्नातक की

डिग्री संस्कृत में चाहिए। इस भाषा में पूर्व योग्यता न होने पर कोई केवल फांउडेशन कोर्स में ही नामांकन ले सकता है।

"तुम साथ में कोई नौकरी भी कर सकते हो। एक सप्ताहांत कोर्स है इसलिए तुम सप्ताहभर नौकरी कर सकते हो और शनिवार–रविवार को कक्षा में उपस्थित हो जाओगे।" प्रोफेसर ने सलाह दी।

अब बात तय हो गई। अगला काम था नौकरी की तलाश।

29

साक्षात्कार

मैंने नौकरी की तलाश शुरु कर दी। यह बात अपने दोस्तों को बताना मुझे अच्छा नहीं लगा क्योंकि मैंने उन्हें पहले ही अपनी भावना से अवगत करा दिया था कि मुझे व्यवसाय शुरू करना है।

एक दिन मैं अखबार पढ़ रहा था। संयोग से मैंने एक बड़ी कंपनी में पद रिक्ति का विज्ञापन देखा। इसमें बिजनेस डेवलपमेंट एग्जक्यूटिव का पद था। इसमें 'बिजनेस' शब्द ने मेरी आँखों को आकर्षित किया।

मैंने इस पद के लिए आवेदन दिया था और मुझे एक सप्ताह के अंदर साक्षात्कार के लिए बुलाया गया। इस प्रसिद्ध कंपनी ने नए तरह का व्यवसाय शुरु की थी। यह अपनी बिक्री और विपणन टीम में विस्तार करने के लिए इसे युवा कार्यशक्ति की तलाश थी।

पहली बार मैं इतने बड़े कॉरपोरेट ऑफिस में गया था। मैं औपचारिक परिधान में था और साक्षात्कार में बुलाए जाने हेतु स्वागत कक्ष में काफी समय तक प्रतीक्षा करते रहा। मैंने ग़ौर किया कि उनमें से अधिकांश चिंतित दिख रहे थे।

मैंने उनमें से अनेक अभ्यर्थियों के साथ अनौपचारिक बातचीत की और महसूस किया कि कुछ लोगों को वास्तव में उस नौकरी की सख्त तलाश थी। कुछ गरीब परिवार से थे और यह काम मिल जाने से उसकी किस्मत सदा के लिए बदल सकती थी।

मैं स्वयं से कहने लगा कि कभी भी किसी जॉब को छोटा मत समझो। यह अनेक लोगों को सम्मान की ज़िंदगी देता है। इस बात का मेरे लिए कोई मायने नहीं था कि यह काम मुझे मिले अथवा नहीं। लेकिन दुनिया में हजारों बल्कि लाखों लोगों के लिए यह क्षण करो या मरो का होता है।

अब मेरी बारी आ गई। कहीं न कहीं में मेरे मन की गहराई में यह बात थी कि मुझे चयन नहीं किया जाना चाहिए। ऐसा नहीं था कि मैंने काम करने का अपना इरादा बदल दिया था बल्कि यह विचार था कि किसी जरूरतमंद को यह काम मिले।

यह कहावत है कि जब आपको किसी चीज की अपेक्षा नहीं होती है तो आपको वह चीज मिल जाती है।

साक्षात्कार के दौरान मैंने आसानी से बहुत से प्रश्नों का जवाब दिया। मैंने उस कंपनी तथा उसके उत्पाद पर शोध किया कर लिया था। मेरा आत्मविश्वास काफी बढ़ा हुआ था और यदि मुझे यह जॉब नहीं भी मिलता तो मुझे किसी प्रकार की परेशानी नहीं होती।

इसके बाद साक्षात्कार लेने वालों ने मुझसे सबसे महत्वपूर्ण प्रश्न पूछा : ''आप कितने वेतन की अपेक्षा कर रहे हैं?''

मेरा अनुमान है कि वे लोग मेरे जवाब से काफी प्रसन्न हुए होंगे : ''मैंने बिजनेस डेवलपमेंट एग्जक्यूटिव के पद के लिए आवेदन दिया है। मैं वेतन के लिए कैसे कह सकता हूँ यदि मैं कंपनी का व्यवसाय फैला नहीं पाया तो?''

कुछ मिनटों के अंदर उन्होंने कहा, ''ठीक है, आप चुन लिए गए हैं। अगले माह से प्रशिक्षण प्रारंभ होगा।

कंपनी में काम शुरु करने में अभी कुछ वक़्त था तब तक मैंने विश्वविद्यालय जाकर सप्ताहांत संस्कृत फांउडेशन कोर्स में प्रवेश ले लिया।

मेरे जीवन का एक नया अध्याय प्रारंभ होने वाला था। मैं एक साथ काम करने और अध्ययन करने वाला था। मैं इस बात से गौरवान्वित था कि मुझे

अपने पहले प्रयास में ही जीवन की पहली नौकरी मिल गई।

मेरे कुछ दोस्त अभी भी नौकरी पाने के लिए संघर्षरत थे। मैं उनकी सफलता के लिए मन ही मन प्रार्थना कर रहा था। मैं ऐसा इसलिए नहीं कर रहा था कि मैं जानता था कि उन्हें नौकरी की तलाश है बल्कि उनमें ऐसी क्षमता थी और उन्हें नियमित आय की आवश्यकता थी।

अभी कंपनी में काम शुरु करने में एक सप्ताह का समय था कि वहाँ से अचानक कॉल आया, "क्या आप कल हमारे चेयरमैन से मिलने आ सकते हैं?" यह संदेश एक आदेश अधिक अनुरोध प्रतीत हो रहजा था।

मैंने उत्तर दिया, 'बिल्कुल आ सकते हैं सर।"

मैं समझ नहीं पा रहा था किस बीच में क्या घटित हो गया। मैंने तो नौकरी ले ली थी। पर क्या साक्षात्कार का अंतिम दौर अभी शेष था?

इस बार मैं इस तथ्य को हल्के–फुल्के ढंग से नहीं ले रहा था कि मुझे एक और साक्षात्कार का सामना करना है। कंपनी ने मेरे पर समय का निवेश किया था मैंने उसका सम्मान दिया। इस बड़ी कंपनी में एक बार फिर जाने के बारे में सोचकर मैंने स्वयं के लिए इसे गरिमा की बात समझा।

मैंने स्वागत कक्ष में प्रवेश करते ही महसूस किया कि साक्षात्कार के लिए दूसरा कोई भी नहीं हैं। एक ही क्षण में मेरे दिमाग से यह विचार लुप्त हो गया और मुझे चेयरमैन के कक्ष में बुलाया गया।

भारत की एक विशाल कंपनी ग्रुप के चेयरमैन के सामने खड़े होकर मैं यह जानने की कोशिश करने लगा कि आखिर क्या हुआ है।

एक क्षण के लिए लगा कि यह कोई सपना है। मैंने इनको टेलिविजन पर, अखबारों में और हर उस मंच पर जहां बड़े उद्योगपति जमा होते हैं वहाँ देखा है।

"आओ नवयुवक। अपना स्थान ग्रहण करो।" उन्होंने मुझे कुर्सी पर बैठने के लिए बुलाकर शांत करने की कोशिश की। "आप क्या लेंगे, चाय अथवा कॉफी?"

"जी नहीं सर, मैं ठीक हूँ। सिर्फ एक ग्लास पानी से काम चल जाएगा।" पानी लाने का आदेश देकर वे वहाँ मेज पर रखे कागजात को पलटने लगे।

"अगले माह से शुरु होने वाले प्रशिक्षण के पहले दिन नए भर्ती किए गए कार्मिकों को मुझे संबोधित करना है। एक नियमित कार्य की तरह मैं अंतिम रूप से चुने गए अभ्यार्थियों की सूची पर ग़ौर कर रहा था। इस प्रकार मैं जानता हूँ कि मेरी टीम में कौन लोग शामिल हो रहे हैं।" ऐसा उन्होंने कहा।

उन्होंने मुस्कुराते हुए कहा, "लेकिन तुम्हारे सी.वी. को देखकर मैं काफी प्रभावित हुआ। इसलिए मैंने तुम्हें चर्चा के लिए बुलाया है।"

इस बात से मेरा संशय बढ़ गया। मेरे सी.वी. में तो स्पष्ट रूप से लिखा हुआ था कि मुझे कोई भी कार्य अनुभव नहीं था। मैं तो अभी–अभी स्नातक किया था। ऐसे में मेरे में क्या विशेष इन्होंने देखा है?

"सर, मेरे सी.वी. में ऐसा क्या है जिससे आप प्रभावित हुए हैं?" मैंने ऐसा पूछा। मैं जानना चाह रहा था कि आखिर बात क्या है।

"आपने कौटिल्य के अर्थशास्त्र पर भारतविद्या पाठ्यक्रम पूरा किया है। यह बात मुझे दिलचस्प लगी। इसमें लिखा है कि आपने सभी छः हजार सूत्रों का अध्ययन किया है और इस संबंध में प्रमाण–पत्र संलग्न है।" उन्होंने स्पष्ट किया।

अंततः उस बैठक पर जो रहस्य का घना कोहरा छाया हुआ था वह हठ गया। "सर, मैंने यह कोर्स अपनी रुचि के कारण की, किसी प्रोफेशनल योग्यता के लिए नहीं।" ऐसा प्रतीत हो रहा था कि मैं अर्थशास्त्र के अपने उपक्रम को कम करके आँक रहा हूँ, मगर सच्चाई तो यह थी कि मैं अपने इसी अध्ययन के कारण विश्व की सबसे बड़ी कंपनियों में से एक के सामने बैठा हुआ था।

उन्होंने मुझसे चाणक्य, अर्थशास्त्र और इस विषय में मेरी समझ के बारे में अधिकाअधिक बात की। मैंने उनसे चिंतन के विज्ञान आन्वीक्षिकी, धर्म आधारित नेतृत्व और गुरु जी द्वारा प्रदत्त बहुत–सी जानकारियों की चर्चा की।

यह परिचर्चा, साक्षात्कार नहीं, लगभग एक घंटे तक चली।

उसके बाद चेयरमैन ने मुझसे कहा, "मेरे पास तुम्हारे लिए दूसरा प्रस्ताव है।"

"कौन–सा प्रस्ताव?" मैं स्तब्ध एवं सशंकित हो गया।

30

विज़न पर चर्चा

"अर्थशास्त्र पर तुम्हारे अध्ययन के साथ–साथ मैंने तुम्हारे बारे में साक्षात्कार लेने वाले की टिप्पणी भी देखा।" उन्होंने मेरी सी.वी. दिखाते हुए उस अंकित हस्तलिखित टिप्पणी दिखायी।

उस पर लिखा हुआ था : इन्हें वेतन की अपेक्षा नहीं है यह पहले कंपनी के व्यवसाय को बढ़ाना चाहता है।

चेयरमैन ने मुझसे कहा, "इस बात से मैं अत्यंत प्रभावित हुआ।"

"जॉब के लिए आवेदन देने वाले अधिकांश लोग इस मन:स्थिति में नहीं होते हैं। वे यहाँ मोटी तनख्वाह और हमारे कंपनी की सोहरत से जुड़ने की चाहत में आते हैं। आप जिस उम्र में हैं उसमें ऐसी प्रवृत्ति का होना बहुत ही अच्छा है।"

मैं आपसे कुछ पूछना चाहता था इसलिए आपको यहाँ पर बुलाया।" वे क्षण भर के लिए ठहर से गए जैसी किसी गहन चिंतन में हों।

"क्या आप सीधे मेरे अंदर यानी चेयरमैन के ऑफिस में काम करना चाहेंगे?"

मुझे अपनी किस्मत पर यकीन नहीं आया। मेरे सामने जो प्रस्ताव था वह एक सपना जैसा था।

"यकीनन सर!" मैंने उस अवसर को लपक लिया।

"मगर", उन्होंने मुझे सावधान करते हुए कहा, "इसमें एक बंदिश है। आपको कुछ भी तनख्वाह नहीं दी जाएगी। पहले जो नौकरी का प्रस्ताव आपको दिया गया था उसमें जॉब के साथ ठीक–ठाक वेतन भी दिया जाता। लेकिन जब आप मेरे अंदर काम करेंगे तो आपको वेतन नहीं दिया जाएगा।"

यह एक और इम्तहान था। वे मुझे परखना चाहते थे कि सचमुच मैं बिना आमदनी के काम करने में विश्वास करता था अथवा कंपनी को महज प्रभावित करने के लिए ऐसा कहा था।

वे कहते गए, "याद रहे, आपके लिए पहला प्रस्ताव अभी भी ज्यों का त्यों है – आपका जॉब, तनख्वाह, प्रशिक्षण और जरूरत पड़े तो यात्रा भत्ते भी दिए जाएंगे यदि आप बिजनेस डेवलपमेंट एग्जक्यूटिव यानी व्यवसाय विकास कार्यकारी बनने का विकल्प चुनते हैं। मगर मेरा प्रस्ताव स्वीकार करने पर आपको तनख्वाह तो नहीं मिलेगी और एक छोटे आदमी बनकर मेरे अंदर डेस्क जॉब करते रहेंगे।"

मैंने मन ही मन प्रस्ताव पर सावधानीपूर्वक विचार किया। मैंने बस एक प्रश्न किया:

"स्पष्ट कहूँ तो मैं एक व्यवसायी बनना चाहता हूँ। यही वजह है कि मैंने व्यवसाय विकास पद के लिए आवेदन दिया था ताकि व्यवसाय बढ़ाने की कला जान सकूँ। यह ऑफिस में बैठे–बैठे कैसे सिखूँगा?"

"मैं तो एक व्यवसायी हूँ, यह बात पूरी दुनिया जानती है। मगर बहुत–से लोग इस बात से बेखबर हैं कि मैं एक शिक्षक भी हूँ। शिक्षक पेशा से मुझे बहुत प्रेम है।" उन्होंने मुस्कुराते हुए कहा।

चेयरमैन बोलते गए, "यही कारण है कि मैं विभिन्न विश्वविद्यालयों और प्रबंधन संस्थानों में अतिथि व्याख्याता के रूप में जाता हूँ। अपना ज्ञान बाँटकर मुझे आनंद मिलता है लेकिन आप जैसे अच्छे छात्र तो विरले ही मिलते हैं। आपको एक छात्र के रूप में अपनी प्रतिबद्धता दिखानी होगी और मैं आपको व्यवसाय के बारे में सब कुछ बताऊँगा।"

क्या कहना! मेरे लिए एक और गुरु – और वो भी व्यवसाय गुरु।" मुझे

अर्थशास्त्र का एक श्लोक याद आया :

"विज्ञान में प्रशिक्षण और अनुशासन तभी प्राप्त होते हैं जब उस विज्ञान के शिक्षक की सत्ता के प्रति समर्पण होता है।(1.5.6)

वृद्ध सहयोग नामक पाठ में चाणक्य हमें शिक्षा देते हैं कि विभिन्न क्षेत्रों के अनुभवी लोगों से हम ज्ञान प्राप्त करते हैं।

मुझे विश्व के सबसे बड़े उद्योगपतियों में से एक से प्रत्यक्ष तौर पर व्यवसाय का ज्ञान प्राप्त होने वाला था। मैं इससे अधिक अपने सितारों को क्या धन्यवाद दे सकता था।

मैंने आश्वासन दिया, "मैं तैयार हूँ, सर!"

मैं जानता था कि वे मेरी सहमति चाह रहे थे तब इतने महत्वपूर्ण व्यक्ति का एक घंटे से अधिक समय इस चर्चा में क्यों नष्ट करुं?

"ठीक है, मैं अपने एच.आर. टीम को तुम्हारे लिए संशोधित प्रस्ताव भेजने के लिए कहूँगा – चेयरमैन के ऑफिस में मैनेजमेंट ट्रेनी के रूप में।" उन्होंने ऐसा कहा और उनकी सचिव उनका निर्देश लेते रहे।

"मगर, याद रहे, वेतन नहीं।" हम दोनों हँसने लगे।

पहले की नियुक्ति में जो मेरा कार्यभार ग्रहण तिथि थी वही बनी रही। लेकिन अंतर केवल इतना था कि मुझे चेयरमैन के ऑफिस में पहले रिपोर्ट करना था।

मैं वहाँ समय से पहले पहुँच गया था। मैंने स्वयं को विशिष्ट पाया। सुरक्षा गार्ड को बता दिया गया था कि मुझे सीधे चेयरमैन के कार्यालय में जाने दिया जाए। मैं बैठकर अपने आदरणीय चेयरमैन की प्रतीक्षा करने लगा।

जब वे आए तो उन्होंने सबके बीच सबसे पहले मुझे देखा। "ऑफिस में पहले दिन आपका स्वागत है।" उनके शब्दों से दूसरे को संकेत मिल गया

कि मैं ही बिग बॉस के साथ काम करने वाला इंसान हूँ।

उन्होंने मुझे अपने ऑफिस के अंदर आने के लिए कहा और अपने तीन सहायकों के साथ जो वे दैनिक समीक्षा करते थे उस टीम का हिस्सा बनने का न्यौता दिया। अन्य मुद्दों पर चर्चा करने के साथ–साथ उन्होंने कुछ रिपोर्ट पेश किए, बैठक के कार्यक्रम की चर्चा की और यात्रा–वृतांत भी सुनाए गए। मैं जानने की कोशिश कर रहा था कि चेयरमैन के ऑफिस की कार्य–प्रणाली क्या थी। उसी वक़्त एक सहायक ने कहा, ''सर, नए प्रशिक्षु आ गए हैं। उन्हें संबोधित करने का समय हो गया है।''

उन्होंने मेरी ओर देखा, ''चलो चलें।''

जैसे ही हम लिफ्ट में घुसे वैसे ही चेयरमैन ने मुझसे कहा, ''मैं सभी नए भर्ती किए गए लोगों को पहले दिन संबोधित करना चाहता हूँ ताकि मैं उन्हें कंपनी के उस विज़न से अवगत करा सकूँ जिसके बल पर इसने इन वर्षों के दौरान प्रगति की है।''

लिफ्ट से बाहर होने पर हमें एक कमरे में ले जाया गया जहाँ विभिन्न प्रोफाइल के भर्ती किए गए ५० नए लोग बैठे हुए थे। मैंने पाया कि उनमें से कुछ वही लोग थे जिन्होंने मेरे साथ साक्षात्कार में भाग लिया था।

उन सबको अचरज हो रहा था कि मैं उन सबके बीच बैठने के बजाय चेयरमैन के साथ आया हूँ।

मैं उस लड़के के मुस्कुराते हुए चेहरे को देखकर खुश हुआ जिसे अंतिम क्षण में मेरे स्थान पर भर्ती की गई। मुझे याद आ रहा था कि वह मुझसे कितना हताश होकर कह रहा था कि उसे नौकरी कितनी अधिक आवश्यकता थी।

भर्ती किए गए सभी नए लोगों के चेहरे पर वही भाव थे जो भाव पहले दिन चेयरमैन के साथ मुलाकात में मेरे चहरे पर थे। वे सभी श्रद्धायुक्त अचरज में थे कि वे उसी व्यक्ति के सामने हैं जिन्हें संपूर्ण उद्योगजगत सम्मान करता है।

उन्होंने कंपनी के दृष्टिकोण एवं भर्ती किए गए लोगों से कंपनी की अपेक्षा

विषय पर लगभग आधे घंटे तक भाषण दिया। उसके बाद उन्होंने लोगों से प्रश्न पूछने के लिए कहा। उन्होंने प्रश्नों के उत्तर अनौपचारिक लहजे में सहज भाव से दिया।

इससे हम सभी उनके साथ खुद को सहज महसूस कर सके और लगा कि हम उस विशाल संगठन का हिस्सा बन गए हैं।

उन्होंने अपने भाषण का समापन करते हुए कहा, ''मैं उम्मीद करता हूँ कि यह आप सबके लिए सिखने का एक बहुत बड़ा अवसर होगा और आप सभी कंपनी के विज़न को फैलाने वाले दूत होंगे। याद रहे कि हम केवल व्यवसाय नहीं करते, बल्कि अपने विभिन्न व्यवसायों के माध्यम से समाज की सेवा करते हैं।

वहाँ से जाते वक्त फिर मुझे चेयरमैन के साथ उनके ऑफिस वापस जाने के लिए कहा गया।

उन्होंने मेरी ओर देखकर कहा, ''तुम्हारे लिए मेरा एक ही नियम है, केवल एक नियम।''

31

चेयरमैन के पास प्रशिक्षण

'भद्र व्यवसायी' की अवधारणा मेरे मन में अब स्पष्ट हो गई थी। पहले आश्रम के न्यासी और बाद में हमारे चेयरमैन – दोनों समाज की सेवा करना चाहते थे।

चेयरमैन का केवल एक ही निर्देश था : "अब से तुम मेरे से कोई भी सवाल नहीं करोगे। तुम जो भी जानना चाहते हो वह तुम देखकर समझ सकते हो।"

मुझे इस निर्देश से थोड़ा आश्चर्य हुआ। अब मुझे चुपचाप वही काम करना था जो मुझसे कहा जाता, उससे अधिक कुछ भी नहीं।

चेयरमैन ने इस बात को इस रूप में स्पष्ट किया, "जब तुम्हारा दिमाग प्रश्नों से भर जाता है तो यह बंद हो जाता है। सिखने के लिए धैर्य चाहिए। जब एक बार धैर्य धारण करना सीख जाओगे तो तुम्हें सारे प्रश्नों के उत्तर मिल जाएंगे।"

उन्होंने मेरे मन की उलझन को भाँप लिया। उन्होंने कहा, "चिंता मन करो। बाद में तुम्हें सवाल करने की आजादी मिलेगी। लेकिन मैं तुमसे कहूंगा कि ये प्रश्न कब पूछने हैं। तब तक कंपनी के हर काम, हर गतिविधि से कुछ–न–कुछ सीखो।"

इसके बाद अगली बैठक का समय हो गया और उन्होंने मुझे साथ चलने के लिए कहा।

कई दिनों तक मैं उनके साथ छाया की तरह उनका अनुसरण करते रहा। मैं उनके निर्देशों का पालन करते रहा तथा मूक पर्यवेक्षक की भूमिका में बना रहा। वे मुझे बैठकों और सामाजिक कार्यक्रमों, अपने घर और जिस क्लब के सदस्य थे वहाँ, और यहाँ तक कि उस आध्यात्मिक संगठन में ले गए जहाँ पर वे सप्ताह में एक बार भगवदगीता सिखने जाते थे – सब जगह ले गए।

मैंने उनकी कंपनी में काम करने के लिए ज्वाइन किया था। लेकिन उन्होंने अपनी पूरी दुनिया – सार्वजनिक एवं निजी। मेरे मन में अनेक सवाल खड़े हुए लेकिन मैंने खुद पर नियंत्रण रखा।

बाद में किसी दूसरे व्यक्ति के साथ बातचीत में वे प्रत्यक्ष अथवा अप्रत्यक्ष रूप से मेरे सवालों का जवाब दे दिया करते थे। मैं जानता था कि वे एक अच्छे शिक्षक हैं, केवल उनके सिखाने की शैली अलग है।

छः माह बीत गए। एक ओर मैं चेयरमैन से जुड़ा हुआ था मगर कुछ नहीं रहा था तो दूसरी ओर मैं विश्वविद्यालय में संस्कृत कक्षाओं में पढ़ने जाया करता था। इस महान भारतीय भाषा का ज्ञान प्राप्त करने के लिए मैं कठिन परिश्रम कर रहा था।

इन छः महीनों के दौरान जो हुआ वह जीवन को बदल देने वाला था। मुझे नहीं मालूम कि ऐसा कब हुआ, लेकिन हो गया। मैंने खुद के अंदर बहुत परिवर्तन महसूस किया। मैं अधिक विचार–विमर्श करने लगा था। मैं विचार करता था कि लघु एवं वृहत् स्तर पर यह व्यवसाय समूह कैसे काम करता है। मैंने अर्थशास्त्र के पुनः अध्ययन के लिए अपनी संस्कृत शिक्षा का उपयोग किया। अब मैं चाणक्य के कहे शब्दों में नए अर्थ ढूँढ़ पाता था।

मैं निर्बाध रूप से प्रत्येक दिन नोट्स तैयार करते जा रहा था। प्रत्येक दिन ऑफिस में मैं जो कुछ सिखता था उसे लिख लेता था। संस्कृत में बढ़ रहे अपने ज्ञान के लिए मेरे पास अलग उत्तर–पुस्तिकाएं हुआ करती थीं।

इस समय तक २५ से अधिक नोटबुक तैयार हो गए। मैंने अर्थशास्त्र का एक श्लोक लिखा जो एक शिक्षक का छात्र को निर्देश था :

दिन–रात के बचे हुए समय में उसे नई बातें सिखनी चाहिए और जो पहले सीखी हुई बातें हों उन्हें आत्मसात करना चाहिए और जो नहीं सीखी गई हैं उनका बार–बार श्रवण करना चाहिए। (1.5.15)

मैं सतत सीख रहा था। मैं हर क्षण का आनंद ले रहा था। मैं किसी इम्तहान की तैयारी नहीं कर रहा था बल्कि जीवन की चुनौतियों से सामना करने के लिए तैयारी कर हा था।

एक दिन चेयरमैन ने मुझसे अचानक कहा, ''अब तुम्हारे मन में जो प्रश्न हो उसे पूछ सकते हो।''

यह बात मुझे हैरत में डालने वाली थी। उस समय तक मेरा मन सीख चुका था कि प्रश्नों से मन में चलने वाली आकुलता से कैसे बचा जाए। लेकिन पहला प्रश्न पूछने के लिए मुँह खोलने में थोड़ा समय लग गया।

''व्यक्ति धन का सृजन कैसे करता है?'' इस प्रश्न का उत्तर मैं उसी समय जानना चाहता था जिस समय मैं पहली बार यहाँ आया था।

उन्होंने कहना प्रारंभ किया, ''धन का प्रवाह चार चरणों में होता है। पहला है धन की पहचान, दूसरा धन का सृजन, तीसरा धन का प्रबंधन और फिर धन का वितरण।'' उन्होंने मेरे लिए राह तैयार कर दी।

''यदि कोई धनी बनना चाहता है तो उसे पहले अवसर की पहचान करनी होगी। सामान्य तौर पर लोग अवसर की खोज बाहर करते रहते हैं। लेकिन प्रयास इसके विपरीत होने चाहिए। अपनी प्रतिभा और शक्तियों को पहचानो। वह ईश्वर प्रदत्त संपदा है। हम में से अधिकांश लोग इसकी पहचान करना भूल जाते हैं।''

उन्होंने आगे कहा, ''अवसर मिल जाने मात्र से तुम धनी नहीं बन जाते। धन के सृजन के लिए कठिन परिश्रम की आवश्यकता होती है। उदाहरण के तौर पर, यदि सोने के खान का पता लग जाता है तो क्या इससे हमें सोना मिल जाता है? इसके लिए खनन प्रक्रिया जानने की जरूरत होती है, फिर

उस कच्चे सोने को संशोधित करना पड़ता है। यह सब कठिन परिश्रम के परिणाम से ही होता है।''

इसके बाद उन्होंने मुझे अपना अनुभव सुनाया : ''एक बार एक समाचार रिपोर्टर ने मुझसे मेरे नए व्यवसाय के बारे में पूछा। 'सर, आपका यह व्यवसाय तो रातोरात सफल हो गया।'

चेयरमैन के चहरे पर नफरत का भाव उभर आया। ''लोग धन सृजन के कार्य को कैसे हल्के–फुल्के ढंग से लेते हैं।

उन्होंने उत्तर दिया, ''जी हां, हम रातोरात सफल हो गए। लेकिन यह रात बड़ी लम्बी थी।'' हम दोनों हँस पड़े।

उन्होंने अपनी बात जारी रखी, ''हम जो धन सृजित करते हैं उसके उचित तरीके से प्रबंधन की जरूरत रहती है। धन की बचत करो, इसका निवेश करो, इसे कठिन समय के लिए बचाकर रखो। धन के सृजन के बाद हम इसका सही प्रबंधन नहीं करते हैं। हमारा धन एक समय के बाद समाप्त हो जाता है। हम धन के लिए जीवन पर्यन्त प्रयास नहीं करते। आपका धन बढ़ते रहना चाहिए।'' मुझे उनकी सलाह पसंद आयी।

फिर यह गहरी साँस लेते हुए उन्होंने कहा, ''अंतत: धन दूसरे को दिया जाना चाहिए – यह धन का वितरण कहलाता है।''

मेरे मन में दूसरे भी प्रश्न खड़े हो रहे थे। लेकिन पूछने से पहले ही उन्होंने भांप लिया और कहा, ''अब और प्रश्न नहीं।'' मैं चुप हो गया। लेकिन मुझे नहीं मालूम था कि मेरे अचरज का एक और कारण है।''

''मेरे ऑफिस में अब तुम्हारा प्रशिक्षण समाप्त हो गया। कल से तुम हमारे खनिज एवं धातु विभाग में काम करोगे। इसके बाद तुम उसे विभाग के सी.ई. ओ. के पास रिपोर्ट करोगे, मुझे नहीं।''

उन्होंने फोन उठाकर कहा, ''सी.ई.ओ. को मेरे पास भेजो।''

32

मेरे नए बॉस

खनिज एवं धातु प्रभाग के सी.ई.ओ. एक अनुभवी व्यक्ति थे। उद्योग जगत में उन्हें कार्य को गति देने वाला व्यक्ति माना जाता था। वे एक उच्च शिक्षा प्राप्त व्यक्ति थे और उन्हें दुनियाभर की यात्रा का अनुभव था। उनकी किसी टिप्पणी का असर शेयर बाजार के उतार–चढ़ाव पर पड़ता था।

चेयरमैन ने सी.ई.ओ. से कहा, ''जैसा कि कल बोर्ड मीटिंग में मैंने आपसे कहा था, वह कल से आपकी टीम का हिस्सा बन जाएगा।''

''सर, उसके काम के बारे में आपके ऑफिस से मुझे सकारात्मक रिपोर्ट मिली है। यहाँ से आगे का काम मैं देख लूँगा।'' मेरे प्रति यह सी.ई.ओ. का प्रथम उदगार था।

किस काम की वे बात कर रहे थे? मैं तो एक मूक द्रष्टा था। मगर उस समय मुझे प्रश्न पूछने की इज़ाजत नहीं थी। इसलिए मैं अपने प्रश्न और सी.ई.ओ. की टिप्पणी दोनों को नजरअंदाज़ कर दिया।

''तुम माह में एक बार मुझसे मिलोगे। हालांकि तुम सी.ई.ओ. को रिपोर्ट करोगे लेकिन मैं तुम्हारी प्रगति पर नजर रखूँगा।'' बहुत खूब, चेयरमैन के पास हर किसी पर नजर रखने का अपना तंत्र होगा। ऐसा मैंने महसूस किया।

उन्होंने मुस्कुराते हुए कहा, ''कल से आपको वेतन मिलेगा। ये अपको विस्तार से बताएंगे।'' उन्होंने सी.ई.ओ. की ओर संकेत करते हुए कहा।

''सबसे बड़ी दिलचस्प बात यह है कि हमारे सी.ई.ओ. से आप कोई भी प्रश्न पूछ सकते हैं। इसकी कोई सीमा नहीं है।'' हम तीनों हँसने लगे।

जैसे ही मुझे चेयरमैन के ऑफिस से हटाकर सी.ई.ओ. के ऑफिस में काम की जिम्मेदारी दी गई, वैसे ही मैंने महसूस किया कि मेरे दिमाग को प्रश्न न पूछने के लिए तैयार कर दिया गया है। सच कहूँ तो इससे मेरे ऊपर कुछ भी फर्क नहीं पड़ा।

जब मैं वापस घर आया तो मैंने महसूस किया कि अगले माह से वेतन मिलने की खबर से मुझे किसी प्रकार की खुशी नहीं मिल रही थी। इस बात से पूरी तरह से साकांक्ष होते हुए भी मैं अंदर से रूपांतरित हो चुका था।

अगले दिन मैं सी.ई.ओ. के कार्यालय में गया। चेयरमैन के कक्ष की तुलना में सी.ई.ओ. का कक्ष छोटा था लेकिन इसकी भव्यता उतनी ही थी। उनमें संगठन की सत्ता चेयरमैन जैसी ही थी।

मुझे चाणक्य के अर्थशास्त्र की बात आयी कि मंत्री को भी अपने क्षेत्र में राजा के समान ही अधिकार प्राप्त होता है।

इस समूह के संपूर्ण व्यवसाय में खनिज एवं धातु प्रभाग का लगभग ४० प्रतिशत योगदान था। इसलिए किसी भी मायने में इस कंपनी को छोटा नहीं समझा जा सकता था। इसमें हजारों अभियंता, तकनीकीविद और अन्य प्रकार के कर्मचारी इसमें कार्यरत थे। इसका देशभर में ऑफिस फैला हुआ था और विदेशों में भी प्रचालन था।

जब मैंने कार्य के लिए रिपोर्ट की तो सी.ई.ओ. के वचन इस प्रकार थे : ''नए ऑफिस में आपका स्वागत है। ये रहा आपका कार्यभार ग्रहण हेतु प्रस्ताव। इसमें कंपनी की नीतियों का उल्लेख है। मुझे आशा है कि आपको कंपनी के शर्त एवं निबंधन आपके अनुकूल होंगे।'' उन्होंने मेरे हाथ में कागजात थमा दी।

मैं उसको ध्यानपूर्वक पढ़ा जैसे कि वह मेरे लिए वास्तव में महत्वपूर्ण हों। मुझे पद दिया गया वरिष्ठ प्रबंधक – प्रचालन यानी सीनियर मैनेजर—ऑपरेशन। मेरा वेतन चार गुणा अधिक था जितना कि मेरा प्रारंभिक

वेतन होता। यह मेरे लिए सुखद आश्चर्य था। मैं जानता था कि यह कंपनी काफी अच्छा वेतन देती है लेकिन चार गुणा अधिक तो मेरे जैसे कम उम्र के लड़के के लिए वाकई अधिक था। मैंने चुपचाप प्रस्ताव पर हस्ताक्षर कर दिया और प्रस्ताव–पत्र रख लिया।

''तो ठीक है, अब आप अपना प्रश्न पूछ सकते हैं।'' यह आदेश जैसा ही था।

अंतत: मैंने प्रश्न पूछने का साहस जुटाया। इस प्रवृत्ति को मैं भूल चुका था बॉस की उपस्थिति में प्रश्न पूछने का।

''सर, इस क्षेत्र के लिए मेरे पास कोई तकनीकी ज्ञान नहीं है। इसके अतिरिक्त मैं यहाँ पर व्यवसाय विकास सिखने के लिए आया था। आपने मुझे यह पद कैसे दिया?''

''हमारे चेयरमैन एक अद्‌भुत व्यक्ति हैं। उनमें किसी व्यक्ति की खूबियों को पहचानने की क्षमता है, यहाँ तक कि उस व्यक्ति को स्वयं अपने गुणों का आभास न हो।'' उन्होंने ऐसा कहा।

''जब वर्षों पहले मैं इस कंपनी में शामिल हुआ तो मेरे पास कोई तकनीकी योग्यता नहीं थी। लेकिन यह आप काम करते करते सीख लेंगे। तकनीकी योग्यता से व्यवसाय के विकास में सहायता मिलती है। और शुरु करने का सबसे अच्छा तरीका होता है कि जमीनी स्तर पर व्यवहारिक ज्ञान प्राप्त किया जाए।

यही कारण है कि हमने आप को प्रचालन में शामिल कर लिया है ताकि आप हमारे व्यवसाय की वास्तविकता से परिचित हो सकें। आपके काम में व्यापक स्तर पर भ्रमण शामिल होगा। इसलिए आप अपने विश्वविद्यालय के आचार्यों को उस अनुरूप सूचित कर दें। यदि आप कक्षा में उपस्थित नहीं हो पाते तो उन्हें उलझाकर रखें।'' सी.ई.ओ. को हमारे सप्ताहांत संस्कृत कोर्स की जानकारी थी।

मेरा जॉब गतिविधियों से भरा हुआ था। मुझे खदानों में जाना पड़ता था जो कि दूरस्थ क्षेत्र में स्थित थे, यहाँ तक कि जंगलों में भी जाना पड़ता था।

अनेक बार मुझे अपने गंतव्य तक जाने के लिए घंटों सड़क मार्ग से यात्रा करनी पड़ती थी जिसमें मैं धूल–धूसरित हो जाता था, यह मेरे में एक बहुत बड़ा परिवर्तन था।

प्रारंभ में व्यवसाय समझने के प्रशिक्षण प्राप्त करने के बाद बाद मुझसे अपेक्षा थी कि मैं सी.ई.ओ. को समय–समय पर विभिन्न प्रकार की रिपोर्ट सौंपूँ।

छुट्टी के दिनों में भी शायद ही मैं कभी घर पर रहता था। जब कभी मैं घर पर होता था तो संस्कृत की कक्षा करने जाता था और जिस कक्षा मैं नहीं पहुँच पाया था उसके काम को पूरा करने में लगा रहता था। मुझे ऑफिस और घर दोनों जगहों पर कड़ी मेहनत करनी पड़ती थी।

एक साल से अधिक का समय हो गया था और मैंने एक सप्ताह की छुट्टी ली थी, वो भी विश्वविद्यालय में संस्कृत की परीक्षा देने के लिए। हर किसी के लिए यह आश्चर्य का विषय था, मगर मैं परीक्षा में अपनी कक्षा में प्रथम आया।

मैं संस्कृत के प्रोफेसर के पास गया। ''सर, क्या मैं अब संस्कृत एम.ए. में प्रवेश ले सकता हूँ?'' वे पूरे वर्ष के दौरान मेरे कार्य को बहुत ही ध्यान से देख रहे थे।

''तुम्हें एम.ए. में प्रवेश पाने के लिए अभी भी संस्कृत में बी.ए. डिग्री की आवश्यकता है। तुम्हें बी.ए. दूसरे विषयों में है।''

कुछ देर तक सोचने के बाद उन्होंने कहा, ''ठीक है, कोर्स के लिए आवेदन दे दो। चूँकि तुन्हें फांउडेशन कोर्स में प्रथम स्थान प्राप्त हुआ है और तुम्हारे पास अर्थशास्त्र में भारतविद्या पाठ्यक्रम पूरा करने का प्रमाण–पत्र है, इसलिए मैं तुम्हारे लिए अध्ययन समिति के पास विशेष संस्तुति कर सकता हूँ। देखते हैं कि वहाँ पर क्या होता है।''

मैंने महसूस किया कि प्रमाण–पत्र कितना काम आ रहा है।

इस मोड़ पर मुझे गुरुजी की याद आने लगी।

33

दो अच्छी खबरें

अपने दोस्तों से फिर से मुलाकात हुई। इस बार हमने उस कॉलेज में मिलने का निर्णय लिया जिसमें हमलोग पढ़ते थे, न कि छात्रावास में। मुझे इन सबसे मिले हुए बहुत समय हो गया था, हालांकि ये सब आपस में नियमित रूप से मिलते रहते थे।

दोस्तों ने पूछा, ''तुम कहाँ लापता हो गए थे?''

मैंने उन्हें बताया कि किस प्रकार ऑफिस काम संभालने और अध्ययन करने में मैं काफी व्यस्त हो गया था और उन्हें यह भी बताया कि एक बड़ी कंपनी में काम करना कितना शिक्षाप्रद अनुभव होता है।

अब तक मेरे अंदर दो सहायक भी हो चुके थे। अपने बॉस को रिपोर्ट करने के साथ–साथ मैं खुद भी बॉस बन गया था और दूसरे की रिपोर्ट लेता था।

मेरे सभी दोस्त कुछ न कुछ कर रहे थे। अब उन्हें इस तरह के प्रश्न से जूझना नहीं पड़ता था कि ''जीवन में आगे क्या करने की योजना है?'' इनमें से कुछ नौकरी करने लगे थे; कुछ अपने परिवार के व्यवसाय में शामिल हो गए थे। एक ने अकादमिक दुनिया में अपने कॅरियर बनाने का निर्णय ले ली और पी–एच.डी. कर रही थी।

मैंने उसके साथ थोड़े और समय तक यह जानने के लिए रहा कि पी–एच.डी. में क्या होता है। मैंने किसी के पास अपनी यह इच्छा व्यक्त

नहीं की कि मैं खुद जिस एम.ए. में प्रवेश पाना चाहता था उसे पूरा करने के बाद पी–एच.डी. करना चाहता था।

"हमारे कॉलेज में एक संगोष्ठी होने जा रही है। क्या तुम उसमें भाग लेकर अपना आलेख प्रस्तुत करोगे?" इन शब्दों से मुझे अर्थशास्त्र पर आयोजित सम्मेलन की याद आ गई जिसमें मैंने आश्रम के आने के बाद वक्ता के रूप में भाग लिया था।

"मैं पूरी तरह से कह नहीं सकता कि मैं संगोष्ठी में भाषण दे सकता हूँ। मुझे विगत कुछ वर्षों से शोध का अभ्यास छूट गया है। मैं अपने कार्य में बहुत व्यस्त रहा हूँ। मैं नहीं जानता कि वास्तव में मैं कुछ योगदान दे सकूंगा।" मैंने अपने झिझक के बारे में उसे बता दिया।

"यह कोई समस्या नहीं है। तुम अर्थशास्त्र और वर्तमान समय के व्यवसाय में उसके उपयोग के संबंध में वक्तव्य दे सकते हो। यह एक अच्छा विषय हो सकता है। कुल मिलाकर, यह प्रबंधन पर संगोष्ठी है। तुम आधुनिक परिदृश्य में प्राचीन ज्ञान की प्रासंगिकता पर प्रकाश डाल सकते हो।" मुझे अपने दोस्त का सुझाव अच्छा लगा।

जब मैं घर पहुँचा तो माँ ने मुस्कुराते हुए कहा, "विश्वविद्यालय के संस्कृत विभाग से तुम्हारे लिए फोन आया था। उन्होंने कहा है कि तुम कल वहाँ पहुँचकर एम.ए. में प्रवेश ले सकते हो।"

मुझे अपने कानों पर विश्वास नहीं हो रहा था। अध्ययन समिति ने एम.ए. में सीधे प्रवेश के मेरे अनुरोध को मान लिया है – वास्तव में यह एक विशेष मामला था। उसी समय एक दूसरा फोन आया। सी.ई.ओ. कह रहे थे : "मुझे कल आपसे मिलना है। चेयरमैन का आपके लिए महत्वपूर्ण संदेश है।"

दोनों समाचार स्वागत योग्य थे।

दूसरे दिन मैं तैयार होकर विश्वविद्यालय में नामांकन करवाने के लिए गया। मैं संस्कृत के प्रोफेसर के पास गया और उन्हें संस्तुति करने के लिए धन्यवाद दिया।

वे हँसने लगे, "मैं जानता था कि तुम्हारे मामले में अनुमति मिलना इतना आसान नहीं होगा।" लेकिन वे परिणाम से संतुष्ट थे।

"मगर, याद रखो कि एम.ए. करने के लिए बड़ी प्रतिबद्धता चाहिए। तुम्हें नियमित रूप से कक्षा में उपस्थित होना पड़ेगा। तुम अपने कार्यालय के समय से इसका तालमेल किस प्रकार बैठाओगे?"

बिना किसी संशय के मैंने उनसे कहा, "सर, इसके लिए चिन्ता करने की जरूरत नहीं है। मैं कर लूँगा।" उनको धन्यवाद देने के बाद मैं अपने कार्यालय की ओर भागा जहाँ पर चेयरमैन के साथ मेरी बैठक होने वाली थी।

जैसे ही सी.ई.ओ. और मैंने चेयरमैन के कमरे में प्रवेश किया वैसे ही हमने महसूस किया कि यह हमारे कार्य की नियमित समीक्षा और सामान्य परिचर्चा जैसी बैठक नहीं थी। चेयरमैन के साथ ऑफिस में दो अन्य लोग भी थे। वे प्रबंधनदल के वरिष्ठ सदस्य थे। उन्होंने मुस्कुराकर मेरा स्वागत किया।

चेयरमैन ने कहना प्रारंभ किया, "प्रिय वत्स, आपके लिए हमारे पास अच्छा समाचार है।" एम.ए. में प्रवेश पाने के अच्छे समाचार के सुख का आनंद अभी ले ही रहा था तब मैं सोचने लगा कि दूसरा अच्छा समाचार क्या हो सकता है।

"बोर्ड ने तुम्हें खनिज एवं धातु प्रभाग में पदोन्नत करके सहायक निदेशक बनाने का निर्णय लिया है।

यह समाचार कितना सुखद था!

सी.ई.ओ. ने कहा, "हमारी कंपनी के इतिहास में तुम सबसे कम उम्र के व्यक्ति इतने अल्प समय में इतने उच्च पद पर पहुँचने वाले हो।" मैं चेयरमैन से प्रश्न पूछने की आदत भूल चुका था मगर चेयरमैन को मेरे अव्यक्त प्रश्नों के उत्तर देने की आदत पड़ गई।

"तुमने अपने काम में काफी प्रतिबद्धता का प्रदर्शन किया है। तुमने अल्प समय में जो उपलब्धि की है उसे प्राप्त करने में लोगों को अनेक दशक लग जाते हैं। तुमने न सिर्फ कंपनी की प्रगति में व्यापक योगदान दिया है बल्कि इस प्रकार की मन:स्थिति विकसित कर ली है जिसकी आवश्यकता एक

अच्छे व्यवसायी को होती है।'' ऐसा उन्होंने कहा।

''इस तरह यह मीडिया के लिए एक बड़ी खबर है। तुम प्रसिद्ध हो जाओगे।'' सी.ई.ओ. विभिन्न प्रकार के टी.वी. साक्षात्कार के अभ्यस्त बन गए थे। इसलिए उन्हें पता था कि इस बात को व्यवसाय पत्रकार एक सनसनीखेज खबर के रूप में लेंगे।

चेयरमैन के कार्यालय में ऊर्जा का स्तर बहुत ऊँचा था; हर कोई मेरे काम की सराहना कर रहे थे। लेकिन मेरे अंदर थोड़ा दुख था। अभी दूसरी बार पदोन्नति? मैंने स्वयं से प्रश्न किया।

क्या मैं इसी काम के लिए कंपनी में आया था? मेरी जिंदगी ठीक–ठाक तरीके से चल रही थी लेकिन क्या मैं ऐसी जिंदगी चाहता था? उच्च पद का मतलब है और अधिक जिम्मेदारी। मैंने जैसा काम अभी तक किया है, उसी तरह से मुझे बार–बार काम करना पड़ेगा। इससे फिर पदोन्नति होगी।

यह अनवरत चलने वाला चक्र था।

मैं कंपनी में व्यवसाय सिखने के लिए आया था, यहाँ पर नौकरी करने के लिए नहीं। साथ ही, मैंने एम.ए. में प्रवेश ले लिया था जिसे पूरा करने के लिए अधिक अध्ययन की आवश्यकता थी।

मैंने गधे की तरह काम किया था और अब इस गधे को अधिक भारी बोझ ढोना पड़ेगा।

चेयरमैन ने कहा, ''मैंने सी.ई.ओ. से कहा है कि वे सभी औपचारिकताओं को पूरा कर लें। आप नई भूमिका के लिए तैयार हो जाओ।''

हमलोग चेयरमैन के कमरे से बाहर आ गए। सी.ई.ओ. काफी खुश थे। उन्होंने कहा, ''नौजवान, मुझे आप पर गर्व है। आपने कर दिखाया। बधाई हो।''

उनसे आँख मिलाए बिना मैंने धीमे स्वर में कहा, ''सर मैं त्यागपत्र देना चाहता हूँ।''

34

जुड़ाव

अगले दिन सुबह में मैं चार बजे ही जग गया। मैं इतने सवेरे जागता नहीं था। मुझे देर रात तक काम करने की आदत पड़ गई थी। अल सुबह उठने पर मैं तरोताजा महसूस नहीं करता था।

वह दिन कुछ अलग तरह का था। मैंने धड़ी देखी तो अचरज करने लगा कि मुझे इतने सवेरे जगने की क्या जरूरत थी। मैं फिर से बिस्तर पर लेट गया। हालांकि मैंने जल्द ही महसूस किया कि मुझे अब सोने की जरूरत नहीं है।

मैं उठ गया और व्यायाम किया। मेरे अंदर सूर्य नमस्कार करने की ऊर्जा संचित थी। स्नान करने के बाद मैंने अपनी दैनिक पूजा की। उसके बाद दिनभर काम करने के लिए तैयार हो गया। मुझे लगा कि मेरे पास काफी समय है।

मैं पहली बार ध्यान में बैठ गया। मैंने स्वयं को अंतस्थ पाया। जब मेरी आँखें खुलीं तो मैंने उगते हुए सूरज को देखा। उगते हुए सूर्य को देखना शहरी लड़कों की संस्कृति में नहीं है। उगते हुए सूरज को निहारना एक दिव्य अनुभव था।

सूरज के उगते और रोशनी के फैलते ही मैंने महसूस किया कि मेरे अंदर का बालक एक परिपक्व व्यक्ति बन गया है।

माँ मेरे कमरे में आकर बोली, "ऐसा क्या हो गया?" उन्हें आश्चर्य हो

रहा था। उन्होंने पूछा, "क्या तुम्हें कहीं जाना है? तुम इतने सवेरे क्यों जग गए?"

मम्मी मेरे अनियमित यात्राओं की अभ्यस्त हो चुकी थी – सुबह सवेरे हवाई जहाज पकड़ना, दूसरे शहर में जाने के लिए दरवाजे पर कार का खड़े होना, देर रात घर लौटना। केवल एक ही बात वह पूछती थी कि मेरे लिए खाना बनाकर रखना है अथवा नहीं।

मैं यह सब जानता था और मैंने कहा, "चिन्ता मत करो। हमलोग उचित समय पर नाश्ता करेंगे।"

मैंने अपने घर पर किसी को यह दुखद समाचार नहीं दिया कि मैंने नौकरी छोड़ने का निर्णय लिया है। लेकिन मुझे आगे क्या करना है, इस संबंध में कोई ठोस निर्णय मेरे मन में अभी भी नहीं हुआ था। मैं जानता था कि मुझे व्यवसाय करना था लेकिन यह निश्चित नहीं था कि किस प्रकार का व्यवसाय करना है।

चेयरमैन ने बाद में कहा, " मैं इस बात से वाकिफ था कि तुम मेरी कंपनी को छोड़ दोगे, लेकिन मुझे इस बात की अपेक्षा नहीं थी कि तुम अचानक ही छोड़ दोगे।" वह मेरे प्रति चिंतित थे।

"तुम्हें पदोन्नत करने का निर्णय मेरा नहीं था। सी.ई.ओ. ने इसकी संस्तुति की थी और बोर्ड ने इसे मंजूर कर लिया। मैं जानता था कि तुम जहाँ वहाँ काम कर दिखाओगे। तुमने मेरे अनुमान को सही सिद्ध कर दिया। लेकिन भविष्य में जो काम तुम करना चाहते हो उसमें भी मैं तुम्हारी मदद करना चाहता हूँ।"

"सर, मैंने यहाँ पर बहुत कुछ सीखा है। आप मेरे बॉस से अधिक मेरे मार्गदर्शक थे। मुझे संपूर्ण जीवन आपके मार्गदर्शन की आवश्यकता रहेगी। इस समय मेरे सामने यह स्पष्ट नहीं है कि मैं क्या करूंगा लेकिन मेरे लिए यह तात्कालिक चिंता का विषय नहीं है। मैं कुछ समय स्वयं के साथ व्यतीत करना चाहता हूँ, मैं अवकाश चाहता हूँ।" मैंने आत्मविश्वास के साथ यह बात कही।

उन्होंने सहमति के साथ अपना सिर हिलाया। ''जाओ, अपने हृदय की पुकार सुनो। यदि कभी भी तुम्हें मेरी आवश्यकता महसूस हो तो मुझे तुम्हें सहायता करके खुशी होगी।''

उस दिन मैं उस आलेख को तैयार करने का श्रम कर रहा था जिसे पढ़ने के लिए मेरे दोस्त ने मुझे आमंत्रित किया था। मैंने उस आलेख को तैयार करने हेतु कठिन परिश्रम किया जिसका शीर्षक था : कौटिल्य के अर्थशास्त्र में प्रबंधन के मूल सिद्धांत।

जब मैं उससे फिर मिला तो वह बोली, ''मुझे यकीन है कि यह अलग तरह का काम होगा।'' मैं उससे अपने शोध पत्र को परिमार्जित करने में उसका मार्गदर्शन चाह रहा था। आलेख पूरा करने के बाद मैंने उसे संगोष्ठी के लिए प्रस्तुत कर दिया जो कि कुछ ही दिनों के बाद आयोजित होने वाली थी।

''अर्थशास्त्र में तुम पी–एच.डी. क्यों नहीं कर लेते?'' उन्होंने सुझाव बिना यह जाने दे दी कि मैंने पहले से यह काम करने का मन बना लिया था।

मैं उसे 'डॉक्टर' कहकर संबोधित करता था। मेरी दोस्त अपना शोध कार्य आधा संपन्न कर चुकी थी। अपना शोध कार्य पूरा करने पर उन्हे पी–एच.डी. की उपाधि मिलती। उसके बाद उसे डॉक्टर कहा जाने लगता, चिकित्साशास्त्र संबंधी डॉक्टर नहीं, बल्कि अकादमिक डॉक्टर।

''अभी इसमें बहुत देर है। अभी से मुझे डॉक्टर मत कहो।''

मुझे उसकी प्रतिक्रिया अच्छी लगी और मैंने और अधिक खिझाया, ''डॉक्टर ..... मैडम, यह सुनने की आदत डाल लो क्योंकि लोग तो आपको डॉक्टर ही कहेंगे। कुछ ही समय में यह बात हकीकत में परिणत हो जाएगी।'' मैं उसमें आत्मविश्वास जगाना चाहा। उसने एक ऐसे मित्र को पाकर मुस्कुरायी जो उसके पी–एच.डी. पूरा करने और अकादमिक कॅरियर में जाने की कामना से अवगत था।

संगोष्ठी में मेरी आलेख प्रस्तुति अच्छी रही और लोगों ने जमकर उसकी तारिफ की। प्रबंधन विभाग के प्रमुख ने मुझे अलग ले जाकर कहा, ''आपको अपने शोध कार्य में कौटिल्य के दर्शन पर काम करना चाहिए।''

मेरे डॉक्टर मित्र ने आश्चर्य व्यक्त करते हुए कहा, "तुम जानते हो वे विभागाध्यक्ष हैं और वे आलोचना करने के लिए प्रसिद्ध हैं। यदि उन्होंने तुम्हारी प्रशंसा की है तो यह वाकई बहुत अच्छी बात है। बधाई हो!"

मैंने अपनी शेखी बधारते हुए कहा, "निस्संदेह, मैं जो कुछ करता हूँ, वह बहुत अच्छी तरह से करता हूँ।"

उसने दूसरी ओर देखते हुए कहा, "ओह तुम और तुम्हारा बढ़ा हुआ अहंकार।"

हमलोग ठहाका मारकर हँसने लगे। मैं बहुत खुश था कि अपने शोध की दुनिया में अपना स्थान ग्रहण करने जा रहा था। उसकी आँखों में झांकते हुए कहा, "धन्यवाद डॉक्टर।" मैंने एक जुड़ाव महसूस किया। हमारे बीच कुछ क्षण तक पूर्ण मौन छाया रहा जैसे वक़्त ठहर सा गया हो।

मैंने पूछा, "क्या तुम मेरे से शादी करोगी?"

हमारे बीच मौन जारी रहा........

35

आगे की राह

डॉक्टर और मैंने एक ही कॉलेज से ग्रेजुएशन किया था। हमलोग न सिर्फ़ एक ही कक्षा में थे बल्कि जो मेरे दोस्त थे वही उसके भी दोस्त थे। पहले मैं कभी यह नहीं जानता था कि यह वह लड़की है जिससे मैं शादी करना चाहूँगा।

उसके सामने प्रस्ताव रखने के बाद मुझे खुद पर आश्चर्य हुआ। सब कुछ इतना अचानक हो गया कि मैंने परिणाम पर तो विचार किया ही नहीं। इससे भी बड़ी बात यह थी कि उसने मेरे प्रस्ताव को तुरंत स्वीकार कर लिया।

लोग कहते हैं कि जब तुम्हें किसी से प्यार हो तो उसे प्रस्ताव देने के अवसर में चूक नहीं करनी चाहिए। हालांकि जब उसने जीवन संगिनी बनने के मेरे प्रस्ताव को स्वीकार कर लिया तो मैंने महसूस किया कि मेरे जीवन की अभी कोई दिशा ही नहीं है। तब मैं विवाह जैसी बड़ी जिम्मेदारी की बात कैसे कर रहा हूँ?

मुझे अपराध बोध हुआ और मैं वापस उसके पास गया, ''मैं तुमसे प्यार करता हूँ लेकिन तुम अपना मन बदलने और किसी दूसरे को चाहने लिए आज़ाद हो।'' मैं चाहता था कि वह अपने निर्णय पर पुनर्विचार करे।

''क्या बात है? क्या तुम्हारे मन में कोई और लड़की है?''

''नहीं, तुम्हीं वह हो जिसे मैंने अपने जीवन में यह प्रस्ताव दिया है लेकिन

मैं नहीं चाहता कि हमारे संबंध असफल हो जाएं।'' मैं परेशान था। ''अभी मेरा जीवन दिशाहीन है। लोग मुझे इतनी बड़ी कंपनी में इतना बड़े काम को छोड़ने पर मूर्ख कह रहे हैं। मेरी जगह पर कोई ऐसा सुनहला जॉब पाकर शादी कर ली होती लेकिन मैं तो अभी यह भी नहीं जानता कि मैं आगे क्या करूंगा।''

उसने मेरे कंधे पर हाथ रखते हुए कहा, ''चिन्ता मत करो। मैं जानती हूँ कि तुम एक दिन कुछ बड़ा करोगे। तुम आज जो हो उसके लिए मैंने तुम्हें पसंद नहीं किया है, बल्कि तुम्हारे अंदर जो क्षमता है उसके लिए मैंने तुम्हें चाहा है ..... जो कि वास्तव में बड़ी क्षमता है।''

मैं उसके साथ अपना विचार साझा करना चाहता था, ''तुम जानती हो कि मेरे अंदर एक मूर्खतापूर्ण सपना है। मैं दुनिया का सबसे धनी आदमी बनना चाहता हूँ।'' मैं इंतजार कर रहा था कि वह मेरी बातों पर हँसे।

मगर उसने कुछ यूँ कहा, ''हमलोग पहले से ही धनी हैं। हम एक–दूसरे के साथ जो हैं। धन होना तो बस समय की बात है।'' सामान्य तौर पर भारतीय नारी पर विवाह का बहुत बड़ा सामाजिक दबाव होता है। वह अपनी पी–एच.डी. पूरा करने तक इंतजार कर सकती थी। और तब तक मुझे जीवन अगले कदम के बारे में निर्णय लेने के लिए समय मिल जाता।

इस दौरान मुझे कुंभ मेला जाने का अवसर प्राप्त हुआ। यह मेला एक स्थल पर मानव का विशाल संगम होता है। इसका परिवेश दिव्य था। मैं अपने दोस्तों के साथ पवित्र गंगा में स्नान करने गया था।

जैसे ही हमलोग नदी के तट पर विचरण कर रहे थे वैसे ही हमने अपने साथ विदेशियों की एक टोली को टहलते हुए देखा। उनके साथ एक यात्रा गाइड भी था जो उन्हें कुंभ मेले के दौरान ली गई तस्वीरों के बारे में बता रहा था।

कुछ देर टहलने बाद हमलोग तरोताजा होने के लिए एक चाय दुकान पर चाय लेने के लिए रूके थे। वहीं पर वे विदेशी लोग भी आ गए। हमलोगों ने एक–दूसरे को अभिवादन किया और फिर गप्प–शप्प करने लगे।

उनमें से एक ने कहा, "हमलोग भारत में कहाँ की यात्रा करें? हमारे पास हर जगह की सूचना उपलब्ध है। मगर क्या आपको ऐसा कोई स्थान मालूम है जहाँ हम असली भारत को महसूस कर सकें और उसे अपने कैमरे में कैद कर ले जाएं?"

"आप कभी भी कैमरे में असली भारत को कैद नहीं कर पाएंगे।" मैंने उन्हें व्यंग्यात्मक लहजे में कहा।

"भारत महज देखने और यात्रा करने की चीज नहीं है। आपको भारत को अलग नजरिए से देखने की जरूरत है। इसके पास वह ऊर्जा है जो आपको रूपांतरित कर सकती है। आप जहाँ कहीं भी जाते हैं, वहाँ उस ऊर्जा को महसूस करें, यह भारत का आध्यात्मिक पक्ष है।" विदेशी लोग मेरे उत्तर से विस्मित थे।

"भारत में ताजमहल से लेकर अजंता और एलोरा की गुफाएं हैं। लेकिन इसके पास आपको देने के लिए इतिहास और दर्शन भी हैं। यहाँ पर विविध प्रकार की भोज्य सामग्रियां और पर्व–त्यौहार हैं मगर इसके पास ऐसी संस्कृति है जो आध्यात्मिक है।" मैं देश के प्रति अपने गौरवपूर्ण भाव का बखान करते रहा।

उसमें से एक पर्यटक ने पूछा, "क्या आप यात्रा गाइड अथवा ट्रैवेल एजेंट हैं?"

मैंने मुस्कुराते हुए कहा, "इनमें से कुछ भी नहीं।" हालांकि इसके बाद मैं गंगा किनारे स्थित अपने शिविर में चला गया और गहन चिंतन में डूब गया।

मैंने भारत में आने वाले पर्यटकों की संख्या पर विचार किया और उन पर्यटकों को यहाँ के इतिहास एवं सस्कृति से अवगत कराने वाले पर्यटन गाइडों मांग पर विचार किया। अस्त होते सूर्य की किरणें मेरी आँखों पर पड़ी। मुझे पर्यटन गाइड का मांग एवं आपूर्ति पर विचार आने लगे।

मैंने डॉक्टर को फोन किया, जो कि हमारे साथ नहीं आयी थी। मैंने उत्तेजित होकर उसे बताया, "सुनो, मुझे जवाब मिल गया।"

वह समझने का प्रयास करने लगी, "कौन—सा जवाब?"

"मेरा मतलब है कि जिस प्रश्न से मैं अभी तक जूझ रहा था कि मुझे कौन—सा व्यवसाय करना है। मैं ट्रैवेल संबंधी व्यवसाय करना चाहता हूँ।" जब मैंने यह बात कही तब मेरे अंदर संतुष्टि का भाव था।

लेकिन दूसरी ओर पूरी तरह से चुप्पी थी।

"मैं वापस आकर इस बारे में विस्तार से बताऊँगा।" मैं उस समय इससे अधिक कुछ भी नहीं कहना चाहता था।

उस रात जब मेरे सभी दोस्त सो गए थे तब मैं गंगा के तट पर टहल रहा था। मैं एकांत था लेकिन अकेला नहीं महसूस कर रहा था। मैं स्वयं को जीवनी शक्ति से ओतप्रोत महसूस कर हा था।

मैं जानता था कि माँ गंगा ने लाखों लोगों को अपने अंदर की पुकार सुनने के लिए प्रेरित किया है। गंगा महज एक नदी नहीं है। इसे एक ऋषि ने तपस्या करके स्वर्ग से धरती पर लाया था। अनके युगों से यह नहीं प्रवाहित है और अपने संपर्क में आने वाले लोगों को पावन करती रही है।

कुंभ मेला में, माँ गंगे की दिव्य उपस्थिति में और विदेशियों की टोली के साथ अनौपचारिक बातचीत में मुझे आगे की राह मिल गई।

36

व्यवसाय योजना

मैंने पर्यटन उद्योग, इसके विश्व–व्यापी रुझान और इसकी प्रचालन व्यवस्था पर शोध किया। मैंने पाया कि कुछ देशों की संपूर्ण अर्थव्यवस्था पर्यटन पर ही निर्भर है।

लोग विभिन्न कारणों से यात्रा करते हैं – साहसी यात्रा, शिक्षा, व्यवसाय अथवा विश्रांति के लिए। भारत में पर्यटकों के आने के बहुत–से कारण हैं।

विश्व पर्यटन में भारत में आने वाले पर्यटकों का प्रतिशत बहुत ही कम है। लेकिन यहाँ पर पर्यटन की संख्या विराट है।

मैंने इस क्षेत्र में व्यवसाय की संपूर्ण संभावना को कागज पर उकेड़ा और उसे अपने डॉक्टर के सामने प्रस्तुत किया। मैंने कहा, "इस क्षेत्र में विशाल संभावना है। भारत में इस समय बहुत–से ट्रैवेल एजेंट हैं लेकिन सही मायने में अच्छे पर्यटन गाइड अथवा ऑपरेटर का अभाव है। हम इस क्षेत्र का वृहत रूप में विकास कर सकते हैं।"

उसने बिना किसी उत्साह के पूछा, "इस व्यवसाय में निवेश कहाँ से आएगा?"

"यह सर्वोत्तम पक्ष है। इस व्यवसाय के प्रथम चरण में हमें किसी प्रकार के निवेश की जरूरत नहीं है।" वह तो विल्कुल भ्रमित हो गई। तुम किस प्रकार बिना निवेश के व्यवसाय करोगे?

मैंने उससे कहा, ''पर्यटन उद्योग का सबसे अच्छा पक्ष यह है कि आपको ग्राहक पहले भुगतान करता है और उसके बाद आप उसे सेवा प्रदान करते हैं।''

वह अब और भी भ्रमित हो गई। ''मैं इसे स्पष्ट करता हूँ, जब आप ट्रेन अथव प्लेन से यात्रा करते हैं तो यात्रा करने के लिए पहले आप भुगतान करते हैं, सही है न?'' उसने सहमतिपूर्वक अपना सिर हिलायी।

''इस प्रकार आप भुगतान पहले करते हैं और सेवा बाद में लेते हैं।'' अब उसने समझना प्रारंभ की।

''जब आप हवाई जहाज की टिकट बुक कराते हैं और अंतिम समय में इसे रद्द करवा लेते हैं। आप यात्रा नहीं करते हैं, तब क्या होता है?''

उसने कहा, ''रद्द करने का प्रभार काट लेने के बाद आप राशि लौटा देते हैं।''

''हाँ, इस बात में दम है। यदि आप यात्रा करते हैं तो आप पहले भुगतान करते हैं और कंपनी को सेवा देने से पहले आप अपने पैसे का उपयोग करने देते हैं। यदि आप यात्रा नहीं करते हैं तो रद्द करने के प्रभार के रूप में एक छोटी–सी राशि कंपनी को देते हैं। इसलिए किसी भी रूप में कंपनी को उसी दिन लाभ मिल जाता है।''

यात्रा व्यवसाय का मेरा विवरण जारी रहा, ''अब इस तर्क को यात्रा पैकेज के संदर्भ में देखें। एक ट्रैवेल एजेंट के रूप में आप पूरा यात्रा पैकेज देते हैं – भोजन, यात्रा और निवास। आपके प्रस्ताव में ये सभी सेवाएं शामिल होती हैं। आप यह बेचते हैं और आप एक बड़े कारोबार में शामिल हो जाते हैं।''

वह बोली, ''सुनने में अच्छा लगता है।''

''इस तरह की अग्रिम राशि से आप छोटे स्तर पर अपना व्यवसाय प्रारंभ कर सकते हैं। जब हम अपने व्यवसाय को बढ़ाने की सोचेंगे हैं तभी हमें निवेशक की जरूरत पड़ेगी। '' हम दोनों एक–दूसरे को इस बारे और अधिक

मंथन करने के लिए प्रेरित कर रहे थे।

शुरु में ऐसा लग रहा था कि सब कुछ बहुत आसान है। लेकिन बाद में मैंने महसूस किया कि कागज पर जो आसान दिखता है उसमें हकीकत में आने पर अनेक चुनौतियाँ सामने आती हैं। मगर अच्छी बात यह थी कि मैं जानता था कि मुझे कहाँ ध्यान देना है – पर्यटन व्यवसाय।

मैंने आपने माता–पिता से कहा कि मैं पर्यटन व्यवसाय शुरु करने जा रहा हूँ। उन्होंने पहले की ही तरह मेरा उत्साहवर्द्धन किया।

डॉक्टर ने पूछा, ''क्या मैं अपने माता–पिता को इस बारे में बता सकती हूँ?

मैंने महसूस किया कि वह हमारे संबंध के बारे में अपने माता–पिता से बात करने के लिए सही समय की प्रतीक्षा कर रही थी। अब मैं अपना व्यवसाय शुरु करने वाला था, ऐसे में उसके पास उस कठिन प्रश्न का उत्तर होना चाहिए जिसे हर लड़की का बाप पूछता है, ''लड़का क्या करता है?''

मैंने सुझाव दिया, ''हमें थोड़ा इंतजार करना चाहिए जब तक कि हमारा व्यवसाय ठीक से चलने न लगे।''

वह मेरे जवाब से बहुत खुश नहीं हुई। लेकिन विवाह योग्य कन्या और कर भी क्या सकती थी, उसे तो अपने माता–पिता और प्रेमी के बीच संतुलन बनाए रखना था?

मैंने उसे याद दिलायी, ''तुमने तो कहा था कि पी–एच.डी. पूरा करने तक तुम इंतज़ार कर सकती हो।''

''हाँ, मैंने कहा था लेकिन मेरे माता–पिता की सोच अलग है। वे कहते हैं कि मैं विवाह के बाद भी अपना पी–एच.डी. जारी रख सकती हूँ।'' उसने स्पष्ट किया कि उसके पास बहुत सारे प्रस्ताव आ रहे हैं और उसके माता–पिता उनमें से कुछ प्रस्तावों पर गंभीरतापूर्वक विचार कर रहे हैं।

मैं अपने व्यवसाय के संबंध में विचार को लेकर पूरी तरह से उत्साहित था लेकिन मेरे पास पर्याप्त कारण था कि मैं एक बार पुनः स्वयं को असफल

व्यक्ति मानने लगूँ।

महिलाएँ कुदरती रूप से मनोवैज्ञानिक होती हैं। वे आपका चेहरा देखकर आपके मन के भाव को परख लेती हैं। वह मेरे पास आकर बोली, ''चिन्ता न करो। मैं अपने माता–पिता को समझा लूँगी। अपने व्यवसाय के बारे में सोचो, हमें इसे बहुत बडा बनाना है।''

''हमें इसे बड़ा बनाना है ...'' डॉक्टर के इन षब्दों ने मुझे उत्साहित कर दिया। बड़ी सोच रखना मुझे पसंद है लेकिन ''हमें इसे बड़ा बनाना है'' में बात ही कुछ और थी। अब वह मेरे सपनों का, मेरे व्यवसाय का हिस्सा बन गई थी।

मैंने अपने गुरुजी और जिस आश्रम में अर्थशास्त्र का अध्ययन किया था उसके न्यासी से इस संबंध आशीर्वाद लेने के लिए उन्हें फोन किया। उस भद्र व्यवसायी न्यासी से मैंने कहा, ''सर, व्यवसाय में आने के लिए आपने मुझे प्रेरित किया। अब मुझे अपने जैसा बनने दें।''

उन्होंने जवाब दिया, ''तुम मेरे से बेहतर बनोगे।'' यह बात मुझे अच्छी लगी।

कुछ देर रुकने के बाद उन्होंने मुझसे पूछा, ''तुम जानते हो, ऐसा क्यों?''

वे खुद इसका जवाब दें, इसके लिए मैंने थोड़ी प्रतीक्षा की। ''क्योंकि तुमने व्यवसाय में आने से पहले ही बहुत कम उम्र में अर्थशास्त्र का अध्ययन कर लिया है। मैं उतना सौभाग्यशाली नहीं था।''

उसके बाद गुरुजी ने कहा, ''प्रत्येक दिन अर्थशास्त्र के कुछ श्लोकों को याद करो। इससे जीवन की दैनिक समस्याओं के निदान में आपको चाणक्य का मार्गदर्शन मिलेगा।''

मेरी किस्मत बदलने वाली थी।

37

प्रथम चरण

कुछ संकोच के साथ मैंने उस कंपनी के चेयरमैन के साथ मिलने के लिए गया जहाँ मैंने काम किया था। मैं इस बात से आश्वस्त नहीं था कि वह अपने उस कर्मचारी को अपना आशीर्वाद देंगे जिसको उन्होंने एक उत्कृष्ट अवसर दिया था।

उन्होंने कहा, ''आइए, मैं आश्चर्य कर रहा था कि आप कहाँ गुम हो गए थे।'' उनके वचन बहुत ही उत्साहवर्द्धक थे।

चेयरमैन से एक बार पुन: मिलना सौभाग्य की बात थी। मैंने उन्हें अपने विचार एवं व्यवसाय योजना से अवगत कराया। उन्होंने मेरी बातों में दिलचस्पी ली। ''पर्यटन एक अच्छा व्यवसाय है। मुझे सदा इस काम को करने की इच्छा थी लेकिन कभी भी इस काम पर गंभीरतापूर्वक विचार करने के लिए समय ही नहीं मिल पाया।''

जब चेयरमैन ने मेरे से ये सब बातें कहीं तो मुझे खुशी मिली कि ऐसे सफल व्यवसायी ने मेरी योजना पर मुहर लगा दी है। उन्होंने इसके बात जो बात कही वह और भी अच्छी थी, ''हो सकता है मैं आप ही के माध्यम से अपने इस सपने को साकार करूंगा।''

इस प्रकार मुझे ऐसा लगा कि मुझे अपने व्यवसाय के लिए एक निवेश मिल गया है लेकिन पैसे हेतु प्रस्ताव रखने का यह उचित समय नहीं था। सबसे पहले मैं खुद को साबित करना चाहता था। मैं चिंतन व्यापक स्तर पर

करना चाह रहा था किंतु शुरूआत छोटे स्तर पर करना चाहता था।

इस दिशा में मैंने जो पहला काम किया वह था अपने गृह नगर के प्रसिद्ध मंदिरों को एक दिवसीय आध्यात्मिक भ्रमण का आयोजन किया। मैं चाहता था कि इस मंदिर यात्रा में थोड़े–से लोग शामिल हों।

इसके लिए मैंने सब व्यवस्था स्वयं ही की थी – मंदिरों के इतिहास का अध्ययन किया था, भोजन की व्यवस्था की, बस ठीक किया और इस एक दिवसीय यात्रा के लिए आवश्यक अन्य प्रकार की व्यवस्थाएं भी की।

जैसा कि चेयरमैन ने मुझे शिक्षा दी थी कि किसी भी व्यवसाय की मूलभूत बातों का ज्ञान होने से उस व्यवसाय में आगे बढ़ने में सुविधा होती है। यह एक महत्वपूर्ण कारक था। यह किसी पिकनिक के जैसा था। मैंने इसका लुत्फ उठाया।

दिलचस्प बात यह थी कि इस यात्रा में जो भी शामिल हुए थे वे सभी मेरे परिचित थे। यात्रा में शामिल अतिथियों में एक आश्चर्य की बात यह थी कि उनमें मेरी भावी सासु माँ भी शामिल हो गई थीं। मेरी डॉक्टर ने मेरी इस यात्रा का विपणन अपने परिवार में कर दी थी।

''ये मेरे कॉलेज के दोस्तों में से हैं, जिन्हें आप जानते हैं। वे पर्यटन व्यवसाय शुरू करने जा रहे हैं। यह हमारे नगर के मंदिरों की एक दिवसीय यात्रा है। माँ आप क्यों नहीं इस यात्रा में शामिल हो जाती हैं?''

यह उसका अपनी माँ को रिझाने का एक प्रयास था ताकि वह आपने भावी दामाद को काम करते हुए देख सकें।

डॉक्टर खुद नहीं आयी, हालांकि मैं चाहता था कि मेरी जीवन संगिनी मेरे व्यवसाय के प्रथम चरण में मेरे साथ रहे। कदाचित वह चाहती थी कि उसकी माँ स्वतंत्र रूप से मेरे बारे में सोचें। मेरी माँ अपने बेटे के प्रथम कार्य–निष्पादन को देखने के लिए यात्रा में शामिल हो गई। मेरे मना करने के बावजूद उन्होंने अपनी यात्रा–व्यय का वहन स्वयं किया।

इस यात्रा के दौरान सबसे अच्छी बात यह रही कि पूरे दिन बस में मेरी माँ

और भावी सासु माँ एक–दूसरे के बगल की सीट पर बैठी रही। वे एक–दूसरे से पहली बार मिली थीं। बातचीत करने के लिए महिलाओं को किसी परिचय अथवा वजह की जरूरत नहीं होती है।

मुझे पक्का यकीन है कि दिनभर में वे एक–दूसरे के बारे में बहुत कुछ जान गए होंगे – परिवार, मायके, खाने–पीने की आदतें और दूसरी अभिरुचियों के बारे में तथा अन्य बहुत सारी बातें। वैवाहिक रिश्ते पर बात की शुरुआत करने का कितना अच्छा तरीका था!

मैंने अच्छे पर्यटक गाइड, पर्यटन प्रबंधक और मेजबान की भूमिका अदा की। अधिकांश यात्री वरिष्ठ नागरिक थे। बस पर चढ़ते–उतरते वक्त मुझे उनका विशेष ध्यान रखना था।

यात्रा के दौरान छोटा–सा व्यवधान उपस्थित हुआ। बस के एक चक्के की टायर फट गई। हालांकि बहुत जल्द दूसरी टायर लगा दी गई। मगर मेरे लिए यह एक बड़ी सबक थी कि भविष्य में यात्रा के दौरान के अतिरिक्त तैयारी रखने की योजना बनानी चाहिए।

दिन के अंत में हर किसी ने मेरी प्रशंसा की, लेकिन मैं उन सबका आशीर्वाद चाह रहा था। मेरी माँ और डॉक्टर की माँ ने एक–दूसरे के संपर्क में बने रहने के लिए फोन नं. की अदला–बदली की। डॉक्टर की योजना कामयाब हुई, इसे देखकर मैंने मुस्कुराया।

मैं विल्कुल थक गया था और विश्राम करना चाहता था। उसी समय घर में फोन की घंटी बजने लगी। मैं समझ गया कि यह डॉक्टर का फोन था, ''यात्रा कैसी रही?'' वह इस तरह से पूछ रही थी जैसे उसको कुछ भी मालूम नहीं।

रात में खाना परोसते समय मेरी माँ ने पिता जी को पूरी कहानी कह सुनायी। मुझे यकीन है कि डॉक्टर के घर में भी इसी तरह कहानी दुहरायी गई होगी।

मैंने अपनी डॉक्टर से फोन पर कहा, ''यदि तुम जानना चाहती हो कि दिनभर में क्या हुआ तो अपनी माँ से पूछो।''

इससे वह लजा गई। फिर मैंने उसे आदेश दिया, "अब जाकर अपने माता–पिता से कह दो कि तुम मुझ से शादी करना चाहती हो।"

अब उनके विरोध करने की बारी थी। उन्होंने धीमे स्वर में कहा, "नहीं, अभी नहीं, उचित समय की प्रतीक्षा करो।"

मैंने दिनभर के खर्चे का लेखा–जोखा किया और पाया कि मुझे थोड़ा लाभ मिला है। मैंने इस हिसाब–किताब को अपने माता–पिता के पास रखा और कहा, "यह आपके आशीर्वाद के कारण है। धन्यवाद!"

मेरे माता–पिता ने मुझे गले से लगा लिया। यह छोटी–सी शुरूआत मेरे साथ–साथ मेरे माता–पिता के लिए महत्वपूर्ण थी। मैंने महसूस किया कि मेरा लक्ष्य तो अधिकाधिक विदेशी यात्रियों को भारत में यात्रा करने के लिए प्रोत्साहित करना था लेकिन देश में यात्रा व्यवस्था की काफी मांग थी।

भारत परिवर्तन के दौर से गुजर रहा था। भारतीय लोग भी विश्व स्तरीय यात्रा का अनुभव लेना चाहते थे और इसके लिए वे अतिरिक्त खर्च करने के लिए तैयार थे।

मैं अपनी अगली यात्रा को बेहतर बनाने के लिए सोचते–सोचते सो गया।

38

विक्रेता से सहयोगी तक

मैं अगले दिन सुबह सवेरे की जग गया और अर्थशास्त्र के कुछ पृष्ठों को पढ़ने लगा। जिस सूत्र पर सबसे पहले नजर मेरी नजर गई वह प्रत्यक्ष रूप से मेरे लिए प्रासंगिक था।

शासन का सफल संचालन सहयोगियों की मदद से ही संभव है। पहिया अपने आप घूमने नहीं लगता है। इसलिए राजा को मंत्री रखना चाहिए और उनसे मंत्रणा करनी चाहिए। (1.7.9)

मैंने महसूस किया कि मैंने व्यवसाय की शुरुआत कर दी है लेकिन अभी यह एक आदमी तक सिमटा हुआ व्यवसाय था। यदि मुझे अपने व्यवसाय को आगे बढ़ाना है तो मुझे और सहयोगियों की जरूरत पड़ेगी।

पर्यटन व्यवसाय विक्रेताओं और आपूर्तिकर्ताओं पर निर्भर है। इस करोबार में यात्रा के लिए बस मालिकों, ठहरने के लिए होटल मालिकों और एक स्थान से दूसरे स्थान तक यात्रा करने के लिए एयरलाइन्स और रेलगाड़ियों के सहयोग की आवश्यकता होती है। किसी दौरे को ठीक तरह से आयोजित करने के लिए इन सभी के बीच व्यापक सहयोग की आवश्यकता होती है।

मेरा पहला निर्णय यह था कि उन्हें विक्रेता अथवा आपूर्तिकर्ता न कहा

जाए बल्कि सहयोगी कहा जाए। हम एक—दूसरे के सहयोगी बनने के बाद ही अपने कार्य का स्वामी बन सकते हैं और उत्कृष्ट सेवा प्रदान करने की दिशा में कार्य कर सकते हैं।

इसका अगला चरण था ऐसी कंपनियों का नेटवर्क तैयार करना जो मेरे सहयोगी बनते – यात्रा एजेंट, यात्रा गाइड, होटल, उद्योग सहयोगी और अन्य।

मैंने पर्यटन उद्योग में शामिल विभिन्न समूहों की सूची बनायी और महसूस किया कि यह उद्योग बहुत बड़ा है। इस बड़े खेल में बहुत—से खिलाड़ी लगे हुए थे। बहुराष्ट्रीय कंपनी से लेकर छोटी कंपनियों तक में थोड़े—से लोग यात्रा एजेंट के रूप में काय कर रहे थे, मगर इससे बहुत—से लोगों को रोजगार मिला हुआ था।

मैंने यह पाया कि तथाकथित ट्रैवेल एजेंट का काम फोन पर कार बुक करना था। कुछ लोग अपना कारोबार घर से ही चलाते थे तो कुछ दूसरे लोग बड़े वातानुकूलित कार्यालयों में बैठकर अपना व्यवसाय करते थे।

जब मैं इस सिलसिले में लोगों से मिला और इस उद्योग के बारे में आवश्यक बातें सीखी तब मैंने मिलने वाले लोगों की मिलीजुली प्रतिक्रिया महसूस की। कुछ बड़ी कंपनियों ने मेरी अनदेखी की क्योंकि उन्होंने मुझे नया खिलाड़ी समझा और सोचा कि मैं अभी कुछ नहीं जानता हूँ। कुछ अल्प समय काम करने वाले लोग मेरे से उत्साहपूर्वक इस उम्मीद के साथ मिले कि मुझसे उन्हें अच्छा व्यवसाय मिलेगा।

उसके बाद मैं एक सत्तर वर्ष से अधिक उम्र के व्यक्ति से मिला। उन्होंने मुझे अपना अनुभव बताया, "तेजी सिखने का सर्वोत्तम तरीका लोगों से अलग—अलग मिलना नहीं है, बल्कि यात्रा मेला अथवा प्रदर्शनी में शामिल होना है जहाँ पर इस उद्योग से जुड़े अधिकांश लोग व्यवसाय विनिमय के लिए आते हैं।" उन्होंने मुझे यह भी बताया कि एक माह बाद अगली बड़ी प्रदर्शनी आयोजित होगी।

इस बड़ी प्रदर्शनी में शामिल होने के लिए मुझे मामूली शुल्क का भुगतान

करना पड़ा लेकिन मैं खुश था कि निवेश की तुलना में लाभ अधिक रहा। एक के बाद दूसरे दुकानों में मुझे पर्यटन उत्पाद एवं सेवाओं के बारे में अच्छी जानकारी प्राप्त हुई।

इस तीन दिवसीय प्रदर्शनी के दौरान मैंने सभी दुकानों से प्रचार सामग्री और पुस्तिकाएं प्राप्त कीं। मैं अपराह्न में आयोजित व्याख्यानों और सत्रों में भी शामिल हुआ जिनमें इस उद्योग के विशेषज्ञों के व्याख्यान होते थे। मैंने परिश्रमपूर्वक नोट्स तैयार किए। मैंने इसमें बहुत–से दोस्त बनाए और महसूस किया कि ये सभी मेरे व्यवसाय में भावी सहयोगी होंगे। यह वाकई हम सभी के लिए लाभ ही लाभ की स्थिति थी। पर्यटन परस्पर निर्भरता का उद्योग है और हमें एक–दूसरे की आवश्यकता थी।

मैं उन्हें ग्राहक दूँगा और वे बदले में मुझे उत्तम सेवा देंगे, जैसे कि निवास के लिए अच्छे होटल तथा यात्रा के लिए अच्छे वाहन। दूसरी ओर हमारे ग्राहक पर्यटक होते थे जो युक्तिसंगत व्यय में स्तरीय सेवा प्राप्त करते हुए नई जगहों के बारे में जानकारी प्राप्त करना चाहते थे।

यह प्रदर्शनी का अंतिम दिन था। लोग अपनी दुकानें समेट रहे थे और अयोजक एक अन्य सफल प्रदर्शनी के आयोजन से खुश थे। घर लौटने से पहले मैं खाने–पीने की दुकान पर सैंडबीच और कॉफी लेने गया। अनुभवी दिखने वाले एक व्यक्ति मेरे बगल में बैठे हुए थे और उन्होंने मेरे साथ बातचीत शुरू की। मैं उनसे यह जानना चाहता था कि किस वजह से वे इस यात्रा प्रदर्शनी की ओर आकर्षित हुए।

उन्होंने स्पष्ट किया कि ''मैं भारत दौरे पर आया था और देखना चाहता था कि एक पर्यटन स्थल के रूप में भारत में किस तरह से नए विकास कार्य हुए हैं।''

वे भारतीय मूल के थे और तीन पीढ़ियों से विदेश में रह रहे थे। वहाँ पर वे भारतीय संघ के अध्यक्ष थे जो कि उस देश में विभिन्न प्रकार की गतिविधियों का आयोजन करता था। इनमें दिवाली, होली और नवरात्र जैसे कार्यक्रम आयोजित किए जाते थे। वे लोग वहाँ पर जाने वाले भारतीय

नेताओं की मेजबानी करते थे और वहाँ बसे भारतीयों की शक्ति का प्रदर्शन करते थे।

''कुछ साल पहले हमारे भारतीय संघ ने हरिद्वार के एक दौरे का आयोजन किया। सभी इससे बहुत प्रसन्न हुए। हमलोग फिर से समूह के साथ भारत की एक और यात्रा करने का विचार कर रहे हैं, इसलिए मैं इस बार स्थान का चयन करने के लिए आया हूँ।'' उन्होंने कहा। उनकी इस यात्रा का यही उद्‌देश्य था।

मैंने जानना चाहा, ''आप लोग किस तरह के स्थान की यात्रा करना चाहते हैं?''

''हूँ .... मैं अभी ठीक तरह से नहीं बता सकता। मैं ताजमहल या जयपुर जैसी जगहों की स्तरीय यात्रा नहीं करना चाहता क्योंकि हम में से अधिकांश लोग इन स्थानों की यात्रा कर चुके हैं। हमलोग ऐसी जगह की तलाश में हैं जो हमारी आत्मा को छू सके।''

उन्होंने आगे कहा, 'पिछले साल भारत से एक साधु हमारे देश में आए थे और उन्होंने रामायण पर आध्यात्मिक प्रवचन किया। हमलोग रामायण से सौंदर्य पर मुग्ध हो गए और हमलोग अपने मूल देश में इन स्थानों की यात्रा करना चाहते हैं।

''कौन–से स्थान?'' मुझे इसमें एक अवसर नजर आने लगा।

''राम की जन्मभूमि अयोध्या, पंचवटी जहाँ पर राम, लक्ष्मण और सीता वनवास के दौरान रहे थे, रामेश्वरम् ...... रामायण में वर्णित सभी स्थलों का दौरा करना चाहते हैं।'' उन्होंने जवाब दिया।

''इस तरह आपका मतलब है रामायण परिपथ?'' मैंने इस बात को पुष्ट करना चाहा।

उन्होंने उत्तेजित होते हुए जवाब दिया, ''जी हाँ, रामायण यात्रा हमारे लिए निर्धारित है।''

मैंने उनसे तहकीकात की, ''यदि कोई इस दौरे को आयोजित करेगा तो

इसमें कितने लोगों के भाग लेने की अपेक्षा है?''

''लगभग २०० लोग, लेकिन और भी लोग शामिल हो सकते हैं।''

''क्या मैं आपके लिए इस दौरे की व्यवस्था कर सकता हूँ?'' मैंने इसमें व्यवसाय का अवसर देखा और इसे लपक लिया।

''क्या आप ऐसा कर सकते हैं?'' वे खुश थे मगर इस बात से आश्वस्त नहीं थे कि मेरे जैसे कम उम्र के लड़के से ऐसा हो पाएगा। कुछ देर विचार करने के बाद उन्होंने कहा, ''ठीक है, आप अपना विवरण भेजें।''

यह मेरे व्यवसाय के सबसे बड़ी उपलब्धि की शुरुआत थी।

39

बड़ी यात्रा

मैं बिना किसी विपणन बजट के छोटे स्तर कारोबार शुरु करने वाला व्यवसायी था। सामान्यतौर पर लोग ग्राहक पाने के लिए बहुत अधिक धन खर्च करते हैं लेकिन मेरे पास ऐसा वित्तीय सहयोग नहीं था।

यदि मैं अपने ग्राहकों की संतुष्टि के मुताबिक काम कर पाता तो जादुई सफलता मिलती। मैंने अर्थशास्त्र खोला और वहाँ पर एक अन्य सूत्र हाथ लगा:

अर्थव्यवस्था के प्रबंधन में हमेशा सक्रिय रहो क्योंकि संपदा का आधार आर्थिक गतिविधि है; क्योंकि निष्क्रियता से हमेशा आर्थिक कष्ट होता है। सक्रिय नीति के अभाव में वर्तमान संपन्नता और भविष्य में मिलने वाले लाभ – दोनों को क्षति पहुँचती है। (1.19.35.36)

चाणक्य ने धन सृजन करने वाली गतिविधि पर जोर दिया है। मैं व्यवसाय के अवसर को यह कहकर गँवा दिया होता कि मुझे इस बारे में पहले से अनुभव नहीं है। मगर मैंने अपने लक्ष्य को पाने के लिए सक्रियतापूर्वक काम किया और वैभव का सृजन किया।

मैंने इस संबंध में कुछ अनुसंधान किया और कई अनुभवी ट्रैवेल एजेंटों

के साथ बात की जिनसे मैं प्रदर्शनी में मिला था। मैंने रामायण परिपथ का एक खाका तैयार किया और उनलोगों से यात्रा व्यवस्था और अन्य आवश्यकताएं जो पहली बार आने वाले पर्यटकों को हो सकती है, के बारे में पूछा।

सबके एक ही मानक प्रश्न होते थे, "आपके साथ कितने पर्यटक होंगे?"

मुझे बहुत ही होशियारी के साथ जवाब देना पड़ता था, "शुरु में दो सौ ही लेकिन आप से ठीक तरह से बात पट जाएगी तो अधिक पर्यटक भी शामिल हो सकते हैं।" मैंने जिन लोगों के साथ बातचीत की, उन्हें इतनी संख्या काफी लगी। चर्चा के दौरान वे मुझे गंभीरतापूर्वक लेने लगे।

एक सप्ताह के समय में मैंने पूरे विवरण के साथ यात्रा योजना तैयार की – प्रतिदिन की यात्रा, निवास के स्वरूप, भोजन की पसंद और अन्य वे सभी बातें जो एक पर्यटक चाहता है। उसके बाद मैंने उस व्यक्ति को फोन किया जिनसे प्रदर्शनी में मिला था।

वे मेरे से बात करके प्रसन्न लग रहे थे, "आपके और मेरे बीच जो चर्चा हुई थी उसके बारे में सोच रहा था।"

मैंने गौरवपूर्ण भाव के साथ कहा, "आप जिस तरह के दौरा चाह रहे थे उसका मोटे तौर पर मैंने एक खाका तैयार किया है।"

"बहुत अच्छा। इसे मेरे पास भेज दीजिए। कल मैं भारत से जा रहा हूँ। अपने संघ के सदस्यों के साथ मेरी थोड़ी बातचीत हुई थी और हर कोई भारत में आध्यात्मिक दौरा संबंधी विचार से रोमांचित है।" उन्होंने स्पष्ट किया।

यह मेरे लिए एक अच्छी खबर थी कि संघ के सदस्य भी इस दौरे को लेकर मेरे जैसे ही गंभीर थे।

उन्होंने मुस्कुराते हुए कहा, "मुझे आशा है कि आप हमलोगों से उचित शुल्क ही लेंगे।"

मैं जानता था कि व्यवसाय में हर निर्णय का आधार आर्थिक होता है। हालांकि मैं कुछ कहता उससे पहले ही उन्होंने कहना शुरु कर दिया, "लेकिन

इस बात को लेकर आप चिंतित न हों। यदि आप ठीक से काम करेंगे तो आपने जितने शुल्क का उल्लेख किया है उससे अधिक हम आपको देंगे और भविष्य में भी इससे अधिक व्यवसाय देते रहेंगे। इतना कहकर उन्होंने बातचीत को विराम दिया।

विदेश में स्थित भारतीय संघ के उस भद्र व्यक्ति के साथ मैं दौरे के संबंध में दो सप्ताह तक बातचीत करते रहा। उन्हें मेरे प्रस्ताव एवं यात्रा योजना अच्छे लगे। मैं उनसे विभिन्न आवश्यकताओं के बारे में पूछताछ करने लगा, यथा – भोजन शाकाहारी होना चाहिए; एक कमरे में दो से अधिक लोग नहीं होने चाहिए; बसें वातानुकूलित होनी चाहिए; बहुत ही जल्दबाजी में थका देने वाला दौरा नहीं होना चाहिए। मुझे में इसमें बहुत कुछ सिखना था।

अंततः उन्होंने एक दिन मुझे फोन करके बताया, ''नौजवान, आपने जो हमारे लिए दौरा निर्धारित किया है उसको हमने स्वीकार कर लिया है। हमें यह बताइए कि आपको अग्रिम राशि किस रूप में भेजें।'' मैं रोमांचित हो उठा। मैं यह नहीं जानता था कि किस तरह से जवाब दूँ। मैं पर्यटन में इसे बड़ा स्वरूप देने पर स्वयं भी एक यात्रा पर ही था। अपनी उत्तेजना पर अंकुश लगाते हुए मैंने उनसे पूछा, ''सर, कितने लोग आएंगे?'' मेरे पूछने का आशय आगंतुकों की सही संख्या का पता लगाना था।

''बहुत खूब! हमने दो सौ लोगों की योजना बनायी है लेकिन अधिक लोगों को शामिल करने की मांग हो रही है। हमलोग तीन सौ तक हो सकते हैं। मेरी कोशिश यह है कि संख्या इससे अधिक नहीं बढ़े। यदि मैं थोड़ी ढील दे दूँ तो संख्या पाँच सौ तक पहुँच सकती है।

पाँच सौ तक लोग? मैं ख़ुद को लालची के रूप में प्रदर्शित नहीं करना चाहता था और उनका पक्ष सुनते रहा।

''नौजवान, क्या आपको मालूम है बहुत अधिक लोगों के साथ आना बहुत बड़ी जिम्मेदारी है। सब कुछ के बावजूद, थोड़ी भी गलती होने से दोष मेरे सिर मढ़ दिया जाएगा।'' उन्होंने गंभीर स्वर में कहा।

कुछ क्षण रुककर मैंने उनसे कहा, ''सर, मैं समझ रहा हूँ। मैं पूरे दौरे की

पूर्ण जिम्मेदारी लेता हूँ। कृपया आप निश्चिन्त रहें, मैं हर बात का व्यक्तिगत तौर पर ख्याल रखूँगा।''

दादाजी की तरह उन्होंने मुझसे पूछा, ''नौजवान, मैं आपसे एक प्रश्न पूछ सकता हूँ क्या?''

मैं सुन रहा था, ''जरूर पूछिए सर।''

'मैंने आपकी पृष्ठभूमि की जाँच की है और यह पाया कि इतनी अधिक संख्या में विदेशी पर्यटकों के सत्कार का आपके पास अनुभव नहीं है। तब आपको इस दौरे को सफल बनाने के संबंध में कैसे इतना आत्मविश्वास है?''

मुझे आश्चर्य हो रहा था कि उन्होंने मेरे बारे में शोध कर लिया था। जो व्यक्ति मुझे काम देकर इतना बड़ा जोखिम उठाने के लिए तैयार था उनके साथ मैं झूठ नहीं बोलना चाहता था।

मैंने ईमानदारी के साथ कहा, ''सर, यह रामायण यात्रा है। इसके संबंध में योजना बनाने से पहले मैंने भगवान राम से प्रार्थना की।''

मैं थोड़ा रुका और फिर स्पष्ट किया, ''मैं एक आध्यात्मिक परिवार से हूँ। मेरे दादा–दादी और माता–पिता ने मुझे सिखाया है कि काम भक्तिपूर्वक करना चाहिए। मेरे लिए यह केवल एक दौरा नहीं है बल्कि यह प्रभु श्रीराम के भक्तों की सेवा है। जिस तरह से हनुमानजी को कर्म करने के लिए उन्होंने शक्ति दी थी उसी तरह से वे मुझे भी यह काम करने की शक्ति देंगे।''

मैं यह नहीं जानता कि ये शब्द कैसे मेरे मन में आए लेकिन मैंने जो कुछ कहा वह दिल से कहा। मैं इस दौरे में एक व्यवसायी नहीं बल्कि भक्त बने रहना चाहता था।

अंतत: जब दो माह के बाद यह दल पहुँचा तो इसमें छ: सौ पचास पर्यटक थे। लोगों को शामिल करने की अत्यधिक माँग को देखते हुए ऐसा लगता था कि उस भद्र व्यक्ति का मेरे में विश्वास था।

भारत का बीस दिवसीय देश–व्यापी दौरा एक कठिन कार्य था। हालांकि

सभी लोग न केवल प्रसन्न थे बल्कि आध्यात्मिक रूप से सबल भी लग रहे थे। दल में शामिल एक बुजुर्ग महिला ने मुझे आशीर्वाद देते हुए कहा, "जिस तरह से हनुमानजी श्रीराम के प्रिय थे वैसे ही तुम हो जाओ।" जिस भद्र व्यक्ति ने मुझे यह अवसर दिया था उन्होंने कहा, "हमलोग खुश हैं। हम आपको एक बड़े दौरे के आयोजन का अवसर देंगे।"

उन्होंने मुस्कुराकर कहा, "महाभारत यात्रा की तैयारी प्रारंभ कर दीजिए।"

40

आध्यात्मिक सहयात्री

मेरा पर्यटन व्यवसाय चल पड़ा। अब पीछे मुड़ने का सवाल ही नहीं था। रामायण दौरे से लेकर महाभारत दौरे तक मैं इस तरह के अनूठे दौरे तैयार करने लगा जिसकी विदेशों में बसे लोगों को चाहत रहती थी। मैं अर्थशास्त्र का अध्ययन करते रहा और चाणक्य से मार्गदर्शन प्राप्त करते रहा:

जो काम किसी सहयोगी की मदद से की जाए उसमें दोहरी नीति अपनानी चाहिए। (7.1.18)

मैं इस सूत्र के भाव पर गहराई से विचार किया। मैंने महसूस किया कि स्वयं हर काम करने से बेहतर है किसी सहयोगी के साथ मिलकर काम किया जाए। ऐसी सहभागिता में व्यक्ति को दोहरी नीति पर विचार करना चाहिए अर्थात् लाभ ही लाभ की स्थिति।

पर्यटन उद्योग में मुझे बिक्रेता और आपूर्तिकर्ता के रूप में सहयोगी थे लेकिन मुझे एक व्यवसायी सहयोगी की आवश्यकता थी। मेरे ऊपर काम का बोझ पहले से ही बहुत था और मैं स्वयं पर इससे अधिक बोझ नहीं डाल सकता था। मेरे पास कुछ कनिष्ठ कर्मचारी थे लेकिन उन्हें मेरे मार्गदर्शन की जरूरत थी। मैंने निर्णय लिया कि एक अच्छे सहयोगी का साथ लिया जाए जिससे मेरा व्यवसाय अगले स्तर तक पहुँच सके।

जब मैं इन सब बातों पर विचार कर रहा था तभी मेरी डॉक्टर का फोन आ गया, "मेरा पी–एच.डी. शोध–प्रबंध जमा करने की अंतिम स्थिति में है।" मैं यह नहीं समझ पाया कि वह इस बात से खुश है अथवा दुखी। जो लोग अपने पी–एच. डी. की तैयारी के अंतिम पड़ाव पर हों उनके लिए यह तो यात्रा के अंत के समान है। तब उसको खुशी क्यों नहीं हो रही थी?

"मैं अब इसे और अधिक दिनों तक छिपाकर नहीं रख सकती। हमें अपने माता–पिता से बात करनी चाहिए।" उसने जोरदार ढंग से अपनी बात रखी।

जब शाम में हमारी भेंट हुई तो मैंने महसूस किया कि डॉक्टर पी–एच. डी. के नाम पर अपने घर पर विवाह की बात को टालती जा रही थी। लेकिन अब यह भी कोई ठोस कारण नहीं रहा।

"क्या पहले तुम अपने माता–पिता से बात करोगे या पहले मैं अपने माता–पिता से बात करूं?" वह इस क्षण की प्रतीक्षा कर रही थी।

मैं एक क्षण के लिए रुक गया। मैं कुछ दिनों से अपने व्यवसाय के लिए संघर्षरत था। हालांकि मैंने अच्छा काम किया था लेकिन इससे बहुत अधिक पैसा नहीं बना पाया।

मैंने जो कुछ कमाया उसका निवेश व्यवसाय में ही कर दिया था। संघर्ष का समय चल ही रहा था लेकिन धीरे–धीरे अच्छे समय का भी आगाज हो रहा था।

मुझे एक व्यवसायी सहयोगी की आवश्यकता थी मगर मैंने महसूस किया कि मुझे पहले एक जीवन साथी की आवश्यकता है। मुझे आत्मविश्वास हो गया था कि मैं जीवन में कुछ भी कर सकता हूँ, इसलिए मैं इसके लिए तैयार था।

इस संबंध में मैं अपने माता–पिता से मिला और अपने जीवन में मौजूद इस डॉक्टर के विषय में उन्हें बताया। वे दोनों इस बात से वाकिफ थे कि हमलोग कॉलेज के दिनों से दोस्त हैं मगर उन्हें यह नहीं मालूम था कि हम एक–दूसरे को इस रूप में देख रहे हैं।

चर्चा के दौरान मैंने महसूस किया कि मेरी माता को हमारे और डॉक्टर के बीच इस प्रगाढ़ दोस्ती पर अचरज था। मगर साथ ही मेरी माता और डॉक्टर की माता के बीच मेरे द्वारा आयोजित उस प्रथम दौरे से अच्छी दोस्ती हो गई थी।

अन्य परिवारों में भी इस दोस्ती को सकारात्मक नजरिए से देखा गया। डॉक्टर के परिवार वाले मुझे जानते थे। साथ ही उसके पिता स्वयं एक व्यवसायी थे और उन्हें मेरे कॅरियर के संघर्ष काल से कोई आपत्ति नहीं थी। दोनों परिवार एक–दूसरे से मिले और सगाई की तिथि तय हो गई। हमारे अधिकांश दोस्तों के लिए यह एक सुखद आश्चर्य था और इससे हर कोई खुश था।

सर्वोत्तम प्रेम विवाह वही होता है जो परिवार के सदस्यों की रजामंदी से तय होता है। हालांकि हमलोग अलग–अलग समुदाय से थे। लेकिन दोनों परिवारों के बीच मन मिल रहा था। दोनों परिवार के रिश्तेदार इस सगाई समारोह में शामिल हुए। सगाई समारोह को थोड़े भव्य स्तर पर आयोजित किया गया। हमदोनों जीवन–भर के लिए हमसफर बनने जा रहे थे।

विवाह के लिए शुभ तिथि निर्धारित करते समय डॉक्टर का एक ही अनुरोध था। "विवाह की तिथि छः माह बाद तय की जाए तब तक मेरी पी–एच.डी. पूरी हो जाएगी।" वह अपनी इस डिग्री के अंतिम चरण में थी और नहीं चाहती थी कि विवाह के कारण उसकी पढ़ाई पर असर पड़े। इस पर सहमत होने में हममें से किसी को आपत्ति नहीं थी।

मेरे पिता जी मुझे थोड़े एकांत में ले गए और मैं भारत में होने वाले विवाह के इस सुंदर पक्ष से अविभूत था। "भारत में विवाह को महज एक संबंध नहीं माना जाता है। एक केवल तुम्हारे और तुम्हारी पत्नी के बीच का संबंध नहीं है और न ही यह केवल दो परिवारों के बीच का रिश्ता है। यह तुम दोनों और ईश्वर के बीच का संबंध है।

जब कन्या का पिता उसका हाथ वर के हाथ में डालता है तब उसे एक आध्यात्मिक संगिनी के रूप में वर को सुपुर्द करता है। तुम दोनों को

आध्यात्मिक मार्ग पर साथ–साथ आगे बढ़ना है।'' विवाह को जिस तरह से दिव्य स्वरूप दिया जाता है उससे मैं भावुक हो गया।

पिता जी ने पूछा, ''क्या तुम्हें मालूम है कि संस्कृत में पत्नी को सहधर्मिणी कहा जाता है?''

''सहधर्मिणी का अर्थ आध्यात्मिक पथ पर साथ चलने वाली होता है।'' उन्होंने रामायण के एक श्लोक का उद्धरण दिया और कहा, ''प्रत्येक मानव ईश्वर प्राप्ति के लिए आध्यात्मिक मार्ग पर है। तुम्हारे पति अथवा पत्नी इस मार्ग पर तुम्हारा सहयोगी बने न कि अवरोधक।

यदि विवाह संबंध की नींव अध्यात्म पर आधारित हो तो यह संबंध अधिक मजबूत और अधिक प्रगाढ़ होता है। प्रत्येक विवाह में रिश्ते में उतार–चढ़ाव आता है। इसमें अनूठे चुनौतियों का सामना करना पड़ता है। आध्यात्मिक आधार के रहने से दंपति को इन चुनौतियों का सामना करने में सहायता मिलती है और घर एक मंदिर बन जाता है।'' जब मैंने यह बात डॉक्टर से बतायी तो वह भी भावुक हो गई।

सगाई के कुछ माह बाद उसे डॉक्टर की डिग्री मिल गई। अब पूरी दुनिया उसे डॉक्टर कहकर पुकारती।

हमारा विवाह हमारे जीवन की सबसे सुंदर घटना थी। दोनों परिवार के बीच प्रेम प्रगाढ़ हो गया। मेरे विवाह वे सभी लोग आए जो मुझे प्रिय थे – मेरे गुरुजी, गुरुमा, न्यासी भद्र व्यवसायी, बड़े व्यवसायी चेयरमैन जिनके अंदर मैं काम किया था और हमदोनों के अनेक मित्र।

मेरे जीवन का एक नया अध्याय प्रारंभ हुआ। पति के पद पर मेरी पदोन्नति हो गई।

41

प्रगति का अगला चरण

पर्यटन व्यवसाय में होने का अपना लाभ है। इसका सबसे बड़ा लाभ मुझे अपने हनीमून के प्रबंध में लगा।

एक ट्रैवेल एजेंट के साथ मेरा अपना व्यवसायिक रिश्ता था, वह मेरा अच्छा दोस्त बन गया था। वह हनीमून पैकेजिंग का विशेषज्ञ था और उसे उत्कृष्ट स्थानों की जानकारी थी। मानें या न मानें, मगर उसने मेरे संपूर्ण हनीमून यात्रा को प्रायोजित किया।

उन्होंने मुझसे कहा, ''आप पैसे की चिन्ता न करें। हमारे परिवार में सबकुछ है।'' उन्होंने मेरे ठहरने के लिए सर्वोत्तम होटल तथा यात्रा के लिए सर्वोत्तम बस की व्यवस्था की। हमें इनमें से किसी भी सुविधा के लिए भुगतान नहीं करना पड़ा। हमने ज़िंदगी के इस लम्हें का लुत्फ उठाया।

डॉक्टर की केवल शिकायत थी, ''कैसे कोई पति अपने हनीमून पर खर्च नहीं करेगा?'' निस्संदेह पति अपनी पत्नी पर खर्च करे, इसका अपना आनंद है।

इसका एक विकल्प उसने मेरे सामने रखा, ''तुम मुझे हर साल हनीमून पर ले जाओगे।'' मैं भौंचक्का रह गया। उसने एक और मांग की, ''हर बार नई जगह पर।''

मैं अपनी प्रेयसी की पहली मांग को नकार कैसे सकता था? आखिर जीवनभर साथ रहने का मामला था। जब से मैंने यह वचन दिया था तब से

हम हर बार विवाह का सालगिरह मनाने के लिए अलग–अलग जगहों पर जाते रहे। हम दोनों वर्ष में होने वाली इस यात्रा की प्रतीक्षा करते रहते थे।

हनीमून से वापस घर आने के बाद हमने महसूस किया कि मुझे अपने व्यवसाय को बढ़ाने के लिए नई रणनीति की आवश्यकता है। मुझे नए कर्मचारियों की भर्ती करनी थी, विपणन पर अधिक खर्च करना था और बड़े ऑफिस से काम करने की जरुरत थी। मेरा कारोबार ठीक–ठाक चल रहा था लेकिन इतने पैसे नहीं थे कि व्यवसाय का बहुत बड़ा फैलाव किया जाए।

मार्गदर्शन के लिए आदतन मैंने अर्थशास्त्र का सहारा लिया:

यदि दो शक्तिशाली राजाओं के बीच स्थित हों तो रक्षा के लिए दोनों के बीच अधिक शक्तिशाली जो हो उसका आश्रय लेना चाहिए।(7.2.13)

मैंने सोचा कि कौन अधिक शक्तिशाली राजा है जो मेरी रक्षा करेगा? मैं केवल एक ही व्यक्ति के बारे में सोच सका। वही बड़े उद्योगपति, चेयरमैन जिनकी कंपनी में पहले मैं काम कर चुका था।

मैंने उस बात को भी याद किया जो उन्होंने मुझसे त्यागपत्र देने के समय में कही थी। उन्होंने कहा था, ''जाओ, अपने दिल की पुकार सुनो। तुम्हें जब कभी मेरी सहायता की जरूरत हो तो तुम्हें सहायता देकर मुझे खुशी मिलेगी।''

मुझे अपने कारोबार को बढ़ाने के लिए सचमुच उनकी मदद की जरुरत थी। इसलिए मैंने उनसे मिलने का समय मांगा और मिलने के लिए पहुँच गया।

उन्होंने सुझाव दिया, ''आप सही मार्ग पर हैं। आवश्यकता है कि आप अपने व्यवसाय के लिए अच्छी योजना बनाएं।''

''जिस व्यवसाय को आगे बढ़ाने की इच्छा हो उसे आंकने का उपाय भी

होना चाहिए और उसके लिए अच्छा प्रबंधन दल होना चाहिए।'' मैंने उनके पास आर्थिक सहायता के लिए आया था मगर मैंने महसूस किया कि जिन विभिन्न पक्षों के बारे में वे मुझसे कह रहे थे मैंने उनके बारे में ठीक से ग़ौर नहीं किया था।

''तुम्हें जरूरत है कि तुम इस उद्योग के पेशेवर लोगों को अपने पास रखो। वे तुम्हारे पास अपने अनुभव लेकर आएंगे जो कि बहुत जरूरी है। सिर्फ अकेला दिमाग से व्यवसाय को आगे नहीं बढ़ाया जा सकता। हमें अनेक अच्छे हाथ और अनेक दिमाग की जरूरत होती है।'' उनका अनुभव बोल रहा था।

''मुझे इस संबंध में खुद थोड़ा चिंतन करने दो और अगले सप्ताह हमलोग साथ मिलकर व्यवसाय योजना बनाएंगे।'' मैं कुछ बोल नहीं रहा था बल्कि सुन रहा था।

अपना करोबार शुरु करने के बाद पहली बार मैं चिंतत था। मैं जानता था कि मुझे आगे बढ़ना है लेकिन मैं यह नहीं जानता था कि मुझे अपनी कंपनी को आगे बढ़ाने के लिए इस उद्योग के अनुभवी लोगों की जरूरत होगी।

जब मैं अगले सप्ताह चेयरमैन से मिला। उनके साथ कुछ लोग बैठे हुए थे जो उनके रणनीति दल के सदस्य थे। उन्होंने पर्यटन उद्योग की गतिशीलता, सरकारी नीतियों और बाजार संभावना के बारे विस्तृत ब्यौरा प्रस्तुत किया।

चेयरमैन ने आगे कहा, ''तुम देख रहे हो कि इस उद्योग में बड़ी संभावना है लेकिन इसमें खेल को एक नया शक्ल देने वाले खिलाड़ी की जरूरत है। हमें केवल परंपरागत मार्ग का ही अनुसरण नहीं करना चाहिए बल्कि नए रास्ते भी तैयार करने चाहिए जिन्हें दूसरे लोग अनुसरण करें।''

थोड़ी देर चिंतन करने के बाद उन्होंने कहा, ''हमें इस व्यवसाय को ऑटोमेशन मोड में करना चाहिए। इसके हमें उपलब्ध सर्वोत्तम प्रौद्योगिकी का इस्तेमाल करना चाहिए। यही एक रास्ता है आगे बढ़ने का।'' दूसरे लोग नोट्स लेते रहे और उन्होंने व्यवसाय योजना में सूचना प्रौद्योगिकी बजट को जोड़ दिया।

"पूरी दुनिया हमारे लिए बाजार है और हमें इस बाजार पर कब्जा कंप्यूटर के माध्यम से करना है।" उन दिनों कंप्यूटर का उद्योग में उपयोग न केवल कैलकुलेटर के रूप में शुरू हुआ था बल्कि इसका उपयोग रणनीति तैयार करने के लिए भी किया जाता था।

चेयरमैन में उत्साहित होकर कहा, "इस तरह से आगे बढ़ने वाले हमलोग भारत की पहली पर्यटन कंपनी होंगे।"

अगली दो बैठकों में चेयरमैन के वित्त टीम के लोग आर्थिक ब्यौरा तैयार करने में जुटे रहे। इस व्यवसाय में जितने निवेश की जरूरत थी उस मुताबिक पैसे के संदर्भ में वे बड़ी राशि तक पहुंच गए।

मैंने अपनी सीमित सोच से जितना चेयरमैन से मांगने के लिए सोचा था उससे कहीं अधिक यह राशि थी।

इसके बाद चेयरमैने ने मेरे से एक कठिन प्रश्न पूछा, "आपके हिसाब से इसमें किस तरह की हिस्सेदारी होगी?"

मैं इस तरह की चर्चा के लिए तैयार नहीं था। लेकिन बाद में मैंने महसूस किया कि यदि कोई निवेशक आपके व्यवसाय में योगदान देता है तो वह आपकी कंपनी में एक हिस्सेदारी प्राप्त करता है क्योंकि स्वाभाविक रूप से वह आपकी कंपनी में हिस्सेदार बन जाता है।

मैंने जो व्यवसाय खड़ा किया है उसमें किसी और को अहम हिस्सेदारी क्यों दूँ? ऐसा मैंने सोचा। मैंने महसूस किया कि चेयरमैन बेवजह पैसे का निवेश नहीं करेंगे; मुझे अपने व्यवसाय का संपूर्ण विवरण उनके सामने प्रकट करना पड़ेगा। मुझे भय था कि एक उद्यमी के रूप में मैं अपनी स्वतंत्रता खो दूंगा।

क्या मैं एक बार फिर उनका कर्मचारी बन जाउंगा और दैनिक आधार पर उन्हें रिपोर्ट करूंगा? क्या मैं इसीलिए नौकरी छोड़ी थी कि एक मोड़ पर फिर मैं वापस आ जाउंगा? अब मैं उनसे पैसे लेने से झिझक रहा था। आज वे मेरे से हिस्सेदारी की बात कर रहे थे लेकिन कल वे मेरे व्यवसाय पर कब्जा कर लेंगे।

"इसे भूल जाइए। मैं एक छोटे व्यवसायी के रूप में ठीक हूँ।" मैंने प्रायः समापन करते हुए कहा, जब ......

42

बचपन के मित्र का मार्गदर्शन

मैं एक अजीब तरह की चुनौती का सामना कर रहा था। मैं विकास के लिए अधिक निवेश चाह रहा था। साथ मैं जिस व्यवसाय को शून्य से प्रारंभ करके खड़ा किया था उस पर किसी अन्य का नियंत्रण भी नहीं चाह रहा था।

चाणक्य हमेशा कहा करते थे कि कठिन परिस्थिति में मित्रों की सहायता लेनी चाहिए। मुझे बचपन का एक अच्छा मित्र था जो हर परिस्थति में मुझे सही सलाह देता था। मैं उनसे मिलकर अपना हाल बताया।

मेरे मित्र एक बड़ी बहुराष्ट्रीय कंपनी में काम कर रहे थे। वे वहाँ पर वित्त प्रमुख थे। उन्होंने भी अपने कॅरियर में तेजी से तरक्की की थी। रणनीति संबंधी सलाह देने और व्यवसाय में मार्गदर्शन देने में वे निपुण थे।

उन्होंने कहा, ''निवेशक की मदद से आगे बढ़ने वाले प्रत्येक व्यवसायी को ऐसी परिस्थिति का सामना करना पड़ता है। आपको आगे बढ़ने की तरूरत है लेकिन आप अपनी कंपनी का नियंत्रण दूसरे के हाथ में नहीं देना चाहते हैं।''

मैंने दुहराया, ''वे कंपनी में हिस्सेदारी चाह रहे हैं।''

मित्र ने मेरे से प्रश्न किया, ''इसके सिवा में और क्या मांगेंगे?'' मेरे पास इस प्रश्न का स्पष्ट जवाब नहीं था।

उन्होंने स्पष्ट किया, ''जो कोई पैसे का निवेश करता है उसे व्यवसाय में हिस्सेदारी मांगने का उचित हक है। जिस तरह से तुम्हारे लिए यह एक

व्यवसाय है उसी तरह से उनके लिए भी यह एक व्यवसाय है। इसलिए यह उचित है कि तुम्हें हिस्सेदारी पद्धति पर सही ढंग से बात करनी चाहिए।''

उसने आगे कहा, ''इसका सकारात्मक पक्ष इस प्रकार देखो। तुम्हें न केवल उनका पैसा मिल रहा है बल्कि इतनी बड़ी कंपनी चलाने का उनका व्यापक अनुभव भी तुम्हें मिल रहा है। एक तरह से तुम भाग्यशाली हो।''

मैं विल्कुल भी उनकी बातों से सहमत नहीं था। मेरे दोस्त ने मेरे मन को भांप लिया और उसने अपनी बात को एक उदाहरण के माध्यम से स्पष्ट करना चाहा।

''हर माँ के लिए उसका बच्चा महत्वपूर्ण होता है। माँ का अपने बच्चा से लगाव होता है। वह अपने बच्चे के लिए अपना पूरा प्यार और ममता न्यौछावर कर देती है। माँ बच्चे को खिलाती है, बीमार होने पर उसका ध्यान रखती है, उसे चलना और बोलना सिखाती है।'' मैं इस बात को समझ सकता था। एक व्यवसायी के रूप में पहले ही दिन से मैंने अपनी कंपनी का ध्यान एक बच्चे की भांति रखा।

''इसके बाद बच्चे को स्कूल में भर्ती करने की सबसे महत्वपूर्ण चुनौती सामने आती है। यह बहुत कठिन होता है कि बच्चे को उस स्कूल में भेज दिया जाए जो माँ और बच्चे दोनों के लिए अपरिचित है। यह बच्चा भी अजनबी से मिलने पर विरोध करेगा।''

हालांकि माँ जानते रहती है कि दुनिया की चुनौतियों का सामना करने के लिए बच्चे को स्कूली शिक्षा जरूरी है।

क्या तुम जानते हो कि स्कूल में सबसे महत्वपूर्ण व्यक्ति कौन होता है?

मैंने तुरंत जवाब दिया, ''शिक्षक।''

मेरे मित्र ने मुस्कुराते हुए कहा, ''विल्कुल सही। हालांकि माँ बच्चे की पहली शिक्षिका होती है लेकिन उसके शिक्षा की एक सीमा होती है। माँ जानते रहती है कि बच्चे को स्कूल जाना है और वहाँ पर उसे विषय विशेष के शिक्षक ज्ञान देंगे।'' मुझे उसकी यह बात समझ आ गई।

उन्होंने आगे स्पष्ट किया, ''व्यवसाय में भी निवेश के मामले में समझना चाहिए कि जो पैसा निवेश कर रहा है उसके पैसे को ही सिर्फ नहीं देखना चाहिए बल्कि निवेशक आपका शिक्षक भी बन सकता है।'' मैं जितने लोगों से मिला था उनमें चेयरमैन सबसे अच्छे व्यवसाय शिक्षक थे।

''तुम भाग्यशाली हो। तुम्हें न केवल एक निवेशक मिल रहा है बल्कि हमारे देश के सबसे आदरणीय एवं अच्छे व्यवसायी तुम्हारे हिस्सेदार बन रहे हैं।'' मेरे दोस्त मेरे प्रति बहुत खुश थे।

अंत में सलाह के निचोड़ के तौर पर उन्होंने कहा, ''इस पर दुबारा मत सोचो। व्यवसाय में आगे बढ़ने के लिए यह एक स्वर्णिम अवसर है। दोनों हाथ से इस अवसर को लपक लो।''

''तुम जानते हो कि हम बचपन के दोस्त हैं लेकिन पिछले कुछ वर्षों से तुम्हारे प्रति मेरा आदर बढ़ गया है।'' ऐसा उन्होंने कहा।

मैंने स्पष्टीकरण चाहा, ''आदर?''

''हाँ, आदर। हममें से अधिकांश लोग बड़ी कंपनियों में मोटी तनख्वाह पर काम करते हैं लेकिन तुम्हारे जैसे उद्यमी बनने की जोखिम नहीं उठा सकते हैं। मेरी तरह तुम्हारे पास भी इस चेयरमैन के अंदर मोटी तनख्वाह पर वरिष्ठ पद पर काम करने का विकल्प था। लेकिन तुमने ऐसा नहीं करने का निर्णय लिया था।'' वह थोड़ा भावुक हो गया।

''अब वही व्यक्ति तुम्हारा सहयोगी बनना चाहता है, तुम्हारे व्यवसाय में निवेश करना चाहता है। अब तुम्हें इससे अधिक क्या चाहिए?''

जैसे ही हम जुदा होने लगे उन्होंने मेरी आँखों में झांका और कहा, ''तुम केवल मेरे दोस्त ही नहीं हो बल्कि मेरे रोल मॉडल भी हो। मैं भी चाहता हूँ कि एक दिन इस बड़ी नौकरी को छोड़कर अपना छोटा–सा करोबार शुरू करूँ।''

मैंने उसकी पीठ थपथपायी और कहा, ''सचमुच? तुम मेरे से बेहतर व्यवसायी साबित होगे। मेरी ओर देखो, मैं खुद का व्यवसाय चला रहा हूँ,

फिर भी आगे बढ़ने के लिए तुमसे परामर्श लेने आता हूँ।''

वह हँसने लगा, ''सलाह देना आसान है लेकिन खुद उसका पालन करना कठिन है।''

मैं जीवन में एक बार पुनः दिशानिर्देश प्राप्त करके प्रसन्न था। मैंने चेयरमैन का प्रस्ताव मान लिया और हिस्सेदारी के तौर–तरीके को संरचनात्मक स्वरूप दिया। उन्होंने सुझाव दिया, ''हमें एक बड़े शुरुआत की योजना तैयार करनी चाहिए कि हम विश्वमंच पर पहुँच गए हैं। वह तुम्हारी कंपनी का दूसरा संस्करण होगा....''

मैंने उन्हें रोका, ''सर हमारी कंपनी।'' वे हँसने लगे।

मैंने महसूस किया कि चेयरमैन के एक निवेशक एवं हिस्सेदार के रूप में आने साथ ही मेरी कंपनी का बहुत कुछ बदल गया। मेरे आत्मविश्वास का स्तर उठ गया। मैं दुनियाभर के पेशेवर लोगों एवं विशेषज्ञों से घिरा रहता था।

हमने योजना बनायी की यह शुभारंभ किसी पंच सितारा होटल से किया जाए। मेरी कंपनी के नए अवतार के शुभारंभ कार्यक्रम की बागडोर चेयरमैन और उनकी टीम ने संभाल ली। मीडिया के बहुत–से लोग उपस्थित थे।

इस अवसर पर उद्योग जगत की बड़ी–बड़ी हस्तियां मौजूद थीं। चेयरमैन ने बहुत ही गौरवपूर्ण अंदाज में सबसे मेरा परिचय करवाया। बहुत से टी.वी. चैनलों ने मेरा साक्षात्कार लिया।

मेरे बचपन के दोस्त उस कार्यक्रम में उपस्थित थे। उन्होंने कहा, ''जरा सोचो कि यदि तुम इस प्रस्ताव को नहीं माने होते तो क्या तुम अपनी कंपनी का यह उछाल देखे होते?''

मैंने सिर हिलाया और कहा, ''माँ हमेशा चाहेगी कि शिक्षक के मार्गदर्शन में बच्चा आगे बढ़े।'' हम दोनों ने एक–दूसरे को गले लगा लिए।''

43

डॉक्टर का अनुरोध

डॉक्टर अपने नए घर – पति के घर में आसानी से रम गई। वह मेरे माता–पिता एवं सगे–संबंधियों के साथ भी घुल–मिल गई। मेरे लिए यह एक सुखद संकेत था।

भारत में विवाह अलग प्रकार का होता है। मुझे विभिन्न मित्रों और सगे–संबंधियों के घर में भोजन के लिए आमंत्रित किया जाता था।

मुझे लगा कि निमंत्रण के इस सिलसिला शीघ्र अंत हो जाएगा किंतु एक साल से अधिक तक चलता रहा। मैं अपने कार्य और पति धर्म के बीच तालमेल बैठाते रहा।

हमारी संस्कृति में बेटियाँ जैसे सोंचती हैं, उनसे हम परिचित हैं। लालन–पालन, प्यार, ममता और शिक्षा देने वाले माता–पिता के घर को छोड़कर वे पत्नी और बहू की नई भूमिका को स्वीकार करती हैं। वे इस नए परिवार को अपना मान लेती हैं, मगर वे अपने माता–पिता के परिवार को छोड़ नहीं पाती हैं। मृत्यु पर्यन्त वे दोनों परिवारों की देखभाल करती हैं।

पी–एच.डी. पूरा करने के बाद डॉक्टर विश्वविद्यालय में पढ़ाने लगीं। अपने क्षेत्र में विशेषज्ञ होने के नाते वह संगोष्ठी एवं सम्मेलनों में भाग लेने के लिए बराबर यात्राएं करती रहती थीं।

एक रात भोजन करते समय अचानक वह पूछ बैठी, "आप अपनी पी–एच.डी. कब करने की योजना बना रहे हैं?"

इस प्रश्न से मुझे आश्चर्य हुआ। अपने व्यवसाय को आगे बढ़ाने के चक्कर में मुझे पी–एच.डी. करने के अपने सपने की तिलांजलि देनी पड़ी। यह प्रश्न मुझे अतीत में लेकर चला गया। पी–एच.डी.? नहीं, मैं नहीं ...''

वह कुछ पूछती उससे पहले मैंने स्पष्ट किया। 'मैं अपने व्यवसाय को आगे बढ़ा रहा हूँ, मेरी अनेक प्रतिबद्धताएं हैं। किस प्रकार मैं पुनः संपूर्ण अकादमिक प्रक्रिया से गुजरूंगा? मैं नहीं सोचता कि ऐसा संभव होगा.... मेरी अब अध्ययन में रुचि नहीं रही।''

डॉक्टर होशियार थी। उसने मेरे पर दबाव नहीं डाला। उसके मन में अलग रणनीति थी।

''क्या तुम्हें इस शनिवार को समय है? क्या तुम विश्वविद्यालय आ सकते हो? मेरे छात्र तुम्हारे बारे में पूछ रहे थे। यदि तुम आ सको तो वे लोग तुम्हारे साथ कुछ वक़्त बिताना चाहेंगे और तुमसे व्यवसाय विस्तार का अनुभव प्राप्त करना चाहेंगे।'

''तुम्हारे छात्र मेरे बारे में पूछते हैं?'' मैं कुछ समझा नहीं।

''एक दिन वे टी.वी. पर तुम्हारा साक्षात्कार देखे थे और वे तुम्हारे काम से परिचित हैं। वे कह रहे थे कि तुम उनके बीच अपने व्यवसाय के स्वरूप पर व्याख्यान देने के लिए आते तो अच्छा होता।'' मैं उत्सुक हो गया। मैं नहीं जानता था कि लोग मेरे पर नजर रख रहे हैं।

मेरे माता–पिता दोनों उस चर्चा में शामिल हो गए। माँ ने कहा, 'मेरे दोस्तों ने भी टी.वी. पर साक्षात्कार देखा और वे प्रशंसा कर रही थीं। पिता जी ने कहा, ''कुछ लोगों ने अखबारों में चेयरमैन के साथ तुम्हारा फोटो देखा।''

मैं फूलकर चौड़ा होने लगा। मैं यह जानकर प्रसन्न हो गया कि अनेक लोग एक व्यवसायी के रूप में मेरी उपलब्धि से परिचित थे। मैंने डॉक्टर से कहा, ''लेकिन मेरे पास व्याख्यान तैयार करने के लिए समय नहीं है।''

''यह कोई औपचारिक व्याख्यान नहीं होगा, बल्कि छात्रों के साथ अनौपचारिक बातचीत होगी।'' वह मुझे आभास कराना चाहती थी कि यह एक सामान्य–सा काम है।

मैं इस संबंध में विचार ही कर रहा था वि वह बोली, ''बस एक घंटे के लिए आओ। इस संबंध में बात करो कि कैसे व्यवसाय प्रारंभ हुआ, कैसे आपने इसको चलाया और किस प्रकार बड़े निवेशक इसमें शामिल हो गए – एक कर्मचारी से उद्यमी बनने के लिए रूपांतरित मन:स्थिति से जुड़े सभी अनुभव।''

पिताजी ने कहा, ''तुम इसमें इस बात का भी उल्लेख कर सकते हो कि तुम्हारे व्यवसाय के हर कदम पर अर्थशास्त्र ने तुम्हारी किस प्रकार सहायता की। चाणक्य के साथ जो तुम्हारा सूत्र जुड़ा हुआ है उससे लड़के–लड़कियों को प्राचीन भारत के ज्ञान को अध्ययन करने की प्रेरणा मिलेगी।

डॉक्टर ने बात को आगे बढ़ाते हुए कहा, 'मेरे छात्र तुम्हारे जीवन के वास्तविक अनुभवों को सुनकर खुश होंगे। उनकी कुछ जिज्ञासाएं होंगी जिनका समाधान तुम सत्र के अंत में कर दोगे।''

इसके बाद मैंने स्वयं को सहज महसूस किया। मुझे शोध–पत्र तैयार नहीं करना पड़ा, मुझे सिर्फ अपनी कहानी सुनानी है। ''ठीक है, मुझे शनिवार को किस समय आना है?''

''अगले दिन विश्वविद्यालय जाने के बाद मैं इस संबंध में पुष्टि करती हूँ।''अगले दिन शाम में डॉक्टर ने कहा, ''शनिवार को सुबह साढ़े दस बजे आपके लिए कैसा रहेगा?'' मैंने हामी भर दी।

डॉक्टर ने उत्साहित होकर कहा, ''तुम जानते हो, जब मैंने कहा कि तुम विश्वविद्यालय में आ रहे हो तो शिक्षकों और छात्रों के बीच यह खबर जंगल के आग की तरह फैल गई। अब दूसरे विभाग के छात्रों की ओर से भी ऐसी मांगें होने लगी हैं। सबसे अच्छी बात है कि मेरे विभागाध्यक्ष सहित दूसरे शिक्षक तुम्हें सुनने के लिए आ रहे हैं।''

अब मैं खुद को परेशान और चिंतित महसूस करने लगा। ''तुमने कहा था कि यह एक अनौपचारिक चर्चा होगी; लेकिन यह तो इससे अधिक होने जा रहा है। ऐसे में मैं क्या बोलूंगा?''

''वही कहानी जो तुम मेरी कक्षा में कहते। अंतर केवल इतना होगा कि

इसमें लोगों की संख्या थोड़ी अधिक होगी। मगर इससे क्या फर्क पड़ता है?''

मेरी माँ भी इस चर्चा में शामिल हो गई। ''क्या इस कार्यक्रम में मैं षामिल हो सकती हूँ। इसी तरह से मैं उस जगह को भी देख लूंगी जहाँ मेरी बहू पढ़ाती है और श्रोताओं के बीच बैठकर अपने बेटे को भी सुनूँगी।''

डॉक्टर बहुत खुश हो गई। ''बहुत अच्छा विचार है मम्मी! इस तरह से आप मेरे सहकर्मियों से भी मिल सकेंगी। आप जो मेरे लिए खाना भेजती हैं उसकी वे सब बहुत प्रशंसा करते हैं।'' इन महिलाओं का काम करवाने का अपना ढंग होता है।

उसके बाद बहू ने अपने ससुर की ओर देखा और उनसे कहा, ''पापा, प्लीज आप भी इसमें शामिल होइए ना।'' पिता जी के चेहरे को देखकर ऐसा लगा कि वे इसमें शामिल होने के लिए बस आमंत्रण की प्रतीक्षा कर रहे थे।

अब मैंने हस्तक्षेप किया, ''ठीक है, मगर अब तुम अपने माता–पिता को भी न बुला लो।'' डॉक्टर का चेहरा उतर गया। ''अच्छा बाबा, मैं उन्हें अगली बार बुला लूँगी।''

मैं थोड़ा उद्विग्न था लेकिन अंदर से प्रसन्न भी था। मैं एक शैक्षणिक संस्थान में पुन: जा रहा था। उस स्थान पर जिसे मैं पसंद करता हूँ। मुझे ऐसा लगा कि एक बार मैं पुन: स्वयं से जुड़ रहा हूँ।

और फिर वो शनिवार आ गया .....

44

एक भारतीय व्यवसायी का व्याख्यान

डॉक्टर ने मुझे औपचारिक सूट पहनने के लिए कहा। जब मैंने सूट पहन ली तो उसने कहा कि तुम बहुत आकर्षक लग रहे हो। जब हम सबने विश्वविद्यालय की ओर प्रस्थान किया तब मेरा आत्मविश्वास बढ़ा हुआ था।

मैंने महसूस किया कि जो बात एक छोटी–सी अवधारणा के रूप में शुरु हुई थी वह बड़ी संगोष्ठी का रूप ले ली। मेरे सत्र का आयोजन एक सभागार में किया गया था जिसमें २०० से अधिक छात्रों के भाग लेने की उम्मीद थी, साथ में विभिन्न विभागों के प्रोफेसर भी।

जिस विभाग में मेरी पत्नी पढ़ाया करती थी सबसे पहले उसके वरिष्ठतम शिक्षक और विभागाध्यक्ष से मिलवाने के लिए मुझे ले जाया गया।

''हमारे परिसर में आपका आगमन सुखद है। समय देने के लिए आपको धन्यवाद। आपके कार्य के बारे में आपकी पत्नी हमलोगों को अद्यतन जानकारी देती रहती है, खासकर कौटिल्य के अर्थशास्त्र पर जो शोध आपने किया है।''

''मैडम, मैं स्वयं को सम्मानित महसूस कर रहा हूँ कि मेरी छोटी–सी उपलब्धि पर मुझे बोलने का अवसर दिया जा रहा है। यह सब ईश्वर की कृपा और अनेक बुज़ुर्गों के आशीर्वाद के परिणामस्वरूप प्राप्त हुआ है।'', ऐसा मैंने कहा।

चाय लेते हुए मैंने पूछा, ''क्या कोई विशिष्ट क्षेत्र है जिसके बारे में आप

चाहती हैं कि आपके छात्रों के साथ मैं बात करूं?''

इस पर उन्होंने कहा, ''यदि आप यह स्पष्ट करें कि अर्थशास्त्र आपके व्यवसाय में किस प्रकार प्रासंगिक रहा तो अच्छा होगा, इससे हमारे छात्रों को भारतीय ग्रंथों को पढ़ने की प्रेरणा मिलेगी।''

उन्होंने बात को आगे बढ़ाते हुए कहा, ''आप एक नौजवान हैं और आपने इतना कुछ हासिल कर लिया है। युवा पीढ़ी आपको अपना रोल मॉडल मानती है। उन्हें जीवन में सफल होने के लिए कुछ टिप्स अवश्य दें।''

जब मुझे सभागार में ले जाया गया तो खचाखच भरे हॉल को देखकर मुझे अचरज हुआ। परिचय करवाने के बाद मुझे मंच पर इस विषय पर व्याख्यान देने के लिए बुलाया गया, ''आधुनिक व्यवसाय में चाणक्य के ज्ञान का उपयोग।''

मैंने प्रारंभ किया, ''जब पहली बार मेरे दादाजी ने अर्थशास्त्र से मेरा परिचय कराया तो मैंने सोचा भी नहीं था कि इस ग्रंथ पर मैं एक दिन किसी विश्वविद्यालय के सम्मानित मंच पर व्याख्यान दूंगा।''

मैं थोड़ा भावुक हो गया, ''सबसे पहले मैं अपने दादाजी, अर्थशास्त्र के मेरे गुरु, यहाँ उपस्थित मेरे माता–पिता को मेरा नमन तथा इस विद्यालय के आचार्यगण एवं सभी प्रिय छात्रों को अभिवादन।'' मैं मानता हूँ कि मैंने अपने एक प्रारंभिक संबोधन से सभा के साथ एक संपर्क सूत्र स्थापित कर लिया था।

''मैं आपसे बताना चाहता हूँ कि शिक्षक होना सबसे बड़ा सौभाग्य है। मुझे खुशी है कि मेरी पत्नी इस विश्वविद्यालय में शिक्षण कार्य कर रही हैं। स्पष्ट तौर जब मैं उनके कॅरियर से स्वयं के कॅरियर की तुलना करता हूँ तो मुझे ईर्ष्या होने लगती है।''

सभी लोग हँसने लगे।

''मुझसे चाणक्य के ज्ञान का जीवन एवं व्यवसाय में प्रयोग विषय पर कहने के लिए कहा गया है। इसलिए मैं आपसे कहना चाहता हूँ कि यदि

आपको चाणक्य के ज्ञान को समझना है तो आपको भारतीय अध्यात्म को समझना पड़ेगा। चाणक्य एक महान शिक्षक एवं नृप–निर्माता थे लेकिन इससे भी बड़ी बात यह थी कि उनका आध्यात्मिक आधार ठोस था।''

''यदि आप चाणक्य को समझना चाहते हैं तो भगवद्गीता, रामायण और उपनिषद जैसे अन्य ग्रंथों को पढ़ें। ऐसा मैं बचपन से करता रहा हूँ और इससे मेरे में जीवन की सभी चुनौतियों का सामना करने के लिए आत्मविश्वास पैदा हुआ है।''

मैं उनके सामने व्याख्यान देते रहा कि मैं कैसे एक छोटे–से गाँव में एक संस्कृत शिक्षक से अर्थशास्त्र सीखा, कैसे मैंने उद्यमी बनने का निर्णय लिया, कैसे जीवन में रोजगार के अवसरों को पैदा करना अनिवार्य था तथा अपने अन्य अनुभवों के बारे में।

''रोजगार पाने की अपेक्षा रोजगार देने के लिए प्रयत्न करें।'' मेरे इस कथन की लोगों ने तालियों की गड़गड़ाहट के साथ स्वागत किया। ''आज मेरी कंपनी में ५०० से अधिक लोग कार्यरत हैं।

हालांकि हर बार जब मेरे सामने चुनौती आती है तो मैं अर्थशास्त्र को पलटता हूँ और मुझे समाधान मिल जाता है।''

मैंने लगभग एक घंटे तक व्याख्यान दिया। उसके बाद प्रश्नोत्तर सत्र शुरु हुआ। अनेक प्रकार के प्रश्न पूछे गए, यथा – किस प्रकार वित्तीय सहयोग प्राप्त करने वाले लोगों को ढूँढा जाए, किसी व्यवसाय में सफलता का मूलमंत्र क्या है, आदि।

मैंने उनमें से अधिकांश प्रश्नों के उत्तर दिए लेकिन यह युवा लड़की ने जो प्रश्न मुझसे पूछी वह मुझे सबसे अच्छा लगा, ''क्या यह लड़की के लिए संभव है कि वह अपने कार्य और पारिवारिक जीवन का प्रबंधन करे और दोनों में सफल हों?''

मैंने जवाब दिया, ''चाणक्य के अनुसार कुछ भी असंभव नहीं है।'' मैंने फिर आगे कहा, ''महिलाएं बहुत–से कार्य कर सकती हैं। वास्तव में, पुरुष उन कार्यों को नहीं कर सकते हैं। पुरुषों की तुलना में महिलाओं में

भावनात्मक बुद्धि अधिक होती है। इसलिए वे सफल हो सकती हैं। हालांकि, यह सुनिश्चित अवश्य करें कि आपको मातृत्व का आनंद लेती हैं। इसी से नारी की पूर्णता है।''

मेरे इस वक्तव्य के सभा में मौन छा गया। मैंने ये बातें कहने के लिए योजना नहीं बनायी थी, ये बातें अनायास ही मुँह से निकल पड़ीं। मैंने अपनी माँ और पत्नी की ओर देखा। दोनों के चेहरे पर मेरे कथन के प्रति प्रशंसा का भाव झलक रहा था।

मेरे व्याख्यान के बाद विभागाध्यक्ष ने मुझसे कहा, ''आपका व्याख्यान बहुत अच्छा था। यह हम सबके लिए बहुत ही व्यावहारिक एवं लाभकारी था।''

आखिर में उन्होंने सुझाव दिया, ''युवाओं को प्रेरित करने के लिए आपको ऐसे और भी व्याख्यान देने चाहिए।''

मैंने इंकार कर दिया, ''जी नहीं मैडम, मैं इस काम के लिए बहुत छोटा हूँ। मैं अपनी पत्नी की तरह पी–एच.डी. भी नहीं हूँ। यह उसका क्षेत्र है। मैं इस क्षेत्र में क्यों प्रवेश करूं?''

उन्होंने प्रतिवाद किया, ''तब आप पी–एच.डी. क्यों नहीं कर लेते?''

मेरी पत्नी मेरी ओर देखकर मुस्कुरा रही थी। ऐसा लग रहा था कि उस प्रोफेसर के माध्यम से वह स्वयं बात कर रही थी। मैं अब इसके बारे में गंभीरतापूर्वक विचार करने लगा।

घर लौटने मेरे माता–पिता मेरे से गौरवान्वित थे और उन्होंने इस बात को प्रकट भी की।

जब मैं पत्नी के साथ एकांत में था तो पत्नी ने गला साफकर कहा, ''आज तुमने व्याख्यान में कहा कि किस तरह नारी को मातृत्व का आनंद लेना चाहिए ......''

45

संतान–सुख

विवाह सिर्फ दो व्यक्ति का मिलन नहीं है, यह दो परिवारों का मिलन है। विवाह का एक उद्देश्य संतनोत्पत्ति ताकि आपके बाद मानव संतति आगे बढ़ती रहे।

"हमारी अगली पीढ़ी आने वाली है।" यह कहते हुए डॉक्टर की आँखें झुकी हुई थीं। मुझे नहीं मालूम था कि इस खबर पर कैसी प्रतिक्रिया व्यक्त करें। मैंने विचित्र स्थिति महसूस की। लेकिन अचानक मुझे लगा कि मैं पिता बनने जा रहा हूँ और डॉक्टर माता। मैं खुश था लेकिन थोड़ा सहमा हुआ भी था क्योंकि मैं इस नई जिम्मेदारी का वहन करना नहीं जानता था।

डॉक्टर ने धीरे से अपनी नजरें उठायीं और मेरी ओर देखी। उसने मुझे संशयग्रस्त और अस्पष्ट पाया। वह आश्चर्य एवं चिन्ता के साथ पूछी, "क्या तुम खुश नहीं हो?"

"जी हाँ, मै। संशयग्रस्त हूँ लेकिन ......" मुझे विचार करने के लिए कुछ समय एकांत की जरूरत थी।

वह एकाएक परेशान हो गई, "मगर क्यों?"

"मेरे कहने का मतलब है कि हम माता–पिता बनने जा रहे हैं। सही है न?"

"जी हाँ, हम जल्द ही माता–पिता बनने जा रहे हैं।"

मैंने स्वयं को शांत किया और मुस्कुराते हुए कहा, ''बहुत खूब! मुझे विश्वास नहीं हो रहा है।'' मैं खुशी से चिल्लाने लगा और उसे अपनी बाँहों में भर लिया।

माता–पिता बनना आनंददायक है लेकिन इसके साथ जिम्मेदारी भी आती है। मैं एक जिम्मेदार माता–पिता बनना चाहता था।

उस दिन अपने दफ्तर में बैठे हुए मैंने महसूस किया कि पहली बार मैं पिता बनने जा रहा हूँ लेकिन मेरा परिवार पहले से बड़ा है – कंपनी में काम करने वाले सभी लोग तो मेरे ही परिवार के सदस्य हैं। यदि मैं इतने सारे लोगों का ध्यान रख रहा हूँ तो मैं अपने बच्चों का भी ध्यान रख सकता हूँ।

पितृत्व के लिए चाणक्य ने अद्‌भुत परामर्ष दिया है:

पहले पाँच साल तक बच्चों को लाड़–प्यार दें। उसके बाद अगले दस साल तक उसे अनुशासित करें। इसके पश्चात् उसके साथ मित्रवत व्यवहार करें। (चाणक्य नीति)

ईश्वर ने हमें जुड़वे बच्चे से नवाजा – एक लड़की और एक लड़का। वे देखने में एक जैसे थे लेकिन लोग दोनों की अलग–अलग रूप में पहचान कर सकते थे।

बच्चे के जन्म के साथ अनेक प्रकार के आयोजन, संस्कार कार्यक्रम तथा नामकरण संस्कार से लेकर विभिन्न मंदिरों के दर्शन करने से हमलोग व्यस्त हो गए। दफ्तर में रहते हुए भी सच में मेरा मन घर पर ही लगा रहता था। मैं घर आकर बच्चों को देखने का इंतजार करते रहता था।

मेरे माता–पिता और डॉक्टर के माता–पिता में मिलना–जुलना अधिक होने लगा। दोस्त और सगे–संबंधियों का भी आना–जाना अधिक होने लगा।

पितृत्व का पहला चरण बहुत ही आश्चर्यजनक होता है। बच्चे माता–पिता को भगवान मानते हैं। माता–पिता के कहे हर बात को वे सच मानते हैं।

जैसे ही मेरे बच्चे बड़े हुए तो मैंने महसूस किया कि मेरी बेटी हमेशा बेटे से काबिल रही। वह कहा करती थी, ''सुनो, मैं तुमसे पाँच मिनट बड़ी हूँ। इसलिए मेरे से आदर से पेश आओ।''

इसी दौरान मैंने अपने जीवन का सबसे कठिन निर्णय लिया: पी–एच.डी. में प्रवेश ले लिया। अब मुझे अपने समय को तीन भागों में विभाजित करके जिम्मेदारियों का वहन करना था – अपने व्यवसाय पर, पितृत्व धर्म का अच्छी तरह से पालन करने तथा पी–एच.डी. के लिए अध्ययन एवं शोध करने।

मेरे पी–एच.डी. के गाइड बहुत ही बुद्धिमती एवं ममतामयी थीं। वे घर और कार्यालय में मेरी जिम्मेदारियों को जानती थीं। उन्हें मुझे कुछ सूत्र दिए।

''याद रखें कि विश्वविद्यालय में शोध कार्य के दौरान आपको दो समानांतर गतिविधियों का सामना करना पड़ सकता है। पहला है अध्ययन करें और अपना शोध कार्य सुचारु रूप से करें। दूसरा है प्रशासनिक पहलू जिसके तहत आपको औपचारिकताओं को पूरा करना है। इन दोनों के बीच संतुलन बैठाने का प्रयास करें।'' उनके इस सूत्र से मुझे काफी मदद मिली।

अब मैं पी–एच.डी. पाठ्यक्रम में औपचारिक रूप से प्रवेश ले लिया था। मुझे विश्वविद्यालय नियमित रूप से जाना पड़ता था। मेरे लिए यह एक अच्छा अनुशासन था। मैं अपना काफी वक्त पुस्तकालय में बिताता था, पुस्ताक पढ़ने एवं अन्य शोधार्थियों से बात करने में।

मुझे शोध–प्रविधि कक्षाओं में उपस्थित होना पड़ता था ताकि मैं विश्वविद्यालय के शोध प्रक्रिया से अवगत हो सकूँ। उस समय मुझे पता चला कि ऐसे कुछ छात्र हैं जो मेरी इस यात्रा में साथ देंगे।

साथ शोध कर रहे एक पी–एच.डी. शोधार्थी ने मुझसे पूछा, ''आपके शोध का विषय क्या है?''

''कौटिल्य का अर्थशास्त्र और इसका नेतृत्व दर्शन – आधुनिक व्यवसाय में इसका उपयोग।''

वह बहुत प्रभावित हुआ। ''बहुत खूब! यह तो बहुत ही दिलचस्प है। एक बार यह शोध कार्य पूरा होने पर मुझे विश्वास है कि आप इस विषय को पढ़ाने लगेंगे।''

उस समय मैंने महसूस किया कि अधिकांश लोग अपना पी–एच.डी. अकादमिक कॅरियर में आगे बढ़ने के लिए करते हैं। हालांकि मैं पहले से ही चाणक्य और उनके ज्ञान का उपयोग अपने व्यवसाय में कर रहा था। मुझे किसी अन्य अकादमिक कॅरियर की आवश्यकता नहीं थी।

मैंने महसूस किया कि ईश्वर न करें, यदि भविष्य में मेरा व्यवसाय ठीक तरह से नहीं चला तो मैं अपनी पत्नी की तरह अकादमिक एवं शिक्षक के रूप में कार्य करूंगा। बिना किसी योजना के मेरे पास एक अन्य कॅरियर है – शिक्षण का।

मैंने अपने साथी शोधार्थी से कहा, ''जी, बाद में मुझे शिक्षक बनने की योजना है।''

मेरे कॅरियर का यह समय बहुत ही तनावपूर्ण था। हर मोर्चे पर मुझे समय देने की जरूरत थी। मैं निर्वाध रूप से काम करते जा रहा था।

अनेक बार एक ही दिन में व्यवसाय के लिए अनेक नगरों की यात्रा करनी पड़ती थी, पुस्तकें पढ़ना, नोट्स बनाना, बोर्ड मीटिंग में शामिल होना और अपने कर्मचारियों द्वारा प्रस्तुत रिपोर्टों को पढ़ना पड़ता था।

हालांकि जब कभी मैं घर लौटकर आता था तो बच्चे दौड़े–दौड़े मेरे पास आते थे और उनके 'पापा...' कहते ही मेरे तनाव दूर हो जाते थे। मैं फिर से स्वयं को तरोताजा महसूस करने लगता था। प्रत्येक रात मुझे अपने बच्चों का यह अनुरोध अच्छा लगता था कि ''पापा, कोई कहानी सुनाओ ना।''

मासूम बच्चे लोगों को बहुत कुछ सिखाते हैं। वे आपकी बात सुनते हैं, आपको मानते हैं और आपकी प्रशंसा करते हैं। बच्चों को कहानी सुनाते समय आप महसूस करते हैं कि यह उनके साथ बातचीत करने का सबसे अच्छा तरीका है।

इससे मुझे अपने बचपन की यादें ताजा हो जाती थीं जब मेरे दादाजी मुझे कहानियाँ सुनाया करते थे।

46

धन से मोक्ष

मा एक दिन मैं अपने दफ्तर में बैठे अपनी व्यवसायिक गतिविधि पर विचार कर रहा था तो मैं पाया अब मेरे पास अनेक कंपनियाँ हैं। यद्यपि मूल रूप से मैं पर्यटन व्यवसाय में था लेकिन कुछ नई कंपनियाँ भी बन गई हैं।

हमने एक बस सेवा कंपनी की शुरुआत की थी। इसके बाद हमने एक ऐसी कंपनी स्थापित की थी जिसका एक काम था योग्य पर्यटन गाइड तैयार करना जो भारतीय स्मारकों के बारे में जानकारी रखते हों तथा पर्यटकों को इस संबंध में विस्तृत जानकारी दे सकें।

इन कंपनियों पर ग़ौर करते हुए मैंने पाया कि जैसा मैंने शुरु में सोचा था व्यवसाय उससे अलग तरह का है। मैं पीछे झुक गया।

इस समय तक हमने काफी धन संचित कर लिया था और मेरा व्यवसाय बढ़ता ही जा रहा था। यह महसूस करके अच्छा लग रहा था कि इतने वर्षों के मेरे परिश्रम का फल एक साथ मिलने लगा था।

इसके बाद मैंने धन के दर्शनशास्त्र पर विचार करने लगा। आखिर धन क्या है? लोग कहते हैं कि पैसे के बदौलत दुनिया चलती है। पैसे के आगे दुनिया सिर झुकाती है।

इस पैसे की प्रकृति क्या है? साथ ही, अर्थशास्त्र भी धन पर विचार करता है। यह ग्रंथ समय की कसौटी पर खड़ा उतरा है क्योंकि इसमें पैसे एवं धन

पर विमर्श किया गया है।

मैंने अर्थशास्त्र को पलटा तो मुझे ये शब्द दिखे:

इस विज्ञान के (अर्थशास्त्र) के अस्तित्व में आने से आध्यात्मिक कल्याण, भौतिक उन्नति एवं आनंद की प्राप्ति होती है। इससे आध्यात्मिक बुराई, आर्थिक क्षति और घृणा से बचा जा सकता है। (15.1.72)

मैंने महसूस किया कि पैसे से न केवल आर्थिक सुख बल्कि आध्यात्मिक आनंद भी मिलता है। मैं इस विचार पर किसी परिपक्व व्यक्ति के साथ चर्चा करना चाहता था। मैंने चेयरमैन को फोन किया और उनसे मिलने के लिए समय मांगा।

"विल्कुल, कुछ तत्काल है क्या?" मेरे स्वर में मौजूद आकस्मिकता को भांपते हुए उन्होंने ऐसा प्रश्न पूछा।

"सर, पैसे और धन की प्रकृति पर मैं आपके साथ बात करना चाहता हूँ।"

वे कुछ क्षण के लिए मौन रहे। फिर उन्होंने जवाब दिया, "अभी आ जाओ।"

चेयरमैन ने अपने दिनभर के काम को समेट लिया और मेरे लिए तैयार हो गए। "हमलोग समुद्र किनारे चलकर बात करते हैं।"

चेयरमैन जब कभी भी गंभीर रूप से विचार करना चाहते थे तो वे समुद्र किनारे टहलने के लिए जाते थे। शाम का समय था और यह समय सूर्यास्त देखने के लिए भी सबसे उपयुक्त होता है।

"सर, पैसे के संबंध में आप अपनी समझ से मुझे अवगत कराइए।" मैंने बाचतीच की शुरुआत की।

"इस दुनिया में पैसा एक सशक्त औजार है। यह आश्चर्यजनक कार्य

कर सकता है। इससे तुम बहुत से भौतिक पदार्थ खरीद सकते हो। इसके सहारे नई वस्तुओं का आविष्कार कर सकते हो। असंभव कार्य कर सकते हो। यह तुम्हें दूसरों की मदद करने में सहायक हो सकता है।'' कुछ देर रुककर उन्होंने कहा, ''धन से मोक्ष मिल सकता है।''

मैं भौंचक्का रह गया। मैंने पूछा, ''सर, आप आध्यात्मिक मोक्ष की बात कर रहे हैं?''

''जी हाँ, उसी मोक्ष की।''

मैंने अविश्वास प्रकट करते हुए पूछा, ''धन से मोक्ष?''

मेरे चेहरे को देखकर उन्होंने कहा, ''बहुत–से मानते हैं कि धन ही बुराई की जड़ है और संसार में प्रत्येक समस्या का कारण। ये लोग संकीर्ण मानसिकता के हैं।'' उनके चेहरे पर विषाद दिख रहा था।

उन्होंने आगे कहा, ''भारत अनेक वर्षों तक एक वैभवशाली देश था और साथ ही इसने बहुत अधिक आध्यात्मिक उन्नति भी की थी। वैभव अध्यात्म में सहायक है। दरिद्रता में व्यक्ति ईश्वर पर वास्तविक रूप में ध्यान केंद्रित नहीं कर सकता क्योंकि मन अस्तित्व रक्षा की चिंता में ही लगा रहता है।

दूसरी ओर जब व्यक्ति के पास पर्याप्त धन हो जाता है तो वह जीवन संबंधी दार्शनिक प्रश्न पूछने लगता है, 'मैं कौन हूँ? क्या जीवन–मृत्यु से परे भी कुछ है?''

मैंने तो इस पक्ष पर पहली बार विचार किया था। ''यह जरूरी नहीं कि सभी धनी व्यक्ति आध्यात्मिक हों लेकिन धनी व्यक्ति अध्यात्म को अलग ढंग से समझ सकता है।'' उन्होंने स्पष्ट किया।

तब मैंने उनसे पूछा, ''सर, क्या पैसे के कारण हम मोहग्रस्त नहीं होते?''

उन्होंने एक प्रश्न पूछकर जवाब दिया, ''क्या दरिद्रता वैराग्य की गारंटी देता है?''

मैंने फिर पूछा, 'पैसे से व्यक्ति घमंडी हो सकता है?''

उन्होंने जवाब दिया, ''प्रचुर मात्रा में धन होने से आप दान कर पाएंगे।''

''धन व्यक्ति को लालची बना सकता है।''

''धन जरूरतमंद की सहायता करने में मददगार हो सकता है।

''सर पैसा ही सब कुछ नहीं होता हैं।''

उन्होंने मुस्कुराकर पूछा, ''क्या दरिद्रता एक गुण है?''

मैं उनसे सहमत नहीं था। ''अधिक धन से अधिक समस्याएं आती हैं।''

''अधिक धन होने से आपके सामने विकल्पों के चयन की स्वतंत्रता होती है।''

''पैसे के पीछे भागने की कोई सीमा नहीं हो सकती।''

उन्होंने कहा, ''आनंद की कोई सीमा नहीं होनी चाहिए।''

मैं उनसे प्रश्न पूछते रहा और वे जवाब देते रहे। मुझे विभिन्न पहलुओं से अवगत कराते रहे। बहुत देर तक चर्चा करने के बाद, अंत में उन्होंने एक बहुत सुंदर बात कही।

''हमारे देश में वैभव को दिव्य माना गया है। इसे देवी लक्ष्मी का रूप दिया गया है। लेकिन याद रखो कि यदि वैभव को आध्यात्मिक स्वरूप न दिया जाए तो यह हानिकारक हो सकता है। धन अपने आप में अच्छा या बुरा नहीं होता। यह बात इसे रखने वाले व्यक्ति पर निर्भर है।''

मैं थोड़ा सहमत हो गया जब उन्होंने देवी लक्ष्मी का उदाहरण दिया। ''सर, कोई व्यक्ति पैसे को दिव्य रूप कैसे दे सकता है?''

वे प्रसन्न हो गए। ''अच्छा प्रश्न है। इसके उपाय हैं।''

उन्होंने स्पष्ट किया, ''लक्ष्मी भगवान विष्णु की पत्नी हैं। स्मरण रहे कि भगवान विष्णु संपूर्ण संसार का पालन करते हैं। इस कार्य में उन्हें लक्ष्मी की सहायता चाहिए। लक्ष्मी जी उनके चरणों के पास विराजमान रहती हैं और प्रेमपूर्ण ध्यान के साथ उनकी सेवा तल्लीन रहती हैं।''

मुझे उनकी उपमा पसंद आयी। उन्होंने कहा, ''विष्णु ज्ञान के प्रतीक हैं

और लक्ष्मी वैभव के। यदि तुम केवल लक्ष्मी की आराधना करोगे तो उनके पति विष्णु नाराज हो जाएंगे। यदि तुम विष्णु की आराधना करोगे तो लक्ष्मी जी स्वत: आएंगी। जहाँ पति वहीं पत्नी। इसलिए ज्ञान की आराधना करो धन स्वत: ही आ जाएगा।''

इस पर हमदोनों हँसने लगे। सूर्यास्त हो चुका था। जब वापस घर आया तो इस धनी व्यवसायी का वह कथन मेरे कानों में गूँजने लगा, ''धन से तुम्हें मोक्ष मिलेगा।''

व्यक्ति धन से भी मोक्ष प्राप्त कर सकता है। मैंने महसूस किया कि लोग अपने धन को लेकर अपराधबोध से ग्रस्त रहते हैं। पहली बार दुनिया के सबसे धनी आदमी बनने के अपने लक्ष्य के प्रति मैं अपराध–बोध मुक्त था।

मैं संतुष्ट होकर सोने के लिए चला गया।

47

वास्तविक चुनौती

मैं एक–एक ईंट जोड़कर अपने व्यवसाय का महल खड़ा कर रहा था। मगर अभी भी मुझे बहुत कुछ सिखना था। मेरी कंपनी दिन दूनी रात चौगुनी गति से उन्नति करती जा रही थी। अब यह एक विख्यात एवं सम्मानित कंपनी बन गई थी। पैसे तो आ रहे थे लेकिन हमारे सामने चुनौतियां भी बढ़ती जा रही थीं।

एक दिन चेयरमैन ने मुझसे अनौपचारिक रूप सें पूछा, ''क्या आप जानते हैं कि सर्वाधिक जटिल व्यवसायिक चुनौती क्या है?''

मैंने जवाब दिया, ''अधिकाधिक पैसे प्राप्त करना।''

''पैसे की व्यवस्था करना एक सतत चुनौतिपूर्ण कार्य है। वास्तविक व्यवसायिक चुनौति है सही व्यक्ति को अपनी कंपनी में भर्ती करना।''

मैंने लोगों को पहले यह कहते हुए सुना था कि व्यवसाय को आगे बढ़ना का असली रहस्य है सही प्रतिभा को अपनी ओर आकर्षित करके उनका प्रबंधन करना।

''बहुत से लोग मुझसे उस साधन के बारे में पूछते हैं जिसके सहारे मैंने व्यवसाय में सफलता अर्जित की है।'' चेयरमैन मुझे वास्तविक ज्ञान दे रहे थे।

''हालांकि मैं उन लोगों को बहुत प्रकार से जवाब देता हूँ, मगर मैं

व्यक्तिगत तौर पर महसूस करता हूँ कि वे आपके खास लोग होते हैं जिनके सहारे आप अपने व्यवसाय को आगे बढ़ाते हैं। व्यवसाय के नेतृत्वकर्ता के रूप में आप केवल दिशा दे सकते हैं, रणनीति विकसित कर सकते हैं तथ नीति तैयार कर सकते हैं। अंततः आपके वे लोग होते हैं जो आपको सफलता दिलाते हैं।''

जब मैं अर्थशास्त्र को पलट रहा था तब मैंने सक्षम मंत्रियों के चयन संबंधी चाणक्य के परामर्श का एक अध्याय देखा। किसी भी व्यवसाय में अच्छे प्रबंधक के चयन के लिए यह परामर्श बहुत ही प्रासंगिक है।

चाणक्य ने भावी मंत्री/प्रबंधक के चयन में निम्नलिखित गुणों पर विचार करने की सलाह दी है :

1. **सिखने के इच्छुक :** वह व्यक्ति खुले दिमाग का हो। प्रबंधन के समस्त सिद्धांतों को सिखने के पश्चात् प्रशिक्षु को कार्यस्थल पर अपने वरिष्ठ अधिकारीगण से व्यवहारिक पक्ष का ज्ञान प्राप्त करना चाहिए।

2. **प्रभावी ढंग से श्रवण करने की योग्यता :** श्रवण के अंतर्गत सुनने के साथ–साथ चिंतन करना भी आता है।

3. **विमर्श की क्षमता :** उसे परिस्थितियों को विभिन्न दृष्टियों से देखना चाहिए। प्रबंधन के क्षेत्र में तार्किक एवं रचानात्मक – दोनों प्रकार के चिंतन की आवश्यकता होती है।

4. **गलत दृष्टिकोण को नकारने की योग्यता :** उसमें स्वयं निष्कर्ष पर पहुंचने की क्षमता होनी चाहिए। उसमें विभिन्न विचारों के बीच अंतर करने की क्षमता होनी चाहिए।

5. **सत्यनिष्ठा, व्यक्तिनिष्ठा नहीं:** यह व्यक्ति को समस्या से अलग करके देखने की क्षमता है। उसमें अपने सतर्क विश्लेषण के पश्चात् ज्ञात सत्य पर टिके रहने की क्षमता होनी चाहिए।

मैं अचरज में था कि चाणक्य ने किसी व्यक्ति को नियुक्त करने से पहले कैसे उसके मनोवैज्ञानिक पक्षों पर ग़ौर करते थे। मैंने चयन के इन सिद्धांतों का उपयोग किया और नए प्रशिक्षु प्रबंधकों को नियुक्त करने से पूर्व उनका इन गुणों के आधार पर परीक्षण किया।

इसके परिणाम पर आश्चर्य हो रहा था। नए प्रबंधकों को नियुक्त करते समय मैंने एक और तकनीक का प्रयोग किया।

जब कभी मैं किसी कॉलेज में व्याख्यान देने के लिए जाता था तो मैं उन युवा लड़के–लड़कियों से बात करता था जो मेरे व्यवसाय में शामिल होना चाहते थे। मैंने उनका परीक्षण लिया और उनमें से अनेक युवा महत्वाकांक्षी लोगों को नियुक्त किया।

एक दिन मेरे एक मित्र, जो स्वयं बड़ा व्यवसाय करते हैं, ने मुझसे पूछा, "कैसे लोग आपकी कंपनी को छोड़कर नहीं जाते?" जबकि मैं लोगों को अपने यहाँ टिकाए रखने के लिए संघर्ष करते रहता हूँ मगर आपके कर्मचारी आपके प्रति वफादार एवं प्रतिबद्ध दिखते हैं और आपके यहाँ बने रहते हैं।

"मेरे यहाँ लोग कर्मचारी के रूप में शामिल नहीं होते हैं बल्कि वे छात्र के रूप में आते हैं। आपकी कंपनी और मेरी कंपनी में एक प्रमुख अंतर यह है।" मैंने गर्व के साथ कहा।

"तुम्हारे व्यवसाय में लोग तुम्हें बॉस मानते हैं लेकिन मेरे व्यवसाय में लोग मुझे गुरु एवं शिक्षक मानते हैं। यदि आपकी टीम आपको शिक्षक मानेगी तो उनकी प्रतिबद्धता जीवनभर के लिए रहेगी।"

उन्होंने पूछा, "क्षतिपूर्ति के लिए क्या?"

"आप अपनी क्षमता के अनुरूप उन्हें अच्छी तनख्वाह दें। याद रखो कि सिर्फ पैसे से लोग आपकी कंपनी में टिके नहीं रहते। उनके टिके रहने का वास्तविक कारण होता है कि उन्हें यह अनुभूति होनी चाहिए कि उनकी देखभाल करने वाला कोई है।" मैंने इस संबंध में उन्हें चाणक्य का परामर्श बताया:

सभी स्थिति में विपदाग्रस्त प्रजा का उन्हें पिता के समान ध्यान रखना चाहिए। (4.4.43)

मैं अर्थशास्त्र के श्लोक की व्याख्या उनके लिए इस रूप में की, "उन्हें आप अपने बच्चे की तरह प्यार दें और फिर देखें इसका जादू।" हालांकि लोग मुझे एक युवा व्यवसायी मानते थे लेकिन मैं तो बुजुर्ग की तरह सोचता था।

मैंने अपने अंदर व्यवसाय प्रमुखों की भर्ती शुरु की। सबसे अनूठा अनुभव हुआ जब मैंने अपने अंदर एक सी.ई.ओ. को नियुक्त किया जो मुझे रिपोर्ट करे। मैं एक व्यवसाय नेतृत्वकर्ता था लेकिन मेरे अंदर नेतृत्वकर्तागण थे जो मुझे रिपोर्ट करते थे।

चेयरमैन ने मुझसे एक बार कहा था, "वास्तविक व्यवसाय है अनेक व्यवसायों का एक साथ संचालन करना।" मैंने महसूस किया कि लोग अनेक व्यवसाय चलाते हैं, इसलिए आपको इन व्यवसायों को चलाने वाले अच्छे लोग चाहिए।

हालांकि आप अपने व्यवसाय प्रमुखों को अन्य कर्मचारियों की तरह नहीं मान सकते हैं। आपको उन्हें अपने लाभ में से एक अंश, स्वतंत्रता और मार्गदर्शन देने होंगे। साथ ही उन्हें भी अपने व्यवसाय के लिए जिम्मेदार एवं जवाबदेह होना चाहिए।

हमारी एक कंपनी बहुत अच्छा व्यवसाय कर रही थी। इसलिए हमने निर्णय लिया कि राशि उगाहने के लिए जनता के बीच शेयर यानी आई.पी. ओ. जारी करने का निर्णय लिया।

अपने भावी निवेशकों के बीच विभिन्न प्रकार की प्रस्तुतियाँ देना मेरे लिए सिखने का एक बहुत बड़ा अनुभव था।

मीडिया के साथ ऐसी ही एक बातचीत के दौरान, एक प्रत्रकार ने मुझसे पूछा, "आपको व्यवसाय का अच्छा अनुभव है। अपने अनुभव पर आप

किताब लिखेंगे तो कैसा रहेगा?''

एक क्षण के लिए मैं अवाक् रह गया।''मैंने कभी पुस्तक लिखने के बारे में सोचा ही नहीं था।''

वे मुस्कुराने लगे। ''हर काम तो पहली बार ही किया जाता है।''

क्या मैं पुस्तक लिखने लायक प्रतिभाशाली था और अपने अनुभवों को दूसरों के साथ साझा करने के काबिल था? मैंने ऐसा कभी सोचा नहीं था लेकिन एक प्रतिष्ठित पत्रकार ने मुझे सुझाव दिया और मैंने महसूस किया कि इस विचार में दम है।

मुझे अर्थशास्त्र का ज्ञान देने वाले गुरु का जन्मदिन था। मैंने उन्हें फोन किया। हर साल मैं ऐसा करता था।

शुभकानाओं के बाद उन्होंने अचानक गंभीर स्वर में पूछा, ''आपके पी–एच.डी. का क्या हुआ?''

48

डॉक्टर ने एक डॉक्टर बनाया

मुझे पी–एच.डी. में दाखिला लिए हुए तीन साल हो गए थे। अपनी पत्नी के ठोस उत्साहवर्द्धन के कारण ही मैं इस क्षेत्र में कदम रख सका।

हर कोई सफलता की कामना करते हैं लेकिन कठिन मार्ग पर बहुत कम लोग चलते हैं। इसी तरह मैं अनुमान लगा रहा हूँ कि हर शिक्षित व्यक्ति पी–एच.डी. करना चाहता है जो कि शिक्षा जगत की सर्वोच्च डिग्री है।

हालांकि इच्छा और लक्ष्य में अंतर होता है। हर कोई कुछ बनना चाहता है लेकिन बहुत कम लोग अपनी चाहत को लक्ष्य बनाकर उसे पाने के लिए कठिन परिश्रम करता है।

इसी अंदाज़ में मैंने अपनी पी–एच.डी. करने की इच्छा को अपना लक्ष्य बना लिया और इसे पूरा करने के लिए कठिन परिश्रम करने लगा, अपने व्यवसायिक कार्यक्रम और घर पर समय की प्रतिबद्धता के बावजूद। हालांकि पी–एच.डी. की दिशा में मेरी प्रगति बहुत धीमी थी।

एक दिन मेरे गाइड ने मुझे फोन की, ''आकर मुझसे मिलिए। मुझे आपके साथ एक महत्वपूर्ण चर्चा करनी है।'' जब कभी वे बुलाती थीं तो मैं चिंतित हो जाता था क्योंकि मुझे पता था कि एक शिक्षक के रूप में मेरे शोध कार्य के लिए एक महत्वपूर्ण सूत्र देंगी।

जब मैं उनसे मिला तो उन्होंने बहुत ही दिलचस्प बात बतायी। ''हम लोग एथेंस, यूनान जा रहे हैं।'' इस वर्ष यूनान में दर्शनशास्त्र विश्व कॉंग्रेस का

आयोजन किया जा रहा है। यह दुनियाभर के अकादमीविद्, विद्वानों और दर्शनशास्त्रियों का सबसे बड़ा सम्मेलन था जो एक मंच से विभिन्न विषयों पर बात करेंगे।

चूँकि मैं अर्थशास्त्र पर पी—एच.डी. कर रहा था, इसलिए मुझे चाणक्य से नेतृत्व दर्शन पर शोध—आलेख प्रस्तुत करने के लिए कहा गया था।

''आपके आलेख को अंतर्राष्ट्रीय विद्वत् पैनल द्वारा चुन लिया गया है और आपको वहाँ व्याख्यान देने के लिए बुलाया गया है।'' उन्होंने मुस्कुराते हुए कहा।

''यूनान से पाश्चात्य दर्शन का प्रादुर्भाव हुआ जहाँ पर सुकरात, प्लेटो और अरस्तू का जन्म हुआ। इन्होंने मानव जाति को एक दिशा दी।

यूनान की राजधानी एथेंस में एक्रोपॉलिस जैसे अनेक ऐतिहासिक स्थल हैं जहाँ विश्व के लोग अभी भी प्रेरणा लेते हैं। ओलंपिक खेल की शुरुआत भी एथेंस से ही हुई थी।

''हमलोग भारतीय शिष्टमंडल के सदस्य के रूप में जाएंगे। हमलोग इस दल के सदस्य होंगे।'' सचमुच भारत का प्रतिनिधित्व करना प्रतिष्ठा का विषय है। प्राच्य दर्शनशास्त्र की शुरुआत भारत से हुई और पाश्चात्य दर्शनशास्त्र की शुरुआत यूनान से।

हम अपने दर्शनशास्त्र को लेकर वहाँ जा रहे थे। कई माह की तैयार के बाद अकादमिकजनों का एक दल भारत से यूनान के लिए रवाना हुआ।

मेरे आलेख प्रस्तुति की अंतर्राष्ट्रीय विद्वत्मंडल ने सराहना की। हमलोगों को अन्य देशों के विद्वानों के साथ मित्रता भी स्थापित हो गई।

मुझे आश्चर्य हो रहा था कि अकादमिक दुनिया बहुत बड़ी और आपस में जुड़ी हुई है। विश्व कांग्रेस में १०० से अधिक देशों के ५००० से अधिक प्रतिनिधियों ने भाग लिया। मुझे एक अलग दुनिया भी दिखाई दी।

हवाई जहाज से लौटते समय मेरी गाइड ने मुझसे कहा, ''अपनी पी—एच.डी. यथाशीघ्र पूरी कर लें। आपको नए अवसर प्राप्त होंगे।''

मैंने निर्णय लिया कि छ: माह में अपनी पी–एच.डी. पूरी कर लूँगा। रास्ते में जो भी अवरोध आएं मैं निर्धारित समय में ही अपने लक्ष्य को पूरा करूंगा।

अगला कदम था अपने वर्षों के शोध का निचोड़ शोध–सार प्रस्तुत करना था। इसकी मंजूरी मिलने के बवद मुझे शोध–प्रबंध प्रस्तुत करना था। अंतिम चरण था साक्षात्कार में उपस्थित होना। इस सारी प्रक्रियाओं को पूरा करने के बाद डॉक्टर की डिग्री दी जाती।

मेरी शोध प्रक्रिया समापन की ओर थी। जैसा कि मेराथन दौड़ में होता है, अंतिम चरण में गति तेज करनी पड़ती है।

आगे बढ़ते हुए मैं इस बात पर भी ग़ौर कर रहा था कि कैसे मेरी पी–एच.डी. यात्रा शुरु हुई थी। यात्रा के दौरान मैंने पी–एच.डी. उपाधि प्राप्त करने के संबंध में अंतर्दृष्टि पायी।

इसमें जो सबसे पहली बात मेरी समझ में आयी वह थी कि यह भारतीय शिक्षा व्यवस्था मे मौजूद अन्य पाठ्यक्रम से भिन्न होता है। अन्य पाठ्यक्रम में परीक्षा में उपस्थित होना पड़ता है और परिणात: जो अंक प्राप्त होते हैं उससे भविष्य निर्धारित होता है। वास्तव में पी–एच.डी. पाठ्यक्रम में पंजीकृत हो जाने के बाद कोई औपचारिक परीक्षा नहीं होती है। इसमें केवल शोध करना पड़ता है और उसका निष्कर्ष प्राप्त करना रहता है।

दूसरा ज्ञान जो मुझे मिला वह था कि शोधार्थी एवं शोध–निर्देशक के बीच तालमेल होना चाहिए। यह बहुत ही प्रगाढ़ यात्रा होती है।

यह एक गुरु–शिष्य परंपरा है जिसमें छात्र को गाइड के वर्षों के अकादमिक अनुभव का लाभ मिलता है और छात्र को शोध कार्य पूरा करने के लिए गाइड उसे दिशा दिर्नेश देता है।

मैंने अपना थीसिस प्रस्तुत कर दिया था और साक्षात्कार का समना कर रहा था। मेरे गाइड के अतिरिक्त बाहर के विश्वविद्यालय के एक विशेषज्ञ ने मेरे थीसिस यानी शोध–प्रबंध का मूल्यांकन किया था।

दो घंटे के साक्षात्कार के दौरान मुझसे मेरे शोध विषय के हर संभव

पहलुओं से जुड़े प्रश्न पूछ गए। इसका उद्‌देश्य था कि मेरे शोध निष्कर्ष का मूल्यांकन करना कि इससे अकादमिक दुनिया को क्या लाभ मिलेगा।

दो घंटे के बाद दूसरे विद्वान ने कहा, "अच्छा काम, डॉक्टर। हमलोग शीध्र ही आपको परिणाम से अवगत कराएंगे।" मुझे कमरे के बाहर प्रतीक्षा करने के लिए कहा गया।

कमरे से बाहर जाते समय मेरी गाइड मुझे देखकर मुस्कुराने लगी और मैंने तुरंत महसूस किया कि दूसरे विशेषज्ञ ने मुझे डॉक्टर कहा है। यह सूक्ष्म संकेत था कि मैं अंतिम चरण में सफल हो गया। हालांकि वे नियम से बंधे थे और सीधे तौर पर मुझे परिणाम नहीं बता सकते थे। मुझे लिखित रूप से बताया जाता। लेकिन मैं जान गया था कि काम पूरा हो गया।

अगले कुछ माह के बाद सभी औपचारिकताओं के पूरा होने पर मुझे एक पत्र मिला और डॉक्टर की उपाधि प्राप्त करने के लिए दीक्षांत समारोह में शामिल होने का निमंत्रण मिला। मैंने अपनी पत्नी को सहयोग देने के लिए केवल धन्यवाद कहा। एक डॉक्टर ने दूसरे को डॉक्टर बना दिया।

डॉक्टर ने मेरी ओर देखा और संतोषपूर्वक कहा, "बधाई हो डॉक्टर। अब तुमने अकादमिक दुनिया के पहले लक्ष्य को पूरा कर लिया है, अब तुम अपना अगला लक्ष्य कब पूरा करोगे?"

मेरा अगला लक्ष्य क्या था?

49

विद्वान से लेखक तक

अकादमिक दुनिया बहुत विचित्र है। मैंने सोचा था कि पी–एच.डी. डिग्री लेने के बाद मेरी अकादमिक यात्रा पूरी हो जाएगी। हालांकि मैंने महसूस किया कि यह तो एक दूसरी याया की महज शुरुआत है।

मैं अपने गाइड को शोध कार्य में उनके निरंतर सहयोग करने के लिए उन्हें धन्यवाद देने के लिए गया था। मैंने महसूस किया कि अब मेरे बच्चे नन्हें–मुन्हें बड़े हो गए थे और विभिन्न प्रकार के प्रश्न पूछ रहे थे।

जब वे मुझे पूछते थे कि दुनिया कैसे चलती है तो मुझे लगता था कि वे मुझे मेरे शोध–कार्य के बारे में पूछ रहे हैं।

चार साल के शोध कार्य ने मेरे अंदर के एक अलग व्यक्ति को उभार दिया। मैंने यह सीखा कि विचार की स्पष्टता के बिना किसी बात को स्वीकार नहीं करना। यह एक अच्छी मानसिकता है। यह आपको सही तरीके से सोचना सिखाता है – आन्वीक्षिकी।

सोचने का यह तरीका जीवनपर्यन्त आपकी पूँजी बनी रहती है। आपकी पी–एच.डी. उपाधि आपके साथ जीवनभर रहती है। जीवनभर लोग आपको डॉक्टर कहकर संबोधित करते हैं – श्रीमान् या श्रीमती कहकर नहीं। दुनिया आपको सम्मानित विद्वान के रूप में मानती है और अलग नजर से देखती है।

''पी–एच.डी. जीवन का एक नया दृष्टिकोण होता है। यह एक नई खिड़की होती है जिससे आप बाहर की दुनिया को देखते हैं।'' मेरी गाइड ने

कहा।

''आपके सामने बहुत से नए अवसर आएंगे। अपनी आँख–कान खोलकर रखिए। जब अवसर सामने आए तो उसे जानें न दें।''

उन्होंने अपना अनुभव साझा किया, ''मुझे यह मालूम नहीं था कि डाक्टर की उपाधि से मैं क्या कर सकती थी। मेरे शोध निर्देशक ने मुझे यह बात बतायी। मैं एक औसत दर्जे की व्यक्ति थी लेकिन उनके मार्गदर्शन के कारण मैं इस विश्वविद्यालय में हूँ और भावी चिंतकों–विद्वानों का मार्गदर्शन कर रही हूँ।''

मैं बहुत ही अचरज से भरा रहता था जब वह अपना अनुभव मुझसे साझा करती थीं।

''मैं विश्व भ्रमण की, विभिन्न सरकारी समितियों में विशेषज्ञ के रूप में रही, शिक्षा नीतियां बनायीं और ज्ञान के प्रसार में योगदान दी।'' उन्होंने गर्व के साथ यह बात बतायी।

मैं कुछ अधिक प्रेरक बात चाह रहा था। मैंने उनसे पूछा, ''क्या शिक्षक होना पर्याप्त नहीं है? क्या यह एक भद्र पेशा नहीं है? क्या होगा यदि बिना पी–एच.डी. डिग्री के शिक्षण कार्य किया जाए?''

''इसमें कोई संशय नहीं कि शिक्षण कार्य अपने आपमें एक भद्र पेशा है जिसमें शिक्षक छात्र का मार्गदर्शन करते हैं। लेकिन पी–एच.डी. डिग्री होने से आप न केवल छात्र को बल्कि संपूर्ण शिक्षा व्यवस्था को प्रभावित करते हैं।''

मुझे अब उनकी पृष्ठभूमि समझ में आ गई। दुनियाभर में स्कूल और कॉलेज में लाखों शिक्षक हैं लेकिन उनमें से बहुत कम औपचारिक रूप से पी–एच.डी. पूरा कर पाते हैं। तब हम पाते हैं कि वे अलग तरह से योगदान दे रहे हैं।

मैंने अपने अर्थशास्त्र गुरु की बात को याद किया। जब मैं उनके साथ एक सम्मेलन में गया था तब उन्हें मुख्यमंत्री ने अनुरोध किया था कि उनके मंत्रिमंडल के साथियों के लिए व्याख्यान दें।

मुख्यमंत्री अवश्य ही बहुत से शिक्षकों को जानते होंगे लेकिन मेरे गुरु के तरह विशेषज्ञ शिक्षक अलग तरह के होते हैं। उन्हें अपने परिचित किसी अन्य शिक्षक को आमंत्रित नहीं किया केवल मेरे गुरु को ही क्यों? मेरे गुरु को ज्ञान के क्षेत्र में उत्कृष्ट स्तर का विशेषज्ञ माना जाता है।

विशेषज्ञ की हमेशा मांग होती है। पी–एच.डी. डिग्री होने से आप उस क्षेत्र के विशेषज्ञ हो जाते हैं। ''आपने अर्थशास्त्र में पी–एच.डी. की है। अब आप अपने शोध का ज्ञान पूरे संसार में फैला दीजिए। यह आपका अगला लक्ष्य होना चाहिए।'' मेरे गाइड ने मुझे ऐसा निर्देश दिया।

मेरे कुछ कहने से पहले वे पुन: बोलने लगीं, ''मैं जानती हूँ कि आप एक व्यस्त आदमी हैं। व्यवसाय में आपकी व्यस्तता है। आपको बहुत–सी जिम्मेदारियों का वहन करना पड़ता है लेकिन आप अपने व्यस्त कार्यक्रम में से ही कुछ समय निकालिए और देश के युवाओं का मार्गदर्शन कीजिए। उन्हें आपके जैसे रोल मॉडल की जरूरत है।''

ये मेरे गाइड की मेरे लिए सलाह ही नहीं थी बल्कि ये निर्देश भी थे। ''छ: माह में कम से कम एक शोध पत्र अवश्य लिखें और यदि संभव हो तो अपने अनुभव के आधार पर एक पुस्तक भी लिखें।'' उन्होंने कहा।

लम्बी बातचीत के बाद मैं उनके कमरे से बाहर आ गया। वह मुस्कुरायी। ''विश्वविद्यालय में आते रहिए। पी–एच.डी. उपाधि प्राप्त करने के बाद गायब नहीं हो जाइए।

मैंने सहमतिपूर्वक सिर हिलाया और उन्होंने कहा, ''याद रखिए पी–एच. डी. यात्रा का अंत नहीं बल्कि यह एक बड़ी यात्रा की शुरुआत है, एक अंतहीन यात्रा की शुरुआत।

शोध कार्य पूरा करने के बाद मुझे लगा कि मेरे कंधे से बड़ा बोझ हट गया है। अब मैं उच्चतर जिम्मेदारियों को वहन करने के लिए तैयार था।

एक दिन मैं अपने कार्यालय में बैठक ले रहा था उसी समय एक सेल्स मैनेजर ने अपनी टीम से कहा, ''व्यवसाय में प्रगति करने का सर्वोत्तम

तरीका है उत्तोलन शक्ति का प्रयोग करना। यदि मैं उत्तोलन शक्ति का प्रयोग करते हुए दस लोगों तक पहंच सकता हूँ तो मैं एक सौ लोगों तक भी पहुँच सकता हूँ। जीवन में आगे बढ़ने के लिए उत्तोलन शक्ति के प्रयोग को याद रखो।''

मुझे अचानक यह विचार पसंद आया। मैं अपने शोध निष्कर्षों को जनमानस तक पहुंचाने के लिए किस उत्तोलन शक्ति का प्रयोग करूं? यदि व्यक्तिगत रूप से मुझे व्याख्यान देना हो तो मैं हजारों कॉलेज में व्याख्यान दे सकता हूँ।

क्या एक स्थान पर बैठे लाखों लोगों तक पहुँचने का कोई उपाय है? तब मैंने महसूस किया कि अपने शोध कार्य के प्रसार हेतु ज्ञान के क्षेत्र में सर्वोत्तम उत्तोलन शक्ति है पुस्तक लेखन।

बहुत–से लोग किताब पढ़ते हैं। जो लोग आपसे व्यक्तिगत रूप से मिल भी नहीं सकते हैं वे भी आपके लेखन में विद्यमान ज्ञान का लाभ उठा सकते हैं। वास्तव में, किताबें लेखक की मृत्यु के बाद भी कायम रहती हैं।

वरना चाणक्य किस प्रकार अपना ज्ञान हमारी पीढ़ी के लोगों तक पहुंचा सकते थे? उनके पास अपने अनुभवों और निष्कर्षों को अर्थशास्त्र के रूप में प्रस्तुत करने की दृष्टि थी।

यदि चाणक्य ने अर्थशास्त्र नही लिखा होता तो उनका ज्ञान सदा के लिए नष्ट हो गया होता। महान चाणक्य से प्रभावित होकर मैंने स्वयं एक पुस्तक लिखने का निर्णय लिया। मेरे अंदर बैठा विद्वान लेखक बनना चाहता था।

मैं प्रकाशन की दुनिया से अनभिज्ञ था लेकिन मेरा अगला लक्ष्य था एक पुस्तक लिखना – सर्वाधिक बिकने वाली पुस्तक।

50

सर्वाधिक बिकने वाली पुस्तक

मैंने अपनी पहली पुस्तक लिखने की तैयारी के दौरान एक पुस्तक में पढ़ा, "पुस्तक लिखने का सबसे अच्छा तरीका है इसे लिख लेना।" मैं नहीं जानता था कि कैसे पुस्तके लिखी जाती हैं और प्रकाशन की दुनिया कैसे काम करती है लेकिन पुस्तक लिखने के प्रति मैं दृढ़–प्रतिज्ञ था।

मेरे व्यवसाय के एक क्लाइंट एक अभिजात्य क्लब का सदस्य था। समय–समय पर वे लोग क्लब के सदस्यों के साथ किसी विषय पर चर्चा करने के लिए किसी बाहरी वक्ता को आमंत्रित करते थे। एक बार मेरे से क्लाइंट ने "चाणक्य और आधुनिक व्यवसाय में उनकी प्रासंगिकता" विषय पर व्याख्यान देने के लिए अनुरोध किया। मैंने सहमति दे दी।

जब मैं वहां व्याख्यान देने के लिए गया तो मैंने महसूस किया कि शहर के सबसे धनी व्यवसायी उसके सदस्य हैं। वे विभन्न पृष्ठभूमियों से थे।

चाणक्य के ज्ञान पर व्याख्यान सुनने के लिए पूर्ण संख्या में लोग थे। मुझे ऐसा लगता है कि मैंने अपने आधे घंटे के व्याख्यान में उन्हें प्रभावित कर दिया। व्याख्यान के बाद भी परिचर्चा होती रही।

व्याख्यान के बाद एक बुजुर्ग मेरे पास आए। उन्होंने कहा, "नौजवान, आपने बहुत अच्छा व्याख्यान दिया। क्या आप इस विषय पर पुस्तक लिखने का प्रयास कर सकते है?" मुझे आश्चर्य होने लगा क्योंकि मैं इस विषय पर पुस्तक प्रकाशित करने के लिए बहुत दिनों से सोच रहा था।

उन्होंने मुझे अपना विजिटिंग कार्ड दिया। मैंने देखा कि वह भारत के सबसे बड़े प्रकाशन के चेयरमैन थे। मैंने उन्हें श्रद्धायुक्त भाव से देखा। उनकी कंपनी के पास हजारों लोग अपनी पुस्तक प्रकाशित कराने के लिए आवेदन दिया होगा लेकिन बहुत कम लोगों के प्रस्ताव को मंजूरी मिली होगी। और यहां पर ईश्वर की अनुकंपा से इतने बड़े आदमी मुझे पुस्तक लिखने के लिए कह रहे हैं।

मैंने तुरंत जवाब दिया, "बिल्कुल लिखूंगा सर।"

उन्होंने सुझाव दिया, "हमलोग कार्यालय में मिलते हैं अपने संपादकीय टीम के साथ।"

अगले सप्ताह मैं उनके कार्यालय में गया। हम तीन लोग बैठक में थे। संपादकीय टीम का व्यवहार दोस्ताना था।

उनमें से एक जो मेरे व्याख्यान में भी आए थे, ने कहा, "सर उस दिन के आपके भाषण से हमलोग काफी प्रभावित थे। आपका इस विषय पर काफी प्रभाव है। जैसा कि हमारे चेयरमैन ने कहा है हम आपके साथ इस विषय पर पुस्तक तैयार करने की संभावना तलाशी जाए।"

मैं प्रसन्न था किंतु संकोच कर रहा था। "आपके उदार दृष्टिकोण के लिए आपको धन्यवाद। इस परियोजना पर काम करने से मुझे खुशी है। लेकिन मुझे इस बात को स्वीकार करने में कोई संकोच नहीं है कि पुस्तक लेखन का मुझे कुछ भी अनुभव नहीं है। एक पुस्तक को तैयार करने में किस बात की आवश्यकता होती है।"

वे मुस्कुराने लगे। "इसीलिए तो हमलोग यहां पर हैं। इसके लिए आप परेशान न हों। हमलोग हमेशा वैसे अच्छे लेखकों की क्षमता को उभारकर बाहर लाते हैं जो हमारे प्रकाशन की प्रगति में सहायक हो। आपका टॉपिक – कौटिल्य का अर्थशास्त्र और आधुनिक व्यवसाय में इसका उपयोग – हमारे लिए अच्छा लगता है।"

इस बात से इस परियोजना पर काम करने के लिए मेरा आत्मविश्वास बढ़ गया। उस समय हमारे बीच संपादकीय टीम की एक और युवा लड़की

आ गई, ''सर, हमने आपके बारे में थोड़ा शोध किया है। विभिन्न प्रकार के व्यवसाय करने के साथ–साथ आपने कौटिल्य के अर्थशास्त्र पर पी–एच.डी. भी की है।''

''जी हां, मैंने की है।'' यह बात मैंने गर्व के साथ स्वीकार की। मुझे अपने गाइड की बात याद आयी जिन्होंने कहा था कि पी–एच.डी. करने के बाद आपका अलग संपर्क हो जाएगा।

मुख्य संपादक ने कहा, ''क्या आगे काम करने के लिए हम आपके पी–एच.डी. के शोध–प्रबंध को देख सकते हैं।''

मैंने कहा, ''इसमें कोई समस्या नहीं है।''

चेयरमैन भी इस वार्तालाप में शामिल हो गए, ''यह अच्छा काम है। आपको पहले से लिखने का अनुभव है। कोई बात नहीं कि आप पहले से पुस्तक नहीं लिखें हैं। शोध का अनुभव और शोध–प्रबंध लिखने से मदद मिलती है।''

मैंने उनके पास अपना शोध–प्रबंध भेज दिया। एक सप्ताह के बाद संपादकीय टीम से फोन आया। ''सर, क्या हमलोग आपके षोध–प्रबंध को ही पुस्तक रूप में प्रकाशित कर दे तो कोई दिक्कत?'' मेरी खुशी का ठिकाना नहीं रहा।

''आपका शोध प्रबंध सरल शब्दों में लिखा गया है जिसे सामान्य पाठक भी समझ लेंगे। हमलोगों ने महसूस किया है कि इसे थोड़ा परिमार्जित कर दिया तो यह एक अच्छी पुस्तक बन सकती है।'' संपादक ने कहा।

पहली बार पुस्तक लिख रहे लेखक को और क्या चाहिए? सबसे पहले किसी कंपनी के चेयरमैन आपसे संपर्क करते हैं, फिर मुख्य संपादक कहते हैं कि आपने पहले जो कुछ लिख रखा है उसे पुस्तक का रूप दिया जा सकता है। मुझे लगा कि मुझे इस पुस्तक के लिए सामग्री जुटाकर नहीं लिखना है बल्कि सामग्री पहले से तैयार है।

अगले कुछ माह के दौरान हमने शोध प्रबंध को संशोधित किया और एक अच्छी दिखने वाली पुस्तक का स्वरूप दे दिया। प्रकाशन ने इसका मूल्य

इतना कम रखा जिसे पाठक आसानी से खरीद सके।

विमोचन से पूर्व जब पुस्तक की एक प्रति मेरे हाथ में आयी वह मेरे लिए एक भावुक क्षण था। ऐसा लगा कि मैं अपने नवजात शिशु को गोद में लिया हुआ हूँ।

एक माँ के रूप में तो मैं कभी भी शिशु को जन्म नहीं दे सकूँगा लेकिन मैं इससे समझ सकता हूँ कि अपने प्रथम संतान के जन्म के बाद माँ कितनी खुश होती होगी।

सद्यः प्रसूता माँ की अपने नवजात शिशु को देखकर अनुभूति होती है, "मेरा एक अंश मुझसे अलग हो गया है, मगर इसने मुझे पूर्ण बना दिया है।"

मैंने अपने प्रकाशक से पूछा, "पुस्तक तैयार है। हम इसे बेस्ट सेलर कैसे बना सकते हैं?"

चेयरमैने ने जवाब दिया, "इसके लिए हमें कम से कम १०,००० प्रतियां बेचनी होगी।"

एक व्यवसायी के रूप में मेरे लिए कोई ब्रिक्रय लक्ष्य बड़ा नहीं होता है। "बस इतना ही? इतना तो मैं खुद ही बिकवा दूँगा। हमें बड़ा लक्ष्य रखना चाहिए।" मैंने आत्मविश्वास के साथ कहा।

अगले कुछ माह के बाद विश्वविद्यालय परिसर में पुस्तक का विमोचन एक भव्य समारोह में किया गया जिसमें ३०० से अधिक लोग उपस्थित हुए। मैंने पुस्तक के प्रचार के लिए व्यापक अभियान किया। मैंने १४ नगरों में पुस्तक समारोह का आयोजन किया। अंततः इसकी एक लाख प्रतियाँ बिक गई।

यह पुस्तक देश का बेस्ट सेलर बना और इसके ५० संस्करण प्रकाशित हुए। इसके लिए मीडिया भी धन्यवाद के पात्र हैं जिन्होंने इसकी अच्छी समीक्षाएं प्रकाशित कीं।

संपादक ने मुस्कुराते हुए पूछा, "आप अपनी अगली पुस्तक कब लिखेंगे?"

51

आजादी का अद्‍भुत एहसास

किताबें आपको प्रसिद्धि दिलाती हैं। बेस्ट सेलिंग पुस्तक आपको सोहरत की बुलंदी पर ले जाती है। मेरी पहली पुस्तक मेरे लिए एक प्रयास था कि मैं प्रकाश उद्योग की कार्यशैली को समझ सकूँ।

मैं अपने प्रथम प्रकाशक को धन्यवाद देता हूँ कि उनके साथ काम करते हुए मैंने उस खेल को समझ लिया।

अगले पाँच साल के दौरान मैंने तीन किताबें लिखीं।

एक टेलिविजन पत्रकार ने मुझसे सीधा प्रसारित होने वाले साक्षात्कार में पूछा, ‘‘आप एक के बाद दूसरे बेस्टसेलर कैसे लिख लेते हैं?’’

मैंने मुस्कुराते हुए उन्हें कहा, ‘मैं पुस्तकें लिखता हूँ और मेरी कोशिश रहती है कि वे बेस्ट सेलर हों।’’ इन वर्षों के दौरान पुस्तकें और प्रकाशन उद्योग के स्वरूप में परिवर्तन आया है। मैंने महसूस किया कि ब्रांडिंग और विपणन सफलता का मूल आधार है।

आपके पास अच्छी किताब हो सकती है, लेकिन यदि आपने उसका विपणन ठीक से नहीं किया तो किताब के दुकान के किसी कोने में पड़ी रहेंगी और गुमनामी में स्वत: नष्ट हो जाएंगी।

हालांकि पुस्तक से जुड़ी गतिविधियों का सतत आयोजन करते रहने से लोग इस पर ग़ौर करते हैं, इसके बारे में चर्चा करते हैं और दूसरे को इसे

पढ़ने के लिए कहते हैं। अंततः बातों ही बातों में कोई पुस्तक बेस्ट सेलर बन जाती है।

इसी समय एक प्रसिद्ध फिल्म कंपनी ने मेरे से संपर्क की और कहा कि मेरी पहली किताब पर वे फिल्म बनाना चाहते हैं। इससे मुझे अचरज हुआ। यह पुस्तक प्रबंधन पर था और मैं समझ नहीं सका की इस पर फिल्म का निर्माण कैसे होगा।

निर्माता ने मुझे आश्वस्त किया, '' चिंता न करें। हम जानते हैं कि कैसे फिल्म बनायी जाती है। यह हमारा काम है, बस आप हाँ कह दीजिए।''

मैंने उन्हें सहमति दे दी।

एक साल के अंदर एक मेरी पहली किताब पर एक प्रबंधन फिल्म का निर्माण हो गया। भारत एवं विदेश के बिजनेस स्कूल में इस्की काफी सराहनी की गई। इसे कुछ अंतर्राष्ट्रीय फिल्म समारोहों में पुरस्कार के लिए भी भेजा गया। इसके बाद बहुत से लोग मेरी दूसरी किताबों पर फिल्म एवं धारावाहिक बनाने के लिए मुझे प्रस्ताव देने लगे।

जीवन एक नया मोड़ ले रहा था। मैं एक स्वप्न लोक में था। मेरे पास प्रसिद्धि, धन, प्रतिष्ठा, सब कुछ स्वतः आते जा रहे थे। इसी समय एक व्यक्ति ने मुझसे पूछा, ''आपका अगला लक्ष्य क्या है?''

मेरे जवाब से उन्हें अचरज होने लगा, ''मेरे पास कोई भी लक्ष्य नहीं है। मेरे सारे लक्ष्य पूरे हो गए। मैं अब भगवान से क्या मांगूँ?'' परिपूर्णतम अर्थ मेरे पास सब कुछ था – सतत फैल रहा व्यवसाय, प्यारा–सा परिवार, बुद्धिमान बच्चे और अच्छे दोस्त।

हालांकि इस बीच एक दिलचस्प यह हुई थी कि बहुत–से धनी व्यवसायी मेरे से सलाह लेने लगे थे। उनमें से अधिकांश मेरे से धनी थे और उम्र एवं अनुभव में मेरे से वरिष्ठ थे।

मैंने एक बार एक धनी व्यवसायी से पूछा, ''सर, मैं आपसे उम्र में छोटा हूँ तथा आपका अनुभव भी मेरे से अधिक है। तब आप मेरे पास क्यों आते

हैं?''

उन्होंने कहा, ''सर, आपके पास एक चीज है जो मेरे पास नहीं है।''

''वह क्या?''

''चाणक्य के ज्ञान की व्यवहार में उपयोग।''

इस बात में सच्चाई थी। मैं चाणक्य और उनके अर्थशास्त्र का उपयोग व्यवहारिक जीवन में कर रहा था। एक शिक्षक, व्यवसायी और परामर्शक के रूप में मैं चाणक्य के परामर्श का अनुसरण कर रहा था।

बहुत–सी कंपनियां और व्यवसायिक संगठन मुझे अपने यहां बीज वक्तत्व देने के लिए आमंत्रित करती थीं। इससे मुझे व्यवसाय को उसके समग्र परिप्रेक्ष्य में समझने का अवसर प्राप्त हुआ। पी–एच.डी. डिग्री और बेस्ट सेलिंग लेखक के दर्जा होने से मुझे अनेक स्थानों पर व्याख्यान के लिए बुलाया जाने लगा।

एक दिन एक कंपनी के चेयरमैन जो मेरे व्याख्यान के दौरान उपस्थित थे, ने मुझसे कहा, ''सर, मैं जानता हूँ कि आप एक व्यस्त व्यक्ति हैं? मगर क्या आप मेरी कंपनी के परामर्श मंडल में शामिल होंगे? इससे मुझे व्यवसाय को दिशा देने में मदद मिलेगी।''

उन्होंने आगे कहा, 'मैं आपको अपनी कंपनी में शेयरधारक भी बना दूंगा। यकीन मानिए कि मैं आपके समय एवं परामर्श के लिए आपको सर्वोत्तम तरीके से क्षतिपूर्ति कर दूंगा।''

मैंने कभी नहीं सोचा था कि किसी अन्य के व्यवसाय में परामर्श देने के बदले मुझे स्वामित्व में हिस्सेदारी मिलेगी।

इस संबंध में दिशा पाने के लिए मैंने एक महान विद्वान का अर्थशास्त्र पर भाष्य को पलटकर देखा। लिखा हुआ था:

धन केवल वही नहीं है जो आपके पास है बल्कि जो आपके अंदर है वह भी आपका धन ही है।

मैंने आंतरिक विकास किया था। मैं अपना मूल्य तब तक नहीं समझ पाया जब तक किसी ने उसका उल्लेख मुझसे नहीं किया। मैंने अपनी आँखें बंद कर लीं और ऐसे कृपापूर्ण जीवन के लिए ईश्वर को धन्यवाद दिया।

उस दिन भगवद्गीता का पाठ करते समय मैंने महसूस किया कि एक व्यवसायी का सर्वोपरि लक्ष्य समाज की सेवा होनी चाहिए न कि धन का संग्रह और पैसे के पीछे भागते रहना।

अंततः मैंने विश्व का सर्वाधिक धनी व्यक्ति बनने के अपनी इच्छा का त्याग कर दिया। मैंने स्वयं को मुक्त महसूस किया। मेरी कोई इच्छा शेष नहीं थी। मैं कामनामुक्त अवस्था में था। मैंने स्वयं को संतुष्ट और तृप्त महसूस किया।

फिर भी मुझे इस संसार में दूसरे को उच्चतर एवं उद्देश्यपूर्ण जीवन को प्राप्त करने में मार्गदर्शन करना था। मैंने लोगों को चाणक्य के ज्ञान का उपयोग करने तथा अपने व्यवसाय को चाणक्य अनुरूप खड़ा करने में परामर्श देने लगा।

लोग हमारे अपने व्यवसाय के भविष्य के बारे में सोच सकते हैं जब हम दूसरे को परामर्श देने में लगे हुए थे।

मेरे स्वयं के व्यवसाय को बहुत से टीम के सदस्य, सी.ई.ओ. और अन्य प्रबंधक देख रहे थे। मैं दूसरों के माध्यम से काम करवाने की कला सीख गया था। दूसरे एवं मेरे अपने व्यवसाय की देखरेख करने वाले लोगों को मैं केवल रणनीतिगत परामर्श दे रहा था।

एक कहावत है, ''जब आप साध्य की कामना करते हैं तो ईश्वर उसे आपके माध्यम से पूरा कर देता है।'' ऐसा लगा कि ईश्वर मुझे संसार का सबसे धनी व्यक्ति बनाना चाहते हैं जबकि मुझे इसमें दिलचस्पी नहीं रह गई थी।

कभी आप रास्ते की तलाश करते हैं और कभी रास्ते आपकी तलाश करते हैं......

52

मेरे अंदर का नेतृत्वकर्ता

समय आपको सब कुछ सिखा देता है। मैं भी अब युवा नहीं रहा और मेरे से वरिष्ठ लोग बूढ़े होते जा रहे थे।

कुछ समय से मेरे चेयरमैन के स्वास्थ्य में गिरावट आ रही थी। लेकिन पिछले कुछ वर्षों के दौरान इस समूह की कंपनियों ने काफी प्रगति की।

मेरी अपनी भी पर्यटन कंपनी ने काफी प्रगति की और समूह की सर्वोत्तम काम करने वाली कंपनियों में से थीं।

एक दिन चेयरमैन ने मुझे घर बुलाया। वे बिस्तर पर थे और अभी–अभी डॉक्टर उनको देखकर गए थे। उन्होंने कहा, ''मैंने अपनी ज़िंदगी जी ली है।'' इससे मैं समझ गया कि उन्होंने कोई महत्वपूर्ण बात कहने के लिए मुझे बुलाया है।

उन्होंने आगे कहा, ''डॉक्टर ने मुझे अभी–अभी कहा है कि अपने स्वास्थ्य के प्रति सचेत रहें। मैं जानता हूँ कि अब इस धरती को छोड़ने का मेरा समय आ गया है।''

''मेरे पिता ने अपना व्यवसाय मुझे सौंपा था और मैंने इसे आगे बढ़ाने के लिए अपनी ओर से भरसक प्रयास कियार। मुझे प्रसन्नता है कि मैंने अपनी भूमिका बखूबी निभायी।'' ऐसा कहते हुए वे संतुष्ट दिखे। ''अब मेरा एक अंतिम कर्तव्य है – अपने बाद के चेयरमैन को नियुक्त करना।''

वे अतीत की स्मृतियों को खंगालने लगे, "अनेक वर्षों से हमारे समूह की कंपनियों के चेयरमैन एक ही परिवार से वंशानुगत होते आए हैं। मगर अब एक बड़े परिवर्तन का समय आ गया है।"

उन्होंने मेरी आँखें में देखा और कहा, "समय बदल गया है और हमलोग अब एक पेशेवर रूप से संचालित व्यवसायिक घराना बन गए हैं। इसलिए पहली बार हमलोग चाह रहे हैं कि अगला चेयरमैन ऐसा व्यक्ति होना चाहिए जो कि बड़े भारतीय बहुराष्ट्रीय कंपनी को चलाने में सक्षम हो – यह निर्णय उसकी पारिवारिक पृष्ठभूमि के आधार पर नहीं होना चाहिए बल्कि उसके कार्य के आधार पर।

अब वे मूल बात पर आए, "मैं चाहता हूँ कि तुम हमारे समूह की कंपनियों के अगले चेयरमैन बनो।" वे एक क्षण के लिए रुक गए और मैं पूरी तरह से मौन हो गया।

चेयरमैन अविवाहित थे। वे मानते थे कि उन्होंने अपने व्यवसाय से विवाह कर लिया है और सभी कर्मचारी उसके अपने बच्चे हैं।

"हर कोई यह सोचते थे कि उनके कोई न कोई सगे संबंधी उनके बाद नेतृत्व संभालेंगे लेकिन हम में से कोई नहीं जानता था कि वह व्यक्ति कौन होगा। वे अपने चचेरे भाई–बहनों और उनके बच्चों में से किसी एक को चुन सकते थे। उनमें से सभी काफी शिक्षित और योग्य थे। फिर भी चेयरमैन ने उन सबको नजरअंदाज़ कर मुझे चुना।

उन्होंने मुस्कुराते हुए याद किया, "जब पहली बार मैंने तुम्हें अपने कार्यालय में साक्षात्कार के लिए बुलाया तो मैं जानता था कि तुम्हारे में हमें एक भावी नेतृत्वकर्ता मिल गया है। तुम एक अच्छे राजकुमार थे जिन्हें राजा के रूप में तैयार किया जा सकता था। फिर भी मैं तुम्हारी परीक्षा लेना चाहता था। मैं कहना चाहता हूँ कि मेरी प्रत्येक परीक्षा में तुम उत्कृष्ट रूप से सफल हुए।"

मुझे चाणक्य के अर्थशास्त्र में कही हुई वह बात याद आयी:

राजा को चाहिए कि वह राजकुमार को प्रशिक्षित करे। (5.6.39)

चेयरमैन ने अच्छी तरह से मुझे प्रशिक्षित किया था। मैं खुश था कि उन्होंने प्रशिक्षण के दौरान मुझे राजा मान लिया था। ''अगली बोर्ड बैठक में मैं इसकी औपचारिक घोषणा करूंगा।'' चेयरमैन ने समापन करते हुए कहा।

मैंने कभी कल्पना भी नहीं की थी कि मुझे कभी इतना बड़ा ओहदा दिया जाएगा। मैंने महसूस किया कि जितना बड़ा पद मुझे दिया जा रहा है उससे जुड़ा दायित्व उससे भी बड़ा होगा।

''चिंता न करो। मुझे यकीन है कि तुम इसे अच्छी तरह से संभाल लोगे। हमारे समूह का भविष्य तुम्हारे हाथ में सुरक्षित है।'' चेयरमैन ने मुझे आश्वस्त किया।

मेरी अपनी आशंकाएं थीं लेकिन मुझे उनके ज्ञान और प्रतिभाओं को खोज निकालने की क्षमता पर कभी भी आशंका नहीं थी। मैं चुप रहा।

चेयरमैन अगली बोर्ड बैठक में बहुत कठिनाई का सामना करते हुए आए क्योंकि उनका स्वास्थ्य निरंतर बिगड़ता जा रहा था। हम में से अधिकांश लोग यह जानते थे कि यह उनकी अंतिम बोर्ड बैठक होगी और वे औपचारिक रूप से अगले चेयरमैन के पद की घोषणा कर देंगे।

मैं इस बात से आश्वस्त नहीं था कि मेरे नाम की घोषणा पर बोर्ड के अन्य सदस्य किस रूप में अपनी प्रतिक्रिया व्यक्त करेंगे। हालांकि मेरे लिए यह सुखद आश्चर्य रहा कि मेरे नाम की घोषणा होते ही हर कोई खुशी से ताली बजाने लगे। सबसे अच्छी बात थी कि एक भी आदमी मेरे विरुद्ध नहीं था।

मैंने निश्चय कर लिया था कि यदि एक भी व्यक्ति मेरे नाम के विरुद्ध होगा तो चेयरमैन की संस्तुति के बावजूद मैं इसे स्वीकार नहीं करूंगा। हालांकि अब मेरे कहने के लिए कुछ रह नहीं गया था। समूह के लोगों ने कहा: ''हम सभी आपके साथ हैं।''

आने वाले दिनों में परिस्थितियां बदल गई थीं। मैंने नए और सबसे युवा

चेयरमैन के रूप में मिलीजुली भावना के साथ पदभार संभाला। एक ओर मैंने नई भूमिका संभाली और दूसरी ओर चेयरमैन जो मुझे अपने बेटे की तरह इस भूमिका के लिए तैयार किया वे अपने अंतिम दिन गिन रहे थे।

एक दिन दोपहर में यह घटना घटी। मैं अपने कार्यालय में था। फोन की घंटी बजी, "सर, अब नहीं रहे।"

मैं नहीं जानता था कि इस पर किस तरह से प्रतिक्रिया व्यक्त किया जाए। हम सभी जानते थे कि चेयरमैन अंतिम हालत में हैं। फिर भी ऐसी घड़ी में कोई भी अपनी भावना पर काबू नहीं रख सकता है।

चेयरमैन के कार्यालय जो कि अब मेरा कार्यालय था में बैठे हुआ मैं बच्चे की तरह रोने लगा। इसी कार्यालय में बैठे–बैठे उन्होंने मेरा मार्गदर्शन किया था और वर्षों तक मुझे सलाह दी थी। आज से मुझे मार्गदर्शन करने वाला कोई नहीं रहा। अब मेरे पास ऐसा कोई नहीं जिसके साथ मैं जीवन और व्यवसाय से जुड़े कठिन प्रश्नों पर अपनी जिज्ञासा का समाधन करूं। अब से मेरा मार्गदर्शन कौन करेगा?

मेरी आँखें दीवार पर लगी कैलेंडर पर गई जिसमें स्वामी विवेकानंद की तस्वीर लगी हुई थी। उस पर एक बोध–वाक्य लिखा हुआ था जो कि उस दिन का बोध–वाक्य था:

"जिस दिन पिता की मृत्यु होती है उस दिन बेटा जवान हो जाता है।"

अब मेरे पास कोई मार्गदर्शक नहीं था लेकिन मुझे व्यवसाय में दूसरों को मार्गदर्शन करना था। मैंने चेयरमैन का कार्यभार संभाला था लेकिन मैंने महसूस किया कि मुझे एक नई भूमिका का निर्वाह करने की जरूरत थी – एक परामर्शक की, एक मार्गदर्शक की, अगले राजकुमार के चयन के लिए अपनी आँखें और कान खोलकर.....

53

पारिवारिक व्यक्ति

मेरे बच्चे बड़े हो रहे थे। वे अब कॉलेज में पहुँच गए थे। मेरे माता–पिता और पत्नी उन्हें उचित आध्यात्मिक पृष्ठभूमि के साथ उन्हें बड़े करने के अद्‌भुत कार्य में लगे हुए थे।

कहा जाता है कि 'अपने बच्चों को पहले जीवन मूल्य सिखाएं फिर उन्हें मूल्यवान वस्तु दें।'

मेरे बच्चे वैभवपूर्ण परिवेश में जन्म लिए थे। वे ऐशो–आराम की ज़िंदगी जी रहे थे। मुझे अनुमान है प्रत्येक पीढ़ी अपनी अगली पीढ़ी के परिश्रम का उपयोग करती है।

हालांकि मैं व्यवसायिक पृष्ठभूमि वाले एक मध्यवर्गीय परिवार में पैदा लिया था लेकिन अब मेरा परिवार एक उच्च आय वाला परिवार बन गया था।

मेरे लिए अब उच्च अथवा मध्यवगर्ग जैसा आर्थिक वर्गीकरण कोई महत्व नहीं था। अब मैं आध्यात्मिक पृष्ठभूमि वाले लोगों को अधिक महत्व देता था।

मेरी तरह मेरे बच्चे भी आध्यात्मिक परिवेश में बड़े हुए थे। भगवद्‌गीता पढ़ते हुए और उपनिषद् समझते हुए तथा राम एवं कृष्ण की कहानियां सुनते हुए वे सहज रूप से बड़े हुए थे।

मेरे बचपन की तुलना में मेरे बच्चों का बचपन अधिक लाभकारी रहा।

मुझे अपने दादा–दादी से मिलने के लिए अपने गाँव जाना पड़ता था क्योंकि मैं अपने माता–पिता के साथ रहता था जबकि मेरे बच्चों को यह लाभ है कि उनके लिए उनके दादा–दादी हमेशा उपलब्ध रहते हैं।

मेरी पत्नी विश्वविद्यालय में अपने शिक्षण पेशा के प्रति प्रतिबद्ध थी। उन्हें अकादमिक क्षेत्र में काफी प्रतिष्ठा मिली। उन्होंने भी पुस्तकें लिखना शुरु की और पाठकों ने उनकी पुस्तकों की सराहना की।

दुनियाभर में विविधतापूर्ण कार्य में संलग्न एक बहुराष्ट्रीय कंपनी के चेयरमैन होने के कारण मैं बहुत व्यस्त रहता था। लेकिन मैंने यह सुनिश्चित किया कि मैं एक पारिवारिक व्यक्ति भी बना रहूंगा। मैं कार्य और जीवन के बीच यथासंभव संतुलन बनाए रखने की कोशिश करता था।

मुझे इस बात को स्वीकार करने में कोई झिझक नहीं है कि कंपनी से जुड़ी विभिन्न जिम्मेदारियों के कारण ऐसा हर बार संभव नहीं होता था। फिर जब मुझे समय मिलता था तो परिवार के साथ अच्छा–खासा समय व्यतीत करता था। जैसा कि चाणक्य ने कहा था, जब बच्चे बड़े हो जाएं तो उनके साथ समान व्यवहार करना चाहिए।

यद्यपि मेरे बच्चे ऐशो–आराम में पल रहे थे लेकिन हमलोगों ने उन्हें समझा दिया था कि इसे सदा स्थायी न मानें। उन्हें जीवन में अपन प्रतिभा के बल पर आगे बढ़ना है।

एक दिन जब मैं बच्चों के साथ बैठा था तो बेटी ने पूछी, ''पापा, किसी व्यक्ति को वास्तव में क्या सफल बनाता है?''

मुझे आश्चर्य हुआ और मैं जानना चाहा कि किस कारण से वह ऐसा प्रश्न पूछ रही थी।

''नहीं पापा, पहले आप यह बताइए कि किस बात से व्यक्ति जीवन में सफल होता है?''

मैंने कुछ देर तक सोचा और जवाब दिया, ''व्यक्ति अनेक कारणों से सफल होता है लेकिन मेरा अनुभव यह है कि सफलता के पीछे तीन कारकों का संयोग होता है – कठिन परिश्रम, टीम कार्य और ईश्वर–कृपा।

मेरा बेटा भी इस चर्चा में शामिल हो गया। ''क्या आप इसे विस्तारपूर्वक बताएंगे?''

''जब आप कार्य प्रारंभ करते हैं तो आपको कठिन परिश्रम करना पड़ता है। बाद में जीवन में पाते हैं कि केवल कठिन परिश्रम ही पर्याप्त नहीं होता है। उसके बाद आप दूसरे लोगों के साथ मिलकर काम करने लगते हैं और फिर आप टीम कार्य का महत्व समझते हैं।''

फिर मैंने आगे कहा, ''जब आप अपनी यात्रा के बारे पीछे मुड़कर सोचने लगते हैं तो अपनी सफलता के कारण पर आश्चर्य करने लगते हैं। आप महसूस करते हो कि कुछ अज्ञात कारणों की मदद से आप सफलता के शिखर पर पहुंचे हैं। वे अज्ञात कारण जो आपको सफल बनाते हैं, वे ईश्वर की कृपा है।''

मेरी बेटी ने प्रश्न किया, ''क्या सफलता में भाग्य की भी प्रमुख भूमिका होती है?''

मैं थोड़ा दार्शनिक होते हुए कहा, ''भाग्य का ही दूसरा नाम ईश्वर कृपा है। यदि आप ईश्वरीय कार्य को करने का निर्णय लेते हो तो संसार की सभी शक्तियां आप की सहायता में खड़ी हो जाती हैं।''

बेटी ने फिर प्रश्न की, ''पापा, व्यवसाय में आपकी यात्रा कैसी रही है?''

मैंने जवाब दिया, 'मेरे लिए मेरी व्यवसायिक यात्रा एक आध्यात्मिक यात्रा रही है।''

मैंने महसूस किया कि वे इन सब बातों को किसी पुस्तिका में लिखती जा रही थी। मैंने जानना चाहा, ''तुम ये सब बातें क्यों लिख रही हो?''

डॉक्टर एवं मेरे माता–पिता हँसने लगे। डॉक्टर ने स्पष्ट किया, ''आपकी बेटी को कॉलेज में एक परियोजना है। उन्हें एक सफल व्यक्ति पर अध्ययन करके उनकी सफलता के कारणों का विश्लेषण करना है।'' और फिर मुस्कुराते हुए उसने कहा, ''और इसने अपनी परियोजना के लिए आपको चुना है।''

मेरी बेटी नाराज हो गई, ''मम्मी, मैंने आपसे कहा था कि उन्हें इस परियोजना के बारे में नहीं बताना है।''

मैं खुश था कि मेरे बच्चे मुझे एक सफल व्यक्ति मानते थे। ''चिन्ता मत करो। तुम मेरे से कोई भी प्रश्न पूछ सकते हो। तुम अपनी परियोजना के लिए मेरे से जो कुछ पूछना चाहो, पूछ सकते हो, मैं तैयार हूँ।''

बाद के वर्षों में मेरी बेटी ने इन नोट्स का उपयोग अपनी पहली किताब लिखने में की, माई फादर्स सक्सेस टिप्स।

आप अपने बच्चे को सिखाना चाहते हैं लेकिन बच्चे भी सिखने के लिए तैयार होने चाहिए। जब ऐसा होता है तब आपके अनुभव आसानी से अगली पीढ़ी तक पहुँच जाते हैं।

मैंने महसूस किया कि बच्चे आपकी कथनी से नहीं बल्कि करनी से सिखते हैं। आप उन्हें ठग नहीं सकते। वे आपको तुरंत पकड़ लेंगे। जो आप सोचतें हैं उसे अवश्य कहिए और जो कहते हैं उसे पूरा करें।

परिवार का एक अन्य पक्ष यह है कि परिवार में अधिक लोग होने से बच्चों को सिखने का बेहतर माहौल मिलता है।

हमारी संयुक्त परिवार व्यवस्था बच्चों को विभिन्न पीढ़ियों एवं सगे–संबंधियों से सिखने का अवसर देती है।

मेरे बच्चे जब छोटे थे तब मैंने उनकी जन्म–कुंडली का विश्लेशण किया था और मैं जानता था कि वे पर्याप्त बुद्धिमान हैं तथा अपना कॅरियर खुद चुन लेंगे। मैं ये भी जानता था कि मेरी तरह उन्हें व्यवसाय तथा धन–सृजन में दिलचस्पी नहीं है।

बच्चों को अपनी क्षमताओं का प्रदर्शन करना चाहिए लेकिन उन्हें अपने मार्ग के चयन की स्वतंत्रता भी होनी चाहिए।

एक दिन मेरे बेटे ने मुझसे कहा, ''पापा, मैं सरकारी नौकरी करना चाहता हूँ।''

इससे मुझे सदमा लगा।

54

अपनी राह का चयन

एक व्यवसायी के रूप में मैंने सरकार और राजनेताओं को करीबी से देखा है। मैं यह निर्णय नहीं दे रहा हूँ कि राजनेता अच्छे होते हैं अथवा बुरे। न तो मैं यह कह रहा हूँ कि सरकार और इसके नियम बुरे हैं।

मेरा मत यह है कि सरकार की दुनिया एक व्यवसायी की दुनिया से बिल्कुल ही अलग होती है। हम सभी अपनी छोटी–सी दुनिया में रहते हैं। मेरे जैसे व्यवसायी को अपने अनुसार जीवन जीने की पूरी स्वतंत्रता होती है लेकिन सरकार के अपने कायदे–कानून होते हैं।

अब तक सरकार में मेरे बहुत–से दोस्त हो गए थे। मैं आश्वस्त नहीं था कि मेरा बेटा जिस दुनिया में जाना चाह रहा था उसके बारे में वह जानता था अथवा नहीं।

मैंने उससे सीधा प्रश्न किया, ''तुम्हारे सामने इतने विकल्प हैं फिर भी तुम सरकारी सेवा में क्यों जाना चाहते हो?''

''कोई भी सरकारी काम नहीं पापा, मैं भारतीय विदेश सेवा – आई.एफ. एस. में जाना चाहता हूँ।'' उसने गर्व के साथ कहा।

मैंने उससे कहा, ''ठीक से स्पष्ट करो।'' मैं हमेशा यह मानता था कि बच्चे अपना कॅरियर खुद चुनें किंतु जब ऐसा समय आया तो मैं उनके सामने अवरोध बन रहा था।

"पापा, देश सेवा के अनेक माध्यम हैं। उनमें से एक है लोक सेवा में होना।" उसने फिर कहा।

"आज दुनिया एक वैश्विक ग्राम बनती जा रही है। विभिन्न देशों के बीच निकट संपर्क बनते जा रहा है। ऐसे में हमे अपनी संस्कृति को यथासंभव सर्वोत्तम तरीके से दिखाने की आवश्यकता है। मैं महसूस करता हूँ कि मैं आई.एफ.एस. अधिकारी के रूप में अपने देश की सेवा कर सकता हूँ – महान भारतीय संस्कृति का राजदूत।"

"तो तुम एक नौकरशाह बनना चाह रहे हो?" यह विचार मुझे विल्कुल ही पसंद नहीं था।

"क्यों नहीं?" उसने पलटकर जवाब दिया। उसे गुस्सा आ गया। "क्या कौटिल्य ने अपने अर्थशास्त्र के भाग एक के अध्याय 16 में राजदूतों के महत्व पर प्रकाश नहीं डाला है?"

मैं अपने बेटे के उद्धरण पर भौंचक्का रह गया। उसने उस ग्रंथ का उद्धाण दे दिया जो जीवनभर मेरा मार्गदर्शक रहा है। मैंने बहुत–से लोगों को अथशास्त्र का ज्ञान दिया और जीवन के हर कदम पर इसका पालन किया। लेकिन मैंने कभी कल्पना भी नहीं की थी कि एक दिन मुझे इस ग्रंथ को अपने बच्चों की नजर से देखना पड़ेगा।

मैं कुछ प्रतिक्रिया व्यक्त करता उससे पहले ही उसने अर्थशास्त्र की अपनी प्रति ले आया। "देखिए पापा, चाणक्य दूत एवं राजदूत के कर्तव्य के बारे में क्या कहते हैं।"

संवाद सम्प्रेषित करना, संधि के शर्तों की रक्षा करना, अपने राजा के मान–सम्मान की रक्षा करना, मित्र राष्ट्रों का अधिग्रहण करना, शत्रुओं के मित्रों को उकसाना और उनमें भेद उत्पन्न करना, दुश्मन के भू–भाग में गुप्तचरों एवं सैनिकों को संदेश भेजना। (1.16.33)

"आप जानते हैं कि पापा, बचपन से जबसे आपने अर्थशास्त्र के साथ मेरा परिचय कराया है तब से यह अध्याय मेरे मन में बस गया है। एक राजदूत की रणनीतिगत भूमिका पर विचार कीजिए।" मैं उसकी बातों को सुन रहा था।

"मैं अपने देश की रक्षा इस रूप में करना चाहता हूँ। भारत भविष्य में वैश्विक स्तर पर जो खेल खेलेगा मैं उसका हिस्सा बनना चाहता हूँ।" उसने समापन किया।

कुछ देर के लिए हम दोनों मौन हो गए। मेरे पुत्र ने जो सदमा मुझे दिया था उससे मैं उबरने की कोशिश कर रहा था। उसे अपनी चुप्पी तोड़ी, "यदि आप सहमत नहीं हैं तो मैं यह काम नहीं करूंगा।" उसकी रुआँसी आँखों को मैं देख सका।

मैं बहुत द्रवित हो गया, "नहीं बेटे, मैं यह नहीं कह रहा कि तुम्हें सरकारी सेवा में शामिल नहीं होना चाहिए। मैं यही आशा करता हूँ कि तुम अपने निर्णय के विभिन्न पहलुओं के बारे में ठीक से विचार कर लो।" उससे मेरी यही सलाह थी।

"पापा, बचपन से मैंने अपने लिए केवल यही एक सपना देखा है। मैं एक आई.एफ.एस. अधिकारी बनने के लिए सिविल सेवा की तैयारी करते रहा हूँ।" उसने मुझे दिखाया कि आगामी प्रतियोगी परीक्षा के बारे में उसने कैसी तैयारी की है।

उसने आगे कहा, "पापा, आप मेरे रोल मॉडल रहे हैं। मैंने आपको हमेशा श्रद्धा की नजर से देखा है। आप ही की तरह मैंने चाणक्य और उसके विचारों को पसंद किया है। अब मैं अपने जीवन कॅरियर के रूप में इस भूमिका का निर्वाह करना चाहता हूँ।

मैंने महसूस किया कि प्रत्येक पीढ़ी अपनी पूर्ववर्ती पीढ़ी से होशियार होती है। उसने अपना होमवर्क ठीक से किया था। वह जानता था कि वह इस कॅरियर को लेकर आगे बढ़ने वाला है। मैंने उसे हतोत्साहित नहीं किया और न ही एक बोझ बना।

मैंने मुस्कुराया, ''इस संबंध में अपना माँ से अवश्य बात कर लो और अपने दादा—दादी का आशीर्वाद ले लो।''

वह भी मुस्कुराने लगा, ''मैंने यह काम काफी पहले कर लिया था। आप ही अंतिम व्यक्ति थे जिनसे मुझे आने वाली परीक्षा के लिए आशीर्वाद लेना था।''

मैंने महसूस किया कि मैं अपने परिवार और बच्चों से अंतरंग नहीं रहा। फिर मैं चाहता था कि परीक्षा में अपना सर्वश्रेष्ठ प्रदर्शन करे। ''मेरा आशीर्वाद, मेरा आशीर्वाद सदा तुम्हारे साथ है।'' हमने एक—दूसरे को गले लगा लिया।

मुझे उस जैसे बेटे के बाप होने पर गर्व हो रहा था। मगर मेरे मन में एक अन्य विचार कौंधने लगा। मैंने उससे पूछा, ''क्या तुम्हारी दीदी ने भी अपना कॅरियर चुन लिया है?''

''क्या पापा? आप इस तरह से पूछ रहे हैं जैसे आपको कुछ मालूम ही नहीं।''

मैं निरा बेवकूफ लग रहा था। मेरे दोनों बच्चों ने अपना कॅरियर और भविष्य तय कर लिया था लेकिन मैं उनकी पसंद से वाकिफ नहीं था। इसके लिए उन्हें दोष देने के बजाय, मैंने अपनी गलती महसूस की और उसे मान लिया। ''नहीं, मुझे नहीं मालूम कि उसने अपने लिए कौन—सा भविष्य चुना है?''

''जाइए। जाकर उसी से पूछ लीजिए।''

एक डरे हुए चूहे की तरह, मैं अपनी बेटी को खोजने लगा। मैंने उसे उसके कमरे में पाया, एक कोने में बैठी हुई थी।

जैसे ही चुपचाप मैं उसके कमरे में गया, वह मेरी ओर देखी और बोली, ''तो पापा, आपको आपके खूबसूरत बेटे ने बता दिया कि वह क्या करना चाहता है। आप यहां पर मेरे कॅरियर के बारे में पूछने के लिए आए हैं। मैं ठीक कह रही हूँ ना?''

उसने गर्व से कहा, ''मैं एक कलाकार बनना चाहती हूँ।''

55

दृढ़ निश्चयी बनें

मैं जानता था कि मेरी बेटी एक अच्छा पेंटर है। वह एक अच्छी गायिका भी है तथा दो प्रकार के शास्त्रीय नृत्य भी सीख चुकी है – भारतनाट्यम तथा कुचिपुड़ी।

मैंने प्रश्न किया, ''तुमने किस कला माध्यम में आगे बढ़ने का निर्णय लिया है?''

बिना किसी हिचक के उसने कहा, ''संगीत। मैं वर्षभर इसका गहन अध्ययन करना चाहती हूँ। उसने अपनी योजना बतायी।

''भारत में परंपरागत संगीत सिखाने वाले अनेक घराने हैं। मुझे इन परंपरागत गायन के उस्तादों में से एक के पास जाकर संगीत सिखना पड़ेगा और गुरुकुल परंपरा में अध्ययन करना पड़ेगा।''

गुरुकुल शब्द से मुझे अर्थशास्त्र के अध्ययन के लिए अपनी यात्रा की याद आने लगी। इसने मेरे पूरे जीवन को बदलकर रख दिया था।

''मैंने राजस्थान में स्थित इस घराने का पूरा विवरण प्राप्त कर लिया है। यह बूढ़े गुरुजी प्रतिष्ठा के शिखर पर हैं। मैं एक साल उनके अंदर सिखूंगी। मैं इस विषय में एम.ए. भी कर सकती हूँ और संगीत में पी–एच.डी. भी करने की योजना है।''

हमारी पीढ़ी के लोगों में कॅरियर चुनने को लेकर इतनी स्पष्टता नहीं थी।

हमारे बच्चे एक अलग युग में जन्में हैं। निश्चित तौर पर वे योजना बनाने और उनके कार्यान्वयन में हमसे काफ़ी आगे हैं।

इस अनुभूति से कि अपने अपने परिवार से उतना अंतरंग नहीं रहा, दिनभर मेरे अंदर मिश्रित भाव था। मैं ध्यान नहीं दे सका कि मेरे बच्चे परिपक्व युवा बन गए हैं। मुझे इस बात की खुशी भी थी कि वे स्वतंत्र रूप से सोच रहे हैं।

मेरी डॉक्टर मेरे मन की भाव समझ गई। "क्या यह ठीक नहीं है?" उसने संकेत दी और पूछ बैठी कि क्या अपने पसंद के कॅरियर चुनने के कारण ही तो हम आज जो हैं, वह हैं।"

मैंने उस पर मुस्कुराया, "हंहं.."

हमदोनों खलील जिब्रान और उनकी पुस्तक 'दि प्रोफेट' के दीवाने थे। जब कभी हमारे बच्चे और हमारे बीच मतभेद होता था तो डॉक्टर इस पुस्तक से पंक्तियाँ उद्धृत करती थीं:

आपके बच्चे आपके नहीं हैं
वे जीवन के प्रति चाहत की उपज हैं
वे आपके माध्यम से यहाँ आए हैं मगर आपसे नहीं
हालांकि वे आपके साथ हैं, मगर आपके अधीन नहीं।

इन पंक्तियों के गहन आध्यात्मिक अर्थ हैं। मैं शांत हो गया और अपने स्वाभाविक लय में लौट आया। मैं अपने बच्चों के प्रति गर्वान्वित महसूस करने लगा।

भारत में बहुत से माता—पिता अपने बच्चों के प्रति चिंतित रहते हैं। हालांकि चिंतित होने के बजाय, व्यक्ति को अपने बच्चों का ध्यान रखना चाहिए। चिंतित होने और ध्यान रखने में काफी अंतर है। चिंतित होना आराम कुर्सी की तरह है जो हिलती—डुलती तो है परंतु कहीं जाती नहीं है।

ध्यान रखना सही मायने में प्रेम है और इससे जिम्मेदारी आती है।

ध्यान रखने वाले माता–पिता का जीवन के इस जटिल मोड़ पर अपने बच्चों के प्रति कैसी भूमिका होनी चाहिए? स्वाभाविक रूप से मैंने अर्थशास्त्र को पलटा और चाणक्य का मार्गदर्शन पाया:

कोई भी वचनबद्धता परामर्श करके करनी चाहिए। केवल एक के साथ परामर्श करके वह कठिन विषयों पर निर्णय लेने में सक्षम नहीं हो सकेगा। लेकिन बहुत–से मंत्रियों के साथ परामर्श करने पर उन्हें निर्णय करने और गोपनीयता बनाए रखने में कठिनाई होगी। (1.15.2., 35, 40)

मैंने सोचा कि अपने बच्चों का मार्गदर्शन करने का सर्वश्रेष्ठ तरीका उनकी पसंद के क्षेत्रों के विशेषज्ञ से मार्गदर्शन करवाया जाए। मैं भारत के विदेश सेवा से सेवानिवृत्त सर्वश्रेष्ठ तीन अधिकारियों की सूची तैयार की और इस तरह तीन सफल गायकों की सूची तैयार की । तब मैं अपने बच्चों के साथ उनसे मिलने के लिए गया।

ऐसा कहा जाता है कि दुनिया में तीन तरह के लोग होते हैं। एक वे जो गलती करते हैं और गलती से सिखते हैं। दूसरे वे जो गलती करते रहते हैं और कभी नहीं सिखते हैं। तीसरे श्रेणी में वे लोग होते हैं जो दूसरों की गलती से सिखते हैं।

इन विशेषज्ञों ने मेरे बच्चों को अपनी चयनित कॅरियर हेतु मार्गदर्शन किया। इन सफल एवं अनुभवी विशेषज्ञों के ज्ञान इतने मूल्यवान थे कि चर्चा के दौरान उपस्थित रहने से मैं भी उनसे बहुत–सी बातें सीखीं।

मैंने इस युक्ति का प्रयोग अपने व्यवसाय में भी किया था। जब कभी मुझे कोई नया व्यवसायिक निर्णय लेना रहता था तो मैं तीन विशेषज्ञों की सूची बनाता था और उनके साथ परामर्श करता था। मैंने महसूस किया कि

इससे मैं बहुत से खतरों से बच गया, अपनी यात्रा शुरु करने से पहले भी।

मेरे बच्चों को यह लाभ था कि उन्हें आर्थिक चिंता नहीं करनी थी। वे सौभाग्यशाली थे कि वे एक धनी बाप के यहाँ पैदा हुए थे। उन्हें पैसे कमाने की चिंता नहीं थी। उन्हें अपने मन पसंद काम करने थे। मैंने अपने बच्चों को एक स्तरीय जीवन–यापन के लिए पर्याप्त धन अर्जित कर दिया था। मैं एक पिता के रूप में अपने कर्तव्यों का वहन कर रहा था।

फिर भी मेरे बच्चे मेरे से होशियार लग रहे थे। उन्होंने डॉक्टर और मेरे से स्पष्ट रूप से कहा, "जो धन है वह आपका अर्जित है मगर हम अपना धन अर्जित करेंगे।"

मैं खुश था कि उन्होंने सरल जीवन जीया और पैसे को सम्मान दिया। मैं ध्यान से देखता था कि वे फिजूलखर्ची नहीं हैं।

मैं स्वयं पर ईश्वर की कृपा महसूस कर रहा था। ईश्वर हमारे ऊपर अपनी कृपा की वर्षा करते जा रहे थे। कंपनी बहुत अच्छी प्रगति करती जा रही थी और तेजी से आगे बढ़ रही थी। हमारे पास एक सौ से अधिक प्रकार के व्यवसाय थे और तीन लाख से अधिक कर्मचारी। हमारे कार्यालय एवं परियोजनाएं दुनिया के हर देश में थे।

मैं अचानक अलग कारणों से सुर्खियों में आ गया। मेरी व्यवसायिक समझा की मान्यता 'बिजनेसमैन ऑफ दि ईयर' और 'लीडर इन बिजनेस' जैसे पुरस्कारों के दिए जाने मिलने लगी।

औद्योगिक विकास के लिए मुझे प्रधानमंत्री के पैनल में आमंत्रित किया गया। मैंने भारत सरकार के शिष्टमंडल के सदस्य के रूप में भी विभिन्न देशों की यात्राएं कीं। अनेक अच्छी व्यवसायिक नीतियों के निर्माण में भी मैंने सहायता दी।

और फिर एक दिन जादू हो गया। मुझे अपने एक एग्जक्यूटिव असिस्टैंट ने फोन किया।

उसने उत्तेजित होकर पूछा, "सर, आपने आज का अखबार देखा है?"

मैंने जानना चाहा, "नहीं, इसमें क्या है?"

"सर ..... सर ....."

56

क्या मैंने ऐसा किया?

मैं ऑफिस जाने के लिए अपने घर पर तैयार हो रहा था। ''किस अखबार की तुम बात कर रहे हो?''

एग्जक्यूटिव असिस्टैंट ने जोर से कहा, ''सर, कोई भी अखबार उठा लें, सबकी मुख्य खबर एक ही है।''

वह इतना अधिक उत्तेजित था कि उसकी बातों का कोई कारण जान पड़ा। टेबल के पास रखे अखबारों की एक प्रति लेने के लिए मैं गया। इसे किसी ने छुआ नहीं था क्योंकि सब अपनी प्रात:कालीन दिनचर्या में व्यस्त थे।

मैंने मुख्य पृष्ठ पर अपनी तस्वीर देखी। मुझे घोषित किया गया था ...

अचानक अपने कमरे से मेरी बेटी चिल्लाते हुए बाहर निकली, ''पापा, आपने अखबार देखा है क्या?'' वह एक दूसरा अखबार दिखा रही थी जिसे वह अपने कमरे में ले गई थी।

''इसमें लिखा है कि एक नामी पत्रिका ने आपको भारत का सबसे धनी व्यक्ति घोषित किया है।''

मैं भौंचक्का रह गया। मैंने अखबार पढ़ना शुरु किया और पाया के एक सर्वेक्षण में मुझे भारत का सबसे धनी जीवित व्यक्ति घोषित किया गया है।

एक क्षण के लिए मेरा मन अतीत में चला गया जब यह मेरा सपना हुआ

करता था और मैं इस सपने को पूरा करने की दिशा में परिश्रम करता था। हालांकि बहुत साल पहले ही मैं पैसे की वास्तविकता से परिचित हो गया था। उसके बाद मेरे लिए यह कोई लक्ष्य नहीं रह गया था।

मेरे लिए पैसे तो संख्या का खेल है जो ऊपर नीचे होते रहता है। ऐसा नहीं है कि मेरे पैसे के बारे में दुनिया को पता है तो मैं ही सबसे धनी व्यक्ति हूं, और भी लोग मेरे से अधिक धनी हो सकते हैं। संक्षेप में, दुनिया जिसे एक बड़ी उपलब्धि मानती थी उससे मैं बहुत उत्तेजित नहीं था।

लेकिन साथ ही, मैंने महसूस किया कि उन लोगों को कम करके नहीं कहा जाए जो ऐसे सपने देख रहे हैं। क्या मैं उन्हीं लोगों जैसा नहीं था जब बहुत सा पहले मैंने अपनी यात्रा शुरु की थी?

कहा जाता है कि पैसे ही सब कुछ नहीं है लेकिन ऐसा कहने से पहले पैसा कमाओ। मैं इस लक्ष्य को प्राप्त करने के बाद आत्मविश्वास के साथ कह सकता हूँ कि पैसे से बहुत कुछ किया जा सकता है लेकिन बहुत–कुछ ऐसा है जिसे पैसे से नहीं किया जा सकता है।

हालांकि कि किसी भी अर्थ में व्यक्ति को पैसे तथा मानव जीवन एवं समाज में इसके महत्व को नकारना नहीं चाहिए।

अगले कुछ सप्ताह तक फोन की घंटियां बजती रहीं और बधाई संदेश आते रहे। मीडिया में मेरे अधिकाधिक साक्षात्कार आते रहे और मैं अपनी सफलता की कहानी सुनाने के लिए विभिन्न मंचों से निमंत्रण प्राप्त करते रहा।

अधिकांश पत्रकारों का एक ही मानक प्रश्न होता था और उसके एक ही मानक जवाब भी होता था। वे पूछते थे, "किस कारण से आप सबसे धनी बने?"

मेरा जवाब था, "मैंने लोगों में निवेश किया। जहां कहीं भी मैंने सफल व्यवसाय करने की क्षमता वाले लोगों को पाया मैंने उनकी कंपनी में निवेश किया। उनकी प्रगति से मेरी प्रगति हुई।"

यह सच है कि मेरी अपनी कंपनी को चेयरमैन के रूप में चलाते हुए नए

विचार वाले लड़के—लड़कियों पर मैंने ग़ौर किया।

मैंने उनकी व्यवसायिक समझ को खोजा और उनमें तथा उनकी कंपनी में निवेश किया। मैंने जितनी भी कंपनी में निवेश किया वे सभी के सभी सफल नहीं हुए। लेकिन जब एक बार ये कंपनियां सफलता प्राप्त करती थीं तो अन्य कंपनियों में हुए घाटे की भरपाई कर देती थी। कुल मिलाकर मैं हमेशा बहुत बड़ा विजेता ही रहता था।

मैं न केवल इन कंपनियों में वित्तीय निवेश करता था बल्कि इनके प्रोमोटरों के मार्गदर्शन एवं संरक्षण हेतु समय भी देता था, जिस तरह से मेरे चेयरमैन ने मुझे शुरुआती दिनों में मार्गदर्शन किया था।

किसी कंपनी को उसके शुरुआती दिनों से लेकर वित्तीय सफलता की उपलब्धि तक उसका मार्गदर्शन करना मेरी सफलता का सही कारण है। अब तक मैं यह समझ चुका हूँ कि निवेश किस तरह से काम करता है और अब यह मेरे लिए एक खेल बन गया है। सर्वप्रथम, आप पैसे के पीछे भगते हैं लेकिन बाद में पैसे आपके पीछे भागते हैं।

मैं केवल पैसा अर्जित ही नहीं कर रहा था बल्कि उसे वापस समाज में भी देता था। मेरा अधिकांश धन सामाजिक कार्यों पर व्यय होता था। विशेष रूप से शोध गतिविधियों पर खर्च करना मुझे बहुत पसंद था।

मैं किसी क्षेत्र विशेष में शोध कार्य के प्रति समर्पित लोगों पर खर्च करना पसंद करता था। अर्थशास्त्र पर अपने शोध से मुझे समझ में आ गया कि अच्छे शोध से व्यक्ति एवं संसार को कितना अधिक लाभ हो सकता है।

मेरे कॉलेज के एक दोस्त उच्चतर शिक्षा और शोध के लिए अमरीका चले गए थे। उन्होंने एक बार मुझसे कहा था, ''प्रतिभा के सड़ने से अच्छा है प्रतिभा का पलायन।''

हालांकि इन वर्षों के दौरान स्थिति में परिवर्तन आया है। भारत अब एक षोध आधारित देश बन गया है जिसमें अनेक नवोन्मेशी कार्य हुए हैं। शोध कार्यों में न केवल अनेक लोग निवेश कर रहे हैं बल्कि सरकार भी।

एक समय मैं भी जमीनी स्तर पर, स्कूल और कॉलेजों में नवोन्मेषण को बढ़ावा देने के लिए भारत सरकार द्वारा गठित समिति का प्रमुख था। इस कार्य से मुझे बहुत संतुष्टि मिली।

कुछ लोगों ने मुझे लोकोपकारी कहा, तो कुछ लोगों अभियानी पूंजीपति कहा, कुछ ने नए विचारों का वित्तीय पोषक कहा और कुछ ने नवोन्मेष का समर्थक कहा। सच्चाई तो यह थी कि मैं भारत के युवाओं के साथ नजदीकी से काम कर हा था और उनकी करोड़ों डॉलर कीमती विचारों की सराहना करता था।

भारत के नौजवानों ने मुझे असफल नहीं होने दिया।

यद्यपि जिस संस्था को शोध कार्य के लिए राशि देना मुझे सबसे अच्छा लगता था वह था वही मेरा आश्रम जिसमें मैंने कौटिल्य के अर्थशास्त्र पर शोध किया था।

इन वर्षों के दौरान यह आधुनिक अकादमिक शोध सुविधाओं के साथ एक आधुनिक आश्रम बन गया है। मेरी तरह यहां पर हजारों छात्रों ने भारतविद्या पर शोध कार्य किए हैं और उन लोगों ने भारत के ज्ञान का प्रसार वैश्विक स्तर पर किया है।

तब एक दिन मेरे व्यवसायिक निवेशों की स्वाभाविक प्रगति के रूप में मुझे ''विश्व का सबसे धनी व्यक्ति घोषित कर दिया गया।'' मगर क्या मैंने ये सब स्वयं किए? इन सबके लिए मैं चाणक्य को धन्यवाद देता हूँ।

एक प्रसिद्ध अंतर्राष्ट्रीय पत्रिका ने विश्व के सर्वाधिक धनी व्यक्तियों की सूची प्रकाशित की और मेरी पर मुख्य आलेख छापा। इसके आवरण पृष्ठ पर मेरा फोटो छपा था।

मेरे फोटो के साथ शीर्षक था – ''एक भद्र व्यवसायी ....''

57

स्वयं की खोज

मैं यह महसूस करने लगा कि आप जैसे–जैसे बड़े होते जाते हैं, वैसे ही एक अदृश्य शक्ति आपके साथ काम करने लगती है। एक समय ऐसा भी आया जब मैं अपने व्यवसायों की गिनती भूल गया। यह प्रगति नियंत्रण से परे थी और इसे रोका नहीं जा सकता था।

लोग सोचते थे कि एक बड़े व्यवसायिक समूह की उन्नति के लिए मैं कठिन परिश्रम कर रहा हूँ। मगर वास्तव में, मैं अकर्ता होते जा रहा था। मैं बाहरी दुनिया में कठिन परिश्रम कर रहा था लेकिन अंदर से मेरे अंदर निष्काम भाव बढ़ते जा रहा था।

मैंने महसूस किया कि व्यक्ति की अपनी कामनाओं की पूर्ति के बाद आध्यात्मिक उन्नति का प्रयास करना चाहिए। मेरी उम्र भी काफी हो गई थी। लेकिन मैं स्वस्थ था। फिर भी मैं समय से पहले एक निर्णय ले लिया – चेयरमैन के पद के त्यागपत्र देने का।

जब मैंने अपने इस निर्णय से बोर्ड के सदस्य को अवगत कराया तो वे हतप्रभ रह गए। वे चाहते थे कि मैं कम से कम दस साल इस पद पर और बना रहूँ।

''कोई समस्या नहीं है। मैंने अपना काम अच्छी तरह से किया है और संतुष्टि के भाव से इस पद का त्याग करना चाहता हूँ।'' मै। अपनी बात पर अडिग था। सभी व्यवसाय स्वत: अपनी गति से संचालित थे। हमारे पास

द्वितीय पंक्ति का नेतृत्व तैयार था।

अब बड़ा सवाल था कि कौन अगला चेयरमैन बनेगा। बहुत पहले मैंने चेयरमैन के परिवार से एक लड़की को संभावित नेत्री के रूप में चुना था – उनकी भांजी को।

वह बहुत ही प्रतिभाशाली लड़की थी। मेरा मानना था कि उनके डी.एन.ए. में एक अद्भुत व्यवसाय भाव था। एक सर्वश्रेष्ठ बिजनेस स्कूल में पढ़ने के कारण उसकी सोच भी उत्कृष्ट थी। मैंने उसके परिप्रेक्ष्य में चाणक्य के ज्ञान का उपयोग किया:

जब राजकुमार ज्ञान प्राप्त करने की स्थिति में हों तो विशेषज्ञों को उन्हें प्रशिक्षित करना चाहिए। (1.17.27)

एक मात्र अंतर था, इस बार राजकुमार नहीं, राजकुमारी थी।

मैंने उसे प्रशिक्षित एवं तैयार किया था। मैं जानता था कि वह इस दायित्व को वहन करने के लिए तैयार है। वह इस देश की एक पुराने व्यवसायिक समूह की प्रमुख बनने वाली पहली महिला होगी।

नारी नेतृत्व का समय आ गया था। हम समाज को भी एक संदेश देना चाहते थे कि हम सही मायने में नारी नेतृत्व में विश्वास करते हैं।

अधिकांश बोर्ड सदस्य मेरे निर्णय से सहमत हो गए। कुछ की अपनी आशंकाएं थीं लेकिन मैं जानता था कि वे प्रत्यक्ष रूप से मेरे निर्णय का विरोध नहीं कर सकेंगे क्योंकि मेरे नेतृत्व में कपनी ने अनेक गुणा प्रगति की थी।

मैंने उन्हें विश्वास में लेते हुए कहा, "मेरा विश्वास करो। समय यह साबित कर देगा कि मेरा यह सर्वश्रेष्ठ निर्णय था।"

यह कार्यालय में मेरा अंतिम दिन था। अगले दिन नए नेतृत्व के कार्यभार संभालने की तैयारी करने के बाद शांत बैठा हुआ था। मैंनं अपने टेबल पर रखे चेयरमैन की तस्वीर को देखा।

''सर, मुझे आशा है कि मैंने आपके सौंपे हुए काम को पूरा किया।'' मैंने अपने प्रेरणा–स्रोत एवं मार्गदर्शक से कहा। मैं इस महान आदमी के प्रति कृतज्ञता–भाव से भरा हुआ था। आज मैं जो कुछ था उसे इन्होंने ही बनाया था।

अनेक वर्ष पहले इसी दिन उन्होंने नेतृत्व करने के लिए परिवार से बाहर के पहले व्यक्ति यानी मेरा चयन किया था। आज मैं फिर से व्यवसाय परिवार को वापस लौटाने जा रहा था।

दरवाजे पर दस्तक हुई। नई चेयरमैन या यूँ कहूँ चेयरवूमन ने कमरे में प्रवेश किया। वे मेरे सामने चुपचान बैठ गई। मैं उसकी भावना को समझ सकता था। मैंने कुछ नहीं बोला और चाहता था कि वार्तालाप की शुरुआत करे।

कुछ समय के बाद, उसने कहा, ''सर मेरे भाई के स्थान पर मुझे चुनने के लिए आपको धन्यवाद!''

पहली बार मैंने महसूस किया कि उसकी सबसे बड़ी समस्या उसे अपने नेतृत्व कौशल के प्रति आत्मविश्वास को लेकर नहीं थी बल्कि महिला नेतृत्व को अवसर देने के संबंध में था।

जब मैं स्वयं के व्यवसायिक नेतृत्व का समापन करने जा रहा था तब मुझे अपने समाज के बारे में एक कठोर पाठ सिखने को मिला।

नारी को उनके यथायोग्य समानता का अवसर अभी भी नहीं दिया जा रहा था। खासकर व्यवसायिक घरानों में अनेक पीढ़ियों से पुरुषों का वर्चस्व था, उनमें परिपाटी को तोड़ना बहुत कठिन था।

बिना इस बात को महसूस किए, मैंने नई परिपाटी चलाने का निर्णय ले लिया था।

मेरी आँखों में देखते हुए, उन्होंने कहा, ''सर, मैं आपके मूल्यों का सदा सम्मान करूंगी।'' मैं जानता था कि वह ऐसा नहीं करेगी।

तब उसने एक प्रश्न पूछी जो मुझे सोचने के लिए विवश कर दिया, ''मुझे

एक नेतृत्व करने वाली के रूप में क्या सर्वश्रेष्ठ परामर्श देना चाहेंगे?''

मैंने सहज उत्तर दिया, ''जिस दिन तुम सेवानिवृत्त होओगी, उस दिन अगले नेतृत्वकर्ता को चुनने के लिए अपने हृदय की बात सुनना।'' हमलोग ठठाकर हँसने लगे।

उस शाम मैं जब अपने नित्य ध्यान के लिए बैठा तो मैं सहज रूप से ध्यान कर सका। मैं अंदर से सहज महसूस कर रहा था।

एक महान व्यक्ति ने कहा था, ''ध्यान कोई प्रक्रिया नहीं है बल्कि एक मानसिक स्थिति है।'' मैं स्वयं को ध्यानस्थ पा रहा था। मैं स्वयं को विश्रांत महसूस कर रहा था। मैं स्वयं में अधिकाधिक सहज महसूस कर रहा था।

उस रात मैं एक दिव्य आध्यात्मिक अनुभूति से गुजरा।

सूफी संत रूमी ने कहा, ''तुम समुद्र की एक बूँद नहीं हो बल्कि बूँद में समुद्र हो।'' मैंने उस रात इसे अनुभव किया।

मेरी चेतना का विस्तार हुआ। मैंने स्वयं को असीम महसूस किया। मैं जानता था कि मैंने समस्त मानसिक बंधनों को तोड़ दिया है जिन्हें कोई अन्य नहीं, मैंने स्वयं तैयार किया था। मेरा शरीर मेरे से अलग लग रहा था। मैं जानता था कि शरीर में मैं नहीं, बल्कि शरीर मेरे में है।

सजग अवस्था में बिना कुछ किए मैं मौन स्वयं में स्थित रहा। पहली बार मुझे बुद्धत्व का अनुभव हुआ। मैंने अपनी आत्मा को महसूस कर लिया।

मैंने निर्वाण ....मोक्ष .... जीवन–मुक्ति की अवस्था को पा लिया। मैंने मानव जीवन के सही उद्देश्य को प्राप्त कर लिया।

खेल समाप्त हो चुका था। नर्तक और नृत्य एक हो चुका था। कोई द्वैत नहीं रह गया था। अंदर–बाहर का भेद मिट चुका था। सब कुछ एक में समा गया था। मैं सदा के लिए स्वयं में विलीन हो गया।

मेरा मन – मन विहीनता की स्थिति में पहुँच गया।

58

मेरी बाद की ज़िंदगी

मोक्ष अथवा आत्मानुभूति के बारे में अलग–अलग समझ हैं। बहुत–से मानते हैं कि इसे मृत्यु के बाद ही प्राप्त किया जा सकता है।

मगर मैं स्वयं के अनुभव से पाता हूँ कि यह सबके लिए सहज है। हमलोग आध्यात्मिक पथ पर अग्रसर मानव नहीं हैं बल्कि मानव पथ पर अग्रसर आध्यात्मिक जीव हैं।

हमारे उपनिषदों एवं अन्य ग्रंथों में इसका विस्तार से वर्णन है। मैं इस संबंध में बचपन से पढ़ते आ रहा हूँ लेकिन पहली बार अहम् ब्रह्मास्मि यानी मैं ब्रह्म हूँ का व्यवहारिक आभास मुझे पहली बार हुआ।

कोई आश्चर्य कर सकता है कि आत्मानुभूति के बाद क्या होता है। उसके बाद व्यक्ति क्या करता है?

आपके जीवन का परिप्रेक्ष्य पूरी तरह से बदल जाता है। आपकी जीवन दृष्टि बिल्कुल बदल जाती है। सबकुछ एक दिव्य खेल बन जाता है। अब आप आनंद के लिए काम नहीं करते हैं। आप आनंद से काम करते हैं। आप कामनाविहीन स्थिति को उपलब्ध हो जाते हैं।

तो क्या ऐसा आदमी सुस्त हो जाता है?

जी नहीं, बल्कि इसका उल्टा होता है। आत्मानुभूति के बाद आप पूरी तरह से बाहरी दुनिया में सक्रिय रहते हैं, बिल्कुल अलग तरह से।

आत्मानुभूति से पहले व्यक्ति स्वार्थ की पूर्ति के लिए काम करता है। अब आप समाज के वृहतर हित के लिए काम करते हैं। आपने स्वयं जिस आध्यात्मिक आनंद को प्राप्त किया है दूसरे को उसे उपलब्ध कराने के लिए आप निरंतर कार्य करने लगते हैं।

मैं भी पूरी सजगता के साथ पूर्ण सक्रिय हो गया लेकिन मेरी सक्रियता अलग तरह की थी। अब मैं व्यवसाय में नहीं था लेकिन बहुत–सी सामाजिक एवं आध्यात्मिक गतिविधियों से जुड़ा हुआ था।

मैंने अपना परिवार नहीं छोड़ा था बल्कि मेरे परिवार का विस्तार हो गया था। मैं महसूस किया कि संपूर्ण संसार ही अपना परिवार है।

मैं अधिक उत्साह के साथ काम करते रहा। मैं लाभकारी स्थिति में था क्योंकि मेरे पास काफी धन था और ऐसी परियोजनाओं का पता करने लगा जिनमें धन की आवश्यकता थी। मैं अधिक से अधिक दान करने लगा। हालांकि बिना मांगे मेरे पास अधिकाधिक धन आता रहा।

जितना अधिक मैं देता था उतना ही अधिक मेरे पास आते जा रहा था। मगर स्वामित्व का भाव नहीं था। मैं अधिकाधिक सद्कार्य करने के लिए ईश्वर का निमित्त मात्र था।

मेरा बेटा आई.एफ.एस. में सर्वोच्च स्थान प्राप्त किया। प्रशिक्षण के बाद उसकी तैनाती अनेक देशों में हुई जहां उसने मजबूत अंतर्राष्ट्रीय संबंधों के निर्माण में योगदान दिया। वह सचमुच अपने काम से खुश था और उसका आनंद ले रहा था।

भारत आर्थिक रूप से उन्नति कर रहा था और वह हमारे देश के लिए अच्छी विदेश नीतियों के निर्माण में जुटा हुआ था। देश एवं विदेश के सरकारी महकमों में उसके काम की सराहना की जा रही थी।

मेरी बेटी ने संगीत में अपनी पी–एच.डी. पूरी की और पूर्ण कालिक गायिका बन गई। अच्छी बात यह थी कि न केवल उसके गायन में निखार आ गया बल्कि उसने एक संगीत विद्यालय भी स्थापित कर ली।

वह इस पेशे में आने के लिए नए गायकों को प्रोत्साहित कर रही थी। वह एक परंपरागत गुरु–शिष्य परंपरा पर आधारित गुरुकुल चला रही थी जहाँ वह नए लड़के–लड़कियों को निःशुल्क शिक्षा देती थीं।

दोनों – मेरे बेटे और बेटी ने उचित समय पर विवाह किए। उनके जीवन साथी अनुकूल थे, वास्तव में वे आध्यात्मिक साथी थे।

प्रौघोगिकी को धन्यवाद, जिसके कारण अधिकांश समय हमलोग अपने–अपने कार्य के कारण एक–दूसरे से अलग होते हुए एक–दूसरे के संपर्क में रहते थे।

मेरी डॉक्टर अपनी अकादमिक क्षेत्र में काम करती रही। उसके मार्गदर्शन में बहुत से छात्रों ने अपनी पी–एच.डी. पूरी की। विश्वविद्यालय से सेवानिवृत्त होने के बाद अपने पास आने वाले छात्रों का वह मार्गदर्शन किया करती थी।

मेरे माता–पिता बूढ़े हो चुके थे मगर वे स्वस्थ थे। लेकिन समय के सथ उनकी शारीरिक गतिविधि कम हो गई।

उनके नियमित स्वास्थ्य परिक्षण में मेरे पारिवारिक डॉक्टर ने कहा, "शहरी जीवन आपके माता–पिता के लिए अनुकूल नहीं हो सकता। इसके लिए उन्हें प्रकृति के संपर्क में शांत जीवन जीने दें।" यह बात न सिर्फ मेरे माता–पिता को बल्कि हमलोगों को भी अच्छी लगी।

शहर के बाहर हमारा एक बड़ा–सा फार्म हाऊस था जहां पर बड़े बड़े कमरे थे और एक पुस्तकालय भी। मेरे लिए व्यक्तिगत स्थान भी था।

सप्ताहांत हमारे परिवार के लोग वहाँ जाया करते थे। अब हमने इस कार्यक्रम को पलट देने का निर्णय लिया। हमलोग उस फार्म हाऊस में रहने लगे और अपने शहर के मकान में सप्ताहांत गुजारने लगे।

इसके अनके लाभ मिले। हमें लगा कि हम किसी गाँव में रह रहे हैं।

मेरे जैसे व्यक्ति के लिए जिसने अपना संपूर्ण जीवन शहर के व्यस्त वातावरण में बिताया हो, यह एक बड़ा परिवर्तन था। जीवन शांत गति से

चल रहा था और मेरे पास चिंतन एवं सर्जनात्मक रचना के लिए पर्याप्त समय था।

इसका एक और लाभ था कि मुझे अनावश्यक आगंतुकों से मिलना नहीं पड़ता था। एक व्यवसायी के रूप में सेवानिवृत्त के वर्षों बाद भी मुझे व्याख्यान देने के लिए निमंत्रण मिलते रहता था। अब चूंकि मैं शहर से बहुत दूर रहता था, इसलिए मुझे फोन पर उपलब्ध न होने का बहाना था।

मैंने अधिकाधिक पुस्तक लिखने में अपना समय लगाता रहा। अब मेरे लिए इस बात का कोई मायने नहीं था कि मेरी पुस्तकें बेस्ट सेलर बन रही हैं अथवा नहीं। मैं लेखन का आनंद ले रहा था। मैं इसलिए लिखता था क्योंकि यह मेरे अंदर की अभिव्यक्ति थी।

यद्यपि मैंने इस समय यह भी महसूस किया कि मेरा लेखन विभिन्न प्रकार के पाठकों को भी आकर्षित कर रहा था।

सामान्य तौर पर मुझे पसंद करने वालों में व्यवसायी लोग होते थे जो अपने पैसे एवं व्यवसाय के संबंध में मुझसे सुझाव लेते थे। अब वे लोग मुझसे आध्यात्मिक प्रश्न पूछते थे।

मैंने महसूस किया कि मेरा लेखन बदल गया है। मैंने अपना आनंद पा लिया था और दूसरों को सच्चे आनंद की प्राप्ति कराने के लिए मार्गदर्शन करने लगा। एक दिन ऐसे ही एक आध्यात्मिक जिज्ञासु आए और उन्होंने अनुरोध किया, ''सर, हम चाहते हैं कि आप एक सम्मेलन में व्याख्यान दें।''

मैं उसे मना करूं उससे पहले मैंने महसूस किया कि इस नौजवान को मालूम था कि मैं व्याख्यान से परहेज करता हूँ।

उसने दुहराया, ''सर, कृपया मना करने से पहले मेरी बात सुन लीजिए।''

59

अंतिम व्याख्यान

"सर, मैंने आपकी सभी पुस्तकें पढ़ी हैं और यहाँ तक कि आपकी आत्मकथा भी।" फिर उसने कहा, "मैं बचपन से आपका अनुसरण करते रहा हूँ। आप मेरे रोल मॉडल हैं।"

किसी सम्मेलन में व्याख्यान देने का यह पर्याप्त कारण नहीं था। मेरे हजारों प्रशंसक थे जिन्होंने मुझे अपना रोल मॉडल बनाया था।

उसके अगले कथन ने मेरा ध्यान आकर्षित किया, "बहुत साल पहले यूनान में आयोजित विश्व दर्शनशास्त्र काँग्रेस में भारत के प्रतिनिधि के रूप में आपने व्याख्यान दिया था।"

"उस समय आपने कौटिल्य के अर्थशास्त्र और प्रबंधन में इसकी प्रासंगिकता विषय पर व्याख्यान दिया था।" उसे सही तथ्य मालूम था।

"अगले साल विश्व दर्शनशास्त्र काँग्रेस का आयोजन भारत में किया जा रहा है। हमलोग इसका आयोजन पहली बार करने जा रहे हैं।"

यह बात मेरे लिए एक खबर थी। अपने पी–एच.डी. शोध निर्देशिका और अन्य मित्रों के साथ यूनान जाने की यादें ताजा हो गईं। "बहुत खूब, हमलोग इसका अयोजन करने जा रहे हैं?" भारतीय होने पर मुझे गर्व था।

"सर, अनेक वर्षों तक भारत और इसके दर्शन को वह सम्मान नहीं मिल सका। आप हमारी संस्कृति में पैदा हुए हैं। आप न केवल संसार के सबसे

धनी व्यक्ति बने हैं बल्कि आपकी सफलता आध्यात्मिक मूल्यों पर आधारित है और आपने जीवन के हर मोड़ पर अर्थशास्त्र का अनुसरण किया है।''

उसने आगे कहा, ''आप सबसे धनी व्यक्ति बने और बहुत से लोगों ने सदमार्ग पर चलते हुए धनार्जन का रास्ता अपनाया। आज भारत विश्व का सबसे धनी देश है।''

मैं सुनते जा रहा था। उनका अनुरोध इस बात पर समाप्त हुआ, ''यह विश्व के लिए एक बड़ा संदेश होगा यदि आप विश्व दर्शनशास्त्र काँग्रेस में बीज वक्तव्य देंगे। इससे दुनिया को एक नई दिशा मिलेगी। भारत और इसकी सभ्यता का प्रतिनिधित्व करने वाला आपसे बेहतर दूसरा कोई नहीं है।''

मैंने अपने सभी गुरुओं का ध्यान किया और मन ही मन उनसे प्रार्थना की। मैंने उनसे कहा, ''मैं सहमत हूँ। लेकिन यह मेरा अंतिम व्याख्यान होगा।''

मैं नहीं जानता कि वह खुश हुआ होगा या दुखी मगर वह जिस काम के लिए आया उसका वह काम हो गया, उसे मेरी स्वीकृति मिल गई।

अगले कुछ माह के दौरान हर कोई आश्चर्य करता था कि इतने लम्बे अंतराल के बाद मैंने व्याख्यान देने के लिए सहमति दी थी। इसे मेरे अंतिम व्याख्यान के रूप में भी प्रचारित किया गया।

इस घटना को देश की सबसे बड़ी घटना माना जा रहा था, ओलंपिक और विश्व फुटबाल कप के आयोजन से भी बड़ा। लगभग १८० देशों से अधिक के विद्वानों, धार्मिक नेताओं, विश्व दार्शनिकों, समुदायिक नेताओं तथा राजनीतिक प्रमुखों का भारी जमावड़ा आयोजित हुआ। भारत के राष्ट्रपति एवं प्रधानमंत्री ने विश्व समुदाय का स्वागत किया। और यहाँ पर मैं बहज वक्तव्य देने जा रहा था।

मैं जानता था कि लाखों लोग इस उद्‌घाटन समारोह को अपने कंप्यूटरों, मोबाइलों और इंटरनेट पर देखेंगे।

मैंने इस प्रकार प्रारंभ किया, ''महान ऋषियों की धरती पर आप सबका

स्वागत है। बुद्ध की धरती पर आप सबका स्वागत है। मैं यहां पर किसी देश नहीं, बल्कि एक सभ्यता के प्रतिनिधि के रूप में खड़ा हूँ। यह विश्व की सबसे प्राचीन जीवंत संस्कृति है जो कि समय की कसौटी पर खड़ी उतरी है।

हमने अपने आध्यात्मिक मूल्यों के आधार पर वर्षों तक विश्व का मार्गदर्शन किया है। सत्य संभाषण करने वाले विश्व के किसी भी कोने के लोग हमारे प्राचीन शाश्वत ज्ञान से मार्गदर्शन प्राप्त कर सकते हैं। आज आप दुनिया के विभिन्न भागों से पधारे अधिकांश लोग प्रश्न कर सकते हैं कि "भारत का दर्शन क्या है?" भारत में कोई एक दर्शन नहीं है बल्कि विश्व को देने के लिए इसके पास बहुत से दर्शन हैं।

विश्व के अनेक भागों से सदियों तक लोग हमारे दर्शन को समझने के लिए आते रहे। बदले में हमने उनके दर्शन और संस्कृतियों को सीखा है। हमने विश्व के विभिन्न भागों से पधारे लोगों के संपर्क में आकर अपनी ज्ञान—सपंदा को अधिक संपन्न बनाया है।

हमारी संस्कृति विभिन्न मतों को सम्मान देती है। यहां विविधता को इसकी शक्ति मानी जाती है न कि कमजोरी। एक ही सत्य के प्रति विभिन्न दृष्टिकोण अपनाने से हमारा दर्शनशास्त्र संपन्न हुआ है। चार वेद, महाभारत, रामायण और उपनिषदों जैसे हमारे प्राचीन भारतीय ग्रंथों में आत्मा संबंधी विमर्श है जो कि हम सभी में विद्यमान है।

विश्वभर से पधारे हुए चिंतकों का ध्यान मैं एक बात की ओर आकर्षित करना चाहता हूँ कि भारत को वे न केवल एक आध्यात्मिक देश के रूप में देखें बल्कि इसे भौतिक रूप से सफल एक देश के रूप में भी देखें। हम व्यक्ति के परिपूर्ण संपन्नता की बात करते हैं। हम दोनों – भौतिक उन्नति यानी अभ्युदय और आधत्मिक उन्नति यानी निःश्रेयस चाहते हैं।

भौतिक उन्नति का आधार धर्म होना चाहिए। धर्म हमें जीवन के हर कदम पर मार्गदर्शन करता है। यह एक ऐसी शक्ति है जो हमें एक साथ बनाए रखती है और व्यक्ति सत्य पहुंचने के लिए मार्गदर्शन करती है।

मैं स्वयं को सौभाग्यशाली मानता हूं कि मैं जीवनभर धर्म का अनुसरण

एक महान पुस्तक के आधार पर करते रहा – चाणक्य प्रणित कौटिल्य का अर्थशास्त्र। ये हमारे देष के महान दार्शनिकों में से एक थे। उन्हें हमें ज्ञान दिया है कि सुख धर्म से मिलता है – सुखस्य मूलम् धर्म। मैं आप सभी से अनुरोध करता हूं कि आप अपने देश धर्म के इस संदेश को ले जाएं।

हमें एक बार पुन: उन समस्याओं और मुद्दों पर चर्चा एवं बहस करनी चाहिए जिनसे आज विश्व घिरा हुआ है। हमें दार्शनिक उत्तर प्राप्त करने का प्रयास करना चाहिए। हमें अगली पीढ़ी को यह बोध कराने के लिए मार्गदर्शन करना चाहिए कि भौतिक एवं आध्यात्मिक उन्नति एक ही पंछी को दो पंख हैं। सफल उड़ान के लिए दोनों पंखों की जरूरत होती है।''

मेरे व्याख्यान की लोगों ने मुक्तकंठ प्रशंसा की। मैंने अपनी आँखें बंद कीं और कैलास मानसरोवर की पहली यात्रा की तस्वीर मेरे मन में आ गई।

मैंने अर्थशास्त्र का न सिर्फ अध्ययन किया था, बल्कि अपने जीवन में इसे जीया था।

60

अपने पोते-पोतियों को सलाह

समय आप से बहुत कुछ ले लेता है।

मेरे दिल के करीब जो भी लोग थे वे सभी इस संसार से विदा हो चुके थे – मेरे माता-पिता, अर्थशास्त्र के मेरे गुरु, भद्र व्यवसायी, मेरे चेयरमैन, विभिन्न आध्यात्मिक गुरु और मेरे अन्य दोस्त।

मैंने इन सबके दिए हुए ज्ञान को याद किया। जीवन के विभिन्न मोड़ पर ये लोग मेरे मार्गदर्शक रहे हैं। जब कभी पीछे मुड़कर देखता हूं तो इनके प्रति कृतज्ञता के भाव से भर जाता हूं।

समय के साथ मैं भी शारीरिक रूप से कमजोर हो गया था किंतु मानसिक रूप से मजबूत तथा पूर्ण महसूस कर रहा था। मैं किस बात की प्रतीक्षा कर रहा था – सुकून से भरी मृत्यु?

वास्तव में, मैं तो वर्षों पहले मर चुका था। असली मृत्यु शरीर की नहीं होती बल्कि अहंकार की। ऐसा मेरे साथ वर्षों पहले हो गया था। देह अपनी सहज यात्रा पर था।

जब समय आएगा तो वृक्ष से सूखे पत्ते की भांति अलग हो जाएगा। पत्तों को पेड़ से गिराने के लिए किसी प्रयास की जरूरत नहीं होती है। भगवान मुझे जहां ले जाएंगे वहां मैं जाने के लिए तैयार था... मुझे किसी बात की परवाह नहीं थी।

मेरे बच्चों के भी बच्चे हो गए थे। मेरे चार पोते–पोतियां थीं। डॉक्टर और हम एक गाँव में बस गए थे, फार्म हाऊस में बहुत साल गुजारने के बाद।

डॉक्टर और मैं एक साथ समय गुजारकर प्रसन्नता का अनुभव कर रहा थे। लोग कहते हैं कि उम्र बढ़ने से प्यार भी गहरा हो जाता है। विवाह के इतने वर्षों के पश्चात् हम एक–दूसरे को पूरी तरह से जान गए थे। हमारे बीच पूर्ण लय कायम था। हम जब कभी बात करते थे तो एक–दूसरे को समझते रहते थे। अनेक बार हमलोग बिना बोले ही बात कर लेते थे। मौन भी हमारे सम्प्रेषण का तरीका था।

मैं अपना अधिकांश समय अध्ययन, ध्यान और पुस्तक लेखन में व्यतीत करता था। दुनियाभर भौतिक एवं आध्यात्मिक उन्नति के जिज्ञासु लोग हमसे मार्गदर्शन लेने आते रहते थे कि भौतिक संपादा के सृजन से लेकर ईश्वर प्राप्ति तक कैसे करें।

वार्षिक छुट्टियों में हमारे दोनों बच्चे अपने बच्चों और जीनव साथी के साथ हमसे मिलने आया करते थे। छोटे बच्चों को अपने पास देखना बहुत ही आनंददायक होता था।

एक दिन मैं अपने पुस्तकालय में बैठा हुआ था उसी समय मेरे पोते–पोती अंदर आ गए। उन्होंने हमारी पुस्तकें देखीं और कहानी सुनने की जिज्ञासा प्रकट की। ''दादाजी आपके पास बहुत सारी पुस्तकें हैं। क्या आपने उन्हें पढ़ा है?''

मैं ठठाकर हँस पड़ा, ''इनमें से अधिकांश को, सबको नहीं।''

मेरी एक पोती ने सवाल की, ''पुस्तक पढ़ने का सर्वश्रेष्ठ तरीका क्या है?''

मैंने सुझाव दिया, ''पुस्तक पढ़ने का सर्वश्रेष्ठ तरीका है इसे किसी गुरु के मार्गदर्शन में पढ़ा जाए।''

मेरे पोते ने मुझसे प्रश्न किया, ''दादाजी, इनमें आपकी सबसे प्रिय पुस्तक कौन–सी है?''

मैं मौन था। मैंने याद किया, वर्षों पहले मैंने अपने दादाजी से यही प्रश्न किया था। उन्होंने जो जवाब दिया था उससे मेरी ज़िंदगी बदल गई थी।

मुझे कुछ नया नहीं कहना था, ''कौटिल्य का अर्थशास्त्र।''

मुझे लगा कि मेरे पोते मेरे से अधिक होशियार हैं जब मैंने ऐसे ही प्रश्न अपने दादाजी से किया था। पोते ने पूछा, ''दादाजी, कौटिल्य के अर्थशास्त्र से मैं किस प्रकार लाभान्वित हो सकता हूँ?''

मैंने पलटकर पूछा, ''लाभ?'' मैं हतप्रभ रह गया। तब मैंने महसूस किया कि मेरे इस पोते में मेरा जीन है, एक व्यवसायी का जीन। एक व्यवसायी हर बात में अपना लाभ देखता है।

यद्यपि मेरे पोते–पोतियों को व्यवसाय में रुचि नहीं है फिर भी हो सकता है पीढ़ियों बाद परिपाटी फिर से चल पड़े।''

मुझे एक उपयुक्त उत्तर देने के लिए सोचना पड़ा। इस बार भी अपनी रक्षा के लिए मैं अर्थशास्त्र का सहारा लिया।

अर्थशास्त्र नाम यह विज्ञान जीवन के अस्तित्व से जुड़ा हुआ है, यह भौतिक एवं आध्यात्मिक समृद्धि प्रदान करता है, यह आनंद देने के साथ–साथ आध्यात्मिक दोषों का नाश करता है, आर्थिक क्षति से बचाता है तथा घृणा को दूर करता है। (15.1.72)

इस श्लोक की व्याख्या करते हुए मैंने कहा, ''यह तुम्हें घृणामुक्त कर देगा।'' फिर अंत में मैंने कहा, ''आप जब अर्थशास्त्र का अध्ययन करते हैं तो विचित्र बात होती है। ज्ञान आपके चिंतन का अभिन्न हिस्सा बन जाता है। आपकी चिंतन प्रक्रिया अधिक परिष्कृत हो जाती है।''

यह सलाह तो मैंने अपने पोते–पोतियों को दी थी किंतु मेरी यह सलाह भारत के सभी युवाओं, बच्चों और पोते–पोतियों को है।

''मेरे दादाजी ने मुझे संस्कृत भाषा पढ़ने के लिए प्रेरित किया था। मैं आप सभी को इस महान भाषा को पढ़ने का सुझाव देता हूँ। यह आपके और हमारे प्राचीन ग्रंथों के बीच संवाद का बहुत अच्छा माध्यम है।''

तब आजादी के बाद के भारत में हुई प्रगति पर ग़ौर करते हुए मैंने कहा, ''आप की पीढ़ी भाग्यशाली है। आपको अपने अस्तित्व के लिए संघर्ष नहीं करना पड़ रहा है। हमलोग अब धनी एवं विकसित देश हैं। लेकिन इस संपन्नता में आलसी न बनें। आपको कर्म करते रहना पड़ेगा।''

वे सब मेरी ओर जिज्ञासा के साथ देख रहे थे।

''जब देश सबसे धनी हो जाता है तो अन्य देश उसकी बातें सुनते हैं। इसलिए इस देश की कथनी और करनी का अनुसरण दुनिया करेगी। विश्व नेता होने के कारण भारत एवं भारतियों को बड़ी जिम्मेदारी पूरी करनी होगी।

मैंने उन सभी नर–नारियों को एक बार पुन: स्मरण किया जिन्होंने इस देश को महान बनाने के लिए आत्मोसर्ग किया। ''भारत को अपनी खोयी हुई आत्मा मिल गई। यह भौतिक एवं आध्यात्मिक संपन्नता से परिपूर्ण है। आप सभी को इस कार्य को आगे बढ़ाना है।''

मेरे पोते ने प्रश्न किया, ''हम यह कार्य कैसे करेंगे?''

''हमारे प्राचीन ग्रंथों का अध्ययन करो। वे आपको जीवन के हर कदम पर मार्गदर्शन करेंगे। आप सभी को हमारे प्राचीन ज्ञान से प्रेरणा लेनी चाहिए और स्वर्णिम भविष्य के लिए कर्म करना चाहिए।''

उनमें से सबसे छोटी मेरी पोती ने प्रश्न किया, ''क्या तब हम भी चाणक्य की तरह समझदार हो जाएंगे?''

''विल्कुल, तुम हो जओगी। तुम केवल समझदार ही नहीं बनोगी बल्कि दूसरे को समझदार बनने में मदद भी करोगी।''

उन्हें मुस्कुराकर देखते हुए मैंने कहा, ''यह तुम्हारे अंदर के चाणक्य को उभारेगा.....

आप में चाणक्य को।

समापन टिप्पणी

लेखन से मुझे हमेशा परम आनंद मिला है। दो बेस्ट सेलर पुस्तकें लिखने के बाद मुझे बहुत संतुष्टि मिली लेकिन इससे मेरे कंधे पर एक जिम्मेदारी भी आ गई कि पाठक के अगले बेस्ट सेलर प्राप्त करने की चुनौतियों को पूरा करने की।

तब मैं सोचने लगा कि मुझे आगे क्या लिखना चाहिए।

मैं हमेशा से कल्पना प्रधान कथा साहित्य की ओर आकर्षित रहा हूँ। यह हमेशा से मेरे मन के करीब रहा है। इसलिए मैंने महसूस किया कि अब समय आ गया है जब मैं कुछ अलग परिप्रेक्ष्य से लिखूँ।

सफलता पाने के लिए अनेक वर्षों से मैं बहुत–से प्रख्यात उद्योगपतियों का मार्गदर्शन करते रहा हूँ। ये लोग चाहते हैं कि भविष्य में इनकी संतानें भी अदम्य सफलता प्राप्त करें। केवल यही लोग ही नहीं बल्कि संपूर्ण युवा पीढ़ी उपलब्धि की तलाश में है और इसके लिए उपयुक्त ज्ञान को अपने जीवन में उतारना चाहती है।

इसी विचार ने मुझे वाध्य किया कि मैं कौटिल्य के अर्थशास्त्र की अपनी समझ को काल्पनिक ताने–बाने में पिरोकर प्रस्तुत करूं जिसका उपयोग हर व्यक्ति के जीवन में हो सके।

जब इसकी पांडुलिपि को प्रकाशक के समक्ष प्रस्तुत की गई तो उन्होंने एक सुझाव दिया, ''हम इस पुस्तक को एक प्रवाह में पढ़ सकते हैं!'' उनका

अगला प्रश्न था, ''क्या यह आपकी अपनी कहानी है?'' जिसका जवाब मैंने संक्षेप में दिया कि प्रत्येक पुस्तक में लेखक के निजी अनुभव की छाप तो रहती ही है।

जी हां, पुस्तक के कुछ अंश मेरे अपने जीवन से जुड़े हुए हैं। लेकिन सबसे महत्वपूर्ण बात है कि इसमें ऐसे विभिन्न लोगों की दास्तान हैं जिनके संपर्क में मैं आया था।

'आप में चाणक्य' युवा भारत के उन सपनों, हताशाओं एवं चुनौतियों को उजागर करने का एक प्रयास है जिनसे यह देश हर कदम पर जूझ रहा है। यह उन दूरदृष्टि संपन्न व्यक्तियों के लिए भी है जिन्होंने देश को वैभव के शिखर पर लाया है।

मुझे आशा है कि आपको पुस्तक पढ़ने में आनंद आया होगा जैसा कि मुझे इसके लेखन में आया। और आप इस कहानी से अंतरंग संबंध स्थापित कर पाए होंगे जैसे कि यह कहानी आपकी अपनी कहानी हो।

इस पुस्तक को कथा साहित्य के साथ–साथ प्रबंधन एवं जीवन–शिक्षा रूपी पुस्तक की तरह भी पढ़ा जा सकता है जिससे आपको जीवन में आगे बढ़ने में मदद मिल सकती है। अर्थशास्त्र एवं चाणक्य का ज्ञान मुझे मेरी यात्रा में इसी तरह मार्गदर्शन करते रहें ......

– राधाकृष्णन पिल्लई

लेखक परिचय

प्रबंधन एवं परामर्श में औपचारिक रूप से प्रशिक्षित राधाकृष्णन पिल्लई संस्कृत में एम.ए. हैं। वे चाणक्य एवं अर्थशास्त्र के मान्यता प्राप्त शोधार्थी हैं।

इस क्षेत्र में अपने योगदान के लिए इन्हें वर्ष २००९ में सरदार पटेल अंतर्राष्ट्रीय पुरस्कार से सम्मानित किया गया। एस.पी.एम. फांउडेशन एवं मुबई विश्वविद्यालय की टीम के सदस्य के रूप में वे अपने अनुभव एवं परिश्रम से अर्जित ज्ञान का उपयोग नेतृत्व–कौशल विकसित करने के विभिन्न कार्यक्रमों के निर्माण में करते हैं। आध्यात्मिक पर्यटन अभियान, आत्मदर्षन के वे संस्थापक हैं। चाणक्य इंस्टीट्यूट ऑफ पब्लिक लीडरशिप (www.ciplmumbai.in) के संस्थापक निदेशक हैं। यह नेतृत्व कौशल अकादमी है जो कि राजनेताओं एवं जिज्ञासुओं को प्रशिक्षित करती है। अपनी प्रथम पुस्तक 'कॉरपोरेट चाणक्य' की भारी सफलता के बाद इन्होंने दूसरी

बेस्ट सेलर 'चाणक्याज 7 सेक्रेट्स ऑफ लीडरशिप' लिखी। राधाकृष्णन पिल्लई ने अपनी व्यवसायिक कथा आप में चाणक्य के माध्यम से चाणक्य को जीवंत कर दिया है।